KB145184

돈의 정체

금, 달러, 비트코인
- 돈과 금융

THE
IDENTITY OF MONEY

돈의 정체

금, 달러, 비트코인
- 돈과 금융

이병욱 지음

i!i
에이콘

에이콘출판의 기틀을 마련하신 故 정완재 선생님 (1935-2004)

이병욱
(byunguk@gmail.com)

서울과학종합대학원 디지털금융 주임교수
한국과학기술원(KAIST) 겸직교수
한국금융연수원 겸임교수
인공지능연구원(AIRI) 부사장
금융위원회 금융규제혁신회의 위원
- 금융위원회 법령해석심의위원회 위원
- 금융위원회 적극행정위원회 위원
- 금융위원회 디지털자산 자문위원
- 한국핀테크지원센터 혁신금융 전문위원
- 한국산업기술진흥원(KIAT) '규제자유특구 분과위원회' 위원
- 과기정통부 우정사업본부 정보센터 네트워크 & 블록체인 자문위원
- 2021 금융발전유공 혁신금융부문 대통령표창
전) BNP 파리바 카디프 전무
전) 삼성생명 마케팅 개발 수석
전) 보험넷 Founder & CEO
전) LG전자 연구원

서울과학종합대학원 디지털금융 주임교수와 한국과학기술원(KAIST) 겸직교수, 한국금융연수원 겸임교수를 맡고 있으며, 인공지능연구원AIRI의 부사장으로도 재직 중이다. 한국과학기술원KAIST 전산학과 계산 이론 연구실에서 공부하고 공학을 전공한 금융 전문가로, 세계 최초의 핸드헬드-PCHandheld-PC 개발에 참여해 한글 윈도우 CE1.0과 2.0을 미국 마이

크로소프트 본사에서 공동 개발했다.

1999년에는 전 보험사 보험료 실시간 비교 서비스를 제공하는 핀테크 전문회사 ㈜보험넷을 창업해 업계에 큰 반향을 불러일으켰다. 이후 삼성생명을 비롯한 생명 보험사 및 손해 보험사에서 CMO^{마케팅총괄 상무}, CSMO_{영업 및 마케팅 총괄 전무} 등을 역임하면서 혁신적인 상품과 서비스를 개발, 총괄했다.

세계 최초로 파생상품인 ELS를 기초 자산으로 한 변액 보험을 개발해 단일 보험 상품으로 5천억 원 이상 판매되는 돌풍을 일으켰고, 매일 분산 투자하는 일 분산 투자_{daily Averaging} 변액 보험을 세계 최초로 개발해 상품 판매 독점권을 획득했다. 인공지능연구원에서 머신러닝 기반의 금융 솔루션 개발에 관련된 다양한 활동을 하고 있으며, 금융위원회, 금융정보분석원 등에 다양한 자문을 하고 있다.

저서로는『비트코인과 블록체인, 가상자산의 실체 2/e』_(에이콘, 2020)과 대한민국학술원이 2019 교육부 우수학술도서로 선정한『블록체인 해설서』_(에이콘, 2019), 한국금융연수원의 핀테크 전문 교재인『헬로, 핀테크!』_(공저, 2020),『헬로, 핀테크!: 핀테크 기반기술』_(공저, 2021)이 있다.

한국금융연수원, 패스트 캠퍼스 등에서 인공지능, 디지털 트랜스포메이션, 블록체인에 관한 다양한 동영상 강연을 제공하고 있으며, MBC 100분 토론, MBC 스트레이트, KBS, SBS, SBS Biz, TBS, CBS 등에 출연해 가상자산과 디지털 금융에 관한 다양한 정보를 제공한 바 있다.

금융문맹의 심각성

—

돈을 벌게 해주는 책은 없다.

금융위원회와 한국갤럽이 2019년 9월 일반 국민 1,002명을 대상으로 실시한 설문 조사에 따르면 일반인의 68.6%는 자신의 금융지식 수준이 '충분하지 않다.'고 답했다. 특히 응답자의 92.4%는 금융교육을 단 한 번도 수강해본 적이 없다고 대답했다.[A]

누구나 돈을 좋아한다. 돈은 우리 생활의 상당 부분을 지배하며, 돈 때문에 남의 목숨을 앗기도 하고 스스로 목숨을 끊기도 한다. 그러나 모두가 돈은 벌고 싶어 하면서도 정작 대다수는 태어나서 죽을 때까지 단 한 번도 금융 교육을 제대로 받지 않는다. 더 큰 문제는 그러한 노력조차 하지 않는다는 데 있다. 막연히 금융과 경제는 어렵다고 생각하고 자신과는 무관한 것이라 여기며 어차피 공부해도 도움이 되지 않을 것으로 생각한다.

친구나 자녀가 금융과 화폐가 무엇인지, 양적완화가 무엇인지, 인플레이션이 무엇인지 물어오면 정확하게 대답해줄 수 있는가? 놀라운 것은 사람들은 자신이 금융문맹이라는 사실을 별로 부끄러워하지 않는다는 점이다. 가정에서 금융 이야기를 멀리하면 금융문맹은 쉽게 대물림될 수밖에 없다. 이러한 대물림은 빈부격차를 더욱 가속화할 것이다. 지금이라도 가정에서 배우자나 자녀들과 금융에 대해 이야기를 나누어 보라. 금융에 일찍 눈을 뜨게 된 당신의 자녀들은 빈부격차의 원인을 파악하게 될 것이며, '부'라는 것이 생성되는 메커니즘을 체득하게 될 것이다.

한편, 더 큰 문제는 금융에 대한 체계적인 지식을 얻을 수 있는 방법이 별로 없다는 점이다. 어려운 경제학 개론 책은 넘쳐나고, '돈을 버는 법'이나 '부자가 되는 법' 같은 잡서들은 넘쳐나지만 '금융'을 쉽고 체계적으로 설명하는 책은 찾아보기 힘들다.

2021년 기준으로 페이스북에는 하루 4페타 바이트[1]의 새로운 정보가 쏟아지고, 인스타그램과 유튜브에서도 유사한 규모의 새로운 정보가 쏟아진다. 젊은 세대들은 이제 새로운 정보와 지식의 획득 창구로 유튜브를 더 선호한다. 그러나 그러한 정보는 정확성과 진위여부도 문제이지만 서로 연결되지 않는 단편적인 '잡지식'일 뿐이다. 이를 '체계화된 지식'으로 소화하기 위해서는 반드시 토대가 될 수 있는 기본 소양이 필요하다.

세계 최고 부자의 일대기나 비트코인으로 벼락부자가 됐다고 주장하는 사람들의 잡설을 읽고 동영상을 본다고 부자가 되지는 않는다. 돈을 벌고 싶다면 돈이 무엇인지 그 정체부터 이해해야 한다. 이 책은 체계적이고 알기 쉽게 '금융'을 설명해주려는 목적으로 썼다. 따라서 누구나 이해할 수

---

1 100기가 바이트 하드디스크 4만 개 분량이다.

있을 수준으로 쉽고 재미있게 쓰는 것을 목표로 하고 있다. 그러나 그 목표가 결코 쉽지 않은 이유가 몇 가지 있다.

읽을 수 있되 뜻은 모른다.

일제강점기인 1921년, 동아일보는 조선인 문맹률이 99%라고 했으며, 1925년에는 이 수치를 '절대다수'로 표현했다가 1928년에는 '80% 이상'이라고 주장했다. 일제 강점기인 1929년의 초등학교 진학률이 19.9%에 불과했던 것을 생각하면 약간의 과장은 있더라도 대다수가 문맹이었음은 짐작할 수 있다.[B] 이러한 지독한 문맹률의 배경에는 지배를 원활히 하기 위한 간악한 일제의 계략이 있었음은 물론이다.

그러나 한편으로는 구한말 양반계층들이, 피지배 계층들이 한자는 물론 국문을 익히는 것까지 방해해 지식을 넓히지 못하도록 함으로써 자신들의 기득권을 보호하고자 했던 것도 주요한 원인이다. 그 잔재로 우리는 여전히 국문과 한문이 혼용된 국한문체를 일상적으로 쓰고 있다. 국어사학자인 이기문씨는 국한문체가 결국 기존의 한문의 자리를 대체한 것에 불과해 문체를 단일화하는 데 실패했다고 주장했으며, 이응호씨는 당시 황성신문[2]이 국한문체로 쓰이고 있는 것은 지식층의 횡포이며 (말과 글의 일치를 의도적으로 방해하는) 언문이치를 조장한다고 비판한 바 있다.[C]

2016년의 연구에 따르면 대한민국의 문맹률은 0%에 가깝지만, 문해력으로 따지는 실질 문맹률은 OCED 최하위 수준인 75%에 육박한다는 충

---

2   1898년 창간된 민간 일간 신문. 신채호, 장지연 등이 주필로 활동한 애국지였다. 1905년 을사늑약에 대한 장지연의 〈시일야방성대곡〉 기사로 정간 당한다.

격적인 보고가 있었다. 즉, 우리나라 국민의 75%는 '읽을 수는 있지만 뜻은 모르는' 실질 문맹으로서 새로운 정보나 기술을 배울 수 없을 만큼 문자 해독 능력이 떨어진다는 것이다. 미국의 경우 성인인구의 8%가 글자를 못 읽을 정도로 선진국 중 문맹이 높은 편이지만, 미국의 전체 실질 문맹률은 단 19%에 불과하다.

대다수 사람들은 우리나라의 실질 문맹률이 높은 이유가 책을 안 읽는 것이 주 원인[3]이라 주장하지만 그보다는 지금까지 뿌리 박힌 국한문 혼용의 언문이치를 더 큰 원인으로 보는 것이 합리적일 것이다. 이는 명사 기준으로 우리나라 말의 70% 정도가 한자로 이뤄져 있고,[D] 실질 문맹률 조사에서 사용한 방법이 특히 한자어 혼용이 심한 약 처방전 등의 독해 능력을 파악했다는 점에서 더욱 분명해진다.

이러한 실질 문맹은 금융에 오면 극심해진다. 경제 신문의 기사들은 온갖 해괴한 용어들로 무장하고 있어 '읽을 수는 있지만 그 뜻은 전혀 알 수 없는' 외계어처럼 느껴진다. 경제면의 다음 기사 한 대목을 읽어보면 이 점은 더욱 뚜렷해질 것이다.

"금리 상승세가 가팔라지면서 시장에선 Fed의 추가 완화 조치를 기다려왔습니다. 시장에서는 오퍼레이션 트위스트[OT]와 수익률곡선 컨트롤[YCC] 등을 취할 것이란 기대가 컸습니다. 한편, 시카고옵션거래소[CBOE]에서 변동성지수[VIX]는 전 거래일보다 7.46% 상승한 21.46을 기록했습니다. 지난 주말 20선을 하회했던 데서 곧바로 반등했습니다."

---

3 2015년 기준 우리나라의 15세 이상 독서율은 8.5%로 OECD 최하위 수준이다. 1위인 핀란드는 무려 83.4%이다.

이 책 역시 국한문체를 완전히 벗어갈 수는 없다. 거기에 하루에 수십 개씩 생겨나는 신조어와 전문용어들은 대부분 영어권 표현을 그대로 사용할 수밖에 없다. 특히 기존에 고착돼 우리가 알고 있는 수많은 금융용어는 이미 국한문체이거나 영어권 표현을 그대로 옮긴 것이기 때문이다. 따라서 완전히 한글로 풀어쓴다는 것은 불가능에 가까울 뿐 아니라 오히려 글 이해를 방해할 수 있다. 따라서 책에서는 국한문체의 경우 가급적 금융용어에 한자어를 병기하고 뜻을 풀이해줌으로써 쉽게 이해할 수 있도록 했다.

금융문맹의 타파는 부를 향한 시작점이다.

경제학자나 금융공학자는 모두 최고 부자들일까? 당연히 그렇지 않다. 돈을 벌 수 있는 법칙 따위는 없기 때문이다. 돈 버는 법을 알려준다고 써놓은 책이 집에 있다면 모두 쓰레기통에 넣는 것이 더 유익할 것이다. 돈을 벌 수 있는 유일한 방법은 '사람'을 이해하거나 '돈'을 이해하는 것이다.[4] 이 둘을 모두 가진다면 더 큰 부자가 될 수 있을 것이다. 그러나 이 또한 필요조건일 뿐 충분조건이 아니라는 점을 분명히 알아야 한다.

이 책은 '돈'의 정체를 쉽게 설명하기 위해 썼다. 돈의 정체를 배운다고 모두 부자가 되는 것은 아니다. 그러나 돈이 무엇인지 모르면 경제적으로 지배당하고, 착취당하며 부자가 되지 못한다는 것은 분명하다. 돈의 정체를 파악하는 것은 당장 부자가 되려는 것이 아니라, 경제 상황을 스스로

---

4 물론 이를 악용해서 '착취'를 일삼는 악덕한 자들도 많은 것이 슬픈 현실이다.

이해하는 안목을 통해 자신의 판단에 따른 결정을 할 수 있는 기초를 세우는 길이다.

부자는 단지 '아는 것'만으로 되는 것이 아니다. 기회가 찾아와야 하고 용기가 뒤따라야 하는 등 복합적인 요소가 필요하다. 그러나 알지 못하면 소중한 기회가 눈앞을 스쳐가도 알아보지 못할 것은 당연하다.

이 책은 금융문맹을 악용해 전 세계 극소수의 금권 지배계층이 어떻게 세상을 착취하며 불로소득을 얻고 있는지 알려준다. 그들을 극복하기 위한 첫 번째 단계가 그들의 수법을 이해할 수 있을 만큼의 '금융 글자'를 배우는 것이다. 최소한의 문맹에서 탈출해 더 이상 그들의 장난질에 놀아나지 않는 것이 부자가 될 수 있는 첫걸음인 것이다.

돈은 버는 것이지 따는 것이 아니다.

비트코인 등을 둘러싼 코인시장이 또 다시 뜨겁다. 일확천금을 바라는 순진한 단순 투자자들부터 노년층을 상대로 한 기획 코인 사기까지 극성을 부린다. 돈은 노력으로 '벌어야' 한다. 남의 돈을 '따서는' 안 된다. 코인은 부동산과 유사하게 발행한 자의 불로소득이고, 유통한 자의 부당이익이다. 심지어 그 이익을 극대화하려 끝없이 요설을 동원해 순진한 사람들을 호도한다. 불로소득이 만연하는 사회는 결코 지속될 수 없다. 비트코인을 둘러싼 가상자산의 실체는 7장에서 자세히 살펴본다.

이 책은 서로 독립된 주제를 가진 총 3권으로 구성될 것이다.

　모두 3권의 시리즈로 구성할 계획으로, 그 첫 번째인 이 책은 돈의 정체를 알려주는 기초편이다. 2권과 3권을 이해하기 위한 기본 지식을 개략적으로 설명한다. 구체적으로는 돈이란 과연 무엇인지 화폐론적 이야기를 다루고 있다. 이야기를 읽다보면 마치 한편의 재미있는 세계사를 읽는 듯한 느낌도 들 것이다. 2권은 금융투자 상품의 정체를 심도 있게 다룰 것이다. 예금, 투자, 보장, 대출 상품으로 구분해 예금, 채권 등의 금리상품과 ELS, DLS, ETF 등 파생상품, 보장성 및 저축성 보험상품을 구분해보고 주요 금융상품들의 구조를 해부해볼 것이다. 3권은 투자의 세계를 깊고 면밀하게 살펴보며, 세계 경제의 흐름을 요약해볼 것이다. 그럼 그 긴 여정의 시작인 돈의 정체부터 밝혀보도록 하자.

프롤로그

───

우리나라의 한국은행에 해당하는 미국 연방준비은행 이사회FRB, Federal Reserve Board of Governors는 미국의 달러 발행을 통제하는 조직이다. 미국이 달러 지폐를 인쇄하는 데 필요한 비용은 종이와 잉크, 인건비다. 미 연방 은행에 따르면 2020년 기준, 50달러 지폐의 인쇄 비용은 11센트, 100달러 지폐를 인쇄하는 데 드는 비용은 고작 14센트다.E 즉, 미국은 100달러 지폐 한 장을 인쇄할 때마다 100달러에서 총 발행 비용 14센트를 제외한 금액, 99달러 86센트(한화 약 11만 원)의 순익을 얻는다. 이 차액을 흔히 시뇨리지seigniorage라고 한다. 시뇨리지는 1장에서 다시 설명한다.

TIP

한국은행에 따르면, 2021년 우리나라 5만 원권 발행 비용은 약 200원이다. 즉 5만 원권의 시뇨리지는 49,800원인 셈이다. 반면 10원 동전을 만드는 데 소요되는 비용은 20원으로서 발행 비용이 더 들어 마이너스 시뇨리지가 된다.

미국 정부는 달러를 인쇄할수록 막대한 시뇨리지 이익을 보게 될 것이므로 쉴 새 없이 달러를 찍어 댈 것으로 예상된다. 그런데 가만히 생각해보자. 100달러를 인쇄하면 미국 정부가 얻게 된다는 이론상의 시뇨리지 11만 원은 구체적으로 어디서 어떻게 생겨나는 것일까? 누가 이 11만 원을 주는 것일까? 그리고 그 시뇨리지는 항구적이고 안정적으로 얻을 수 있는 것일까?

이 책에서는 그 대답을 찾기 위한 여정을 떠난다. 먼저 인류가 화폐를 쓰기 시작한 수만 년 전부터 시작해서 은행이라는 업이 생기는 계기 그리고 금과 은이 지존의 자리를 다투다 금이 승리하며 잠시 세계적으로 금본위[1] 통화제가 보편화되는 시기를 거쳐 지금의 종이돈이 세상을 지배하는 결정적인 계기가 된 1971년까지의 화폐 역사 그리고 현대의 비트코인이라는 가상자산의 실체에 이르기까지 돈의 정체를 자세히 살펴보기로 하자. 화폐의 역사는 세계의 역사와 복잡하게 얽혀 있다. 마치 한편의 서사시 같은 화폐 역사로의 여행을 시작해보자.

---

1   금본위 통화제도는 금을 기반으로 하는 화폐제도로서 3장에서 자세히 설명한다.

차례

━━━━━━

2장 은행의 탄생

3장 경제학의 태동과 금본위제

4장 미국의 달러

5장 기축통화의 탄생

6장 명목화폐

7장 비트코인과 가상자산

8장 통화량 지표

1 여러 금융과 경제용어에 의도적으로 영문이나 한자 표기를 병기했다. 주변에서 보는 상당수의 경제나 금융용어는 한자어나 영문을 그대로 사용하고 있다. 병기된 영문이나 한자 표기를 흘려보지 않고 유심히 같이 보면서, 말의 어원과 근본 뜻을 되새기면 책을 훨씬 수월하게 이해할 수 있을 것이며, 결과적으로 금융문맹을 효과적으로 탈출하는 데 큰 힘이 될 수 있을 것이다.

2 책에서는 달러의 환율을 계산할 때 편의상 2021년 10월 기점의 환율인 1달러당 1,170원으로 통일해 사용했다. 시대에 따라 어느 정도 실제 가치와의 차이가 있을 것이다.

3 참고문헌은 영문자 A~Z 그리고 a~z를 사용해 표기한다. 책의 가장 마지막 부분에 이 책에 사용된 모든 참고문헌의 목록을 찾아볼 수 있다.

1장

화폐의 등장

—

인류가 '화폐'라는 개념을 발명하기 전에는 물건을 서로 교환하는 물물교환barter의 시대였다. 물물교환 시대에서는 콩을 먹고 싶다면, 콩과 바꿀 수 있을 만한 다른 가치 있는 물건, 예컨대 갓 사냥한 짐승 등을 어깨에 매고 경우에 따라 옆 동네까지 힘겹게 운반한 다음, '콩을 가진 사람 중 사냥한 짐승이 필요한 자'를 찾아 헤맨 뒤 힘겹게 바꿔야 했다. 이때 땀 흘리며 옆 동네까지 가도 콩을 가진 자가 없거나, 콩을 가진 자가 있어도 그자가 짐승에는 관심이 없다면 물물교환은 실패하고 먼 길을 걸어간 당사자는 낭패를 봤을 것이다.

인류는 글자를 발명하기[1] 훨씬 이전인 4만년 전부터 이러한 불편을 해소할 방법을 발명했는데[F] 그것이 바로 '화폐'의 개념이다. 최초의 화폐는 물물교환을 대체하는 정도의 수단으로서, 주위에 있는 귀한 물건들 중 하나를 사용해 '교환의 매개체'로 사용하는 방식이었다. 이를 물품화폐 commodity money라고 한다.

---

[1] 지금까지 발견된 가장 오래된 문자는 5000년 전(기원전 3000년) 메소포타미아 지역(지금의 이라크)의 수메르인들의 기록이다.

1.1 간접교환의 시작 – 물품화폐

물품화폐commodity money를 교환의 매개체로 사용하기 시작한 것은 무려 4만년 전으로 추정된다. 이는 구석기 시대 후기이자 현생 인류인 호모 사피엔스의 출현시기와 유사할 정도로 오래됐다. 물품화폐로 주로 사용된 것은 소금, 조개껍데기, 동물의 털이나 이빨, 쌀 등이었다. 인류가 농업을 시작해 쌀을 재배한 것은 불과 1만 5000여 년 전[2]이므로, 4만여 년 전에 시작된 물품화폐 초기 목록에는 당연히 쌀은 없었을 것이다. 당시에는 주로 주변에서 귀하게 보이는 물품을 사용해 이를 매개체로 물건을 구매했다. 물품화폐는 인류가 화폐 경제에 있어 '거래 비용'을 줄이기 위한 경제적 시도로서 탄생한다.

필요한 물건을 서로 직접 주고받는 물물교환barter은 '직접교환'에 해당하지만, 물품화폐를 이용한 방식은 '간접교환'이다. 간접교환은 그 물건이 직접적으로 필요해서 바꾼 것이 아니라는 뜻이 포함된다. 예를 들면, 조개껍데기를 받고 콩을 내어 준 사람은 교환 당시에 조개껍데기가 당장 필요해서 받은 것이 아니다. 그 사람은 나중에 자신이 필요한 다른 물건이 있을 때 이 조개껍데기를 건네주면 거래가 '쉽게' 성사될 수 있을 것이라는 기대에서 자신도 교환에 응한 것뿐이다! 결국 화폐라는 것은 이러한 '간접적인' 교환 방식을 가능하게 만드는 매개체의 역할이라 할 수 있다.

---

2   1994년 충북 옥산면에서 발굴된 볍씨 11톨은 약 1만 5천 년 이전 것으로 추정되며, 이는 세계에서 가장 오래된 것이다. 이 사료에 의하면 세계 벼농사의 기원지는 한반도인 셈이다.

직접거래와 간접거래의 구분은 매우 중요하다. 직접교환의 경우에는 교환 물건에 대해 서로의 필요성이 맞지 않으면 거래가 성사될 수 없기 때문에 필요성이 맞는 사람을 찾아 헤매야 하는 상당한 노력이 요구되지만, 간접거래의 경우는 그럴 필요가 없다. 간접거래의 매개체인 화폐는 '모두가 기꺼이 교환에 응하게 하는' 물건이기 때문이다. 따라서 거래를 위한 부수적인 노력이 획기적으로 감소할 수 있는 것이다.

TIP

물물교환에서처럼 거래를 위해 수반되는 다른 노력들(=비용들), 예컨대 상대를 찾아 헤매는 일, 가격을 협상하는 일, 정보를 수집하는 일 등을 모두 거래 비용(transaction cost)이라고 한다. 인류의 경제활동이란 이러한 거래 비용들을 감소시키는 것이 주요한 목표 중 하나다. 화폐 경제 역시 이러한 거래 비용이 감소하는 방향으로 발전해 나간다.

MEMO

로널드 코스(Ronald Coase)는 1991년 노벨 경제학상을 받은 경제학자다. 그는 거래 비용을 탐색 비용(Search Cost), 계약 비용(Contracting Cost), 조정 비용(Coordination Cost)으로 세분해서 설명했고, 개인 간의 직접거래보다 단체를 형성한 경우가 거래 비용을 더욱 낮출 수 있다고 설명하며, 이것이 회사와 같은 조직을 구성하게 된 원인이라고 주장했다. 이때문에 한 조직 내의 거래 수행 비용이 더 낮을 경우 그 조직은 유지 가능하며, 회사가 사업을 확장해서 그 경계를 넓히려면 수요와 기회가 균형을 이루는 지점을 정확히 파악해 비용 균형을 깨지 않는 것이 전략 유효성의 핵심이라고 설명한다.

쌀은 인류의 생존에 필수적인 물품이다. 따라서 쌀을 화폐로 사용한 것에 대해서는 그 무게 때문에 겪었을 운반의 불편함만 제외한다면 충분히 이해가 될 것이다. 그러나 조개껍데기를 화폐로 사용한 것에 대해서는 다소 의문이 드는 사람도 많을 것이다. 갯벌에 널브러진 조개껍데기가 돈이 된다면, 서해안 제부도 갯벌은 조개껍데기를 줍는 사람들로 발 디딜 틈이 없어야 할 것이기 때문이다. 어찌 보면 당연한 일이겠지만, 화폐에 사용됐던 조개껍데기는 갯벌에 아무렇게 널브러져 있던 것이 아니라, 그 중에서도 나름 '귀한 조개껍데기'들만 골라서 사용됐다.

아프리카에서는 주로 카우리Cowry 조개가 화폐로 사용됐는데 이 조개는 몰디브 제도나 동아프리카 해안 지역에서 나는 것으로서 원래 동남아시아와 인도 여러 지역에서 나던 것이 서아프리카까지 수출된 것이다.G 당시 카우리는 원 재배 지역보다 서아프리카 지역에서 훨씬 귀한 대접을 받았기 때문에 카우리 재취를 하는 상인들에게는 5배 정도의 이윤을 남겨주는 장사였다.H

그림 1-1 인도에서 화폐로 사용된 카우리(Cowry) 조개. 인도에서는 영국의 동인도 회사(East India Company)가 1805년 카우리를 없앨 때까지 화폐로 사용됐다.

아프리카 콩고 왕국의 경우, 10~20mm의 작은 바다 달팽이 종류를 화폐로 사용했는데, 콩고 왕국은 이 조개 화폐를 무려 19세기 중반(1850년)경까지 사용했다. 콩고 왕국은 개인의 조개 채취를 엄격히 금지하고 왕국이 조개 생산을 독점했다. 15세기 포르투갈이 콩고에 갔을 때는 금과 은을 주고 조개껍데기로 바꾼 다음 물건을 사야만 했다. 당시 닭 한 마리는 조개 300개, 남자 노예는 조개 3만 개, 여자 노예는 2만 개로 교환해야 했다.[1]

1.1.1 금속 물품화폐

한편, 물품화폐에는 많은 단점이 있었다. 규격이 일정하지 않고, 소금은 물에 녹으며 조개껍데기는 쉽게 부서져 보관이 용이하지 않았다. 또한 자연에서 얻는 물품화폐는 크기와 무게 등이 규격화되지 못하므로 가치 인정에 시비가 발생할 수 있다. 예컨대 소금 한 줌으로 살 수 있는 물건은 상대가 '그 소금을 얼마나 귀하게 여기느냐'라는 주관적 잣대의 영향도 있지만 같은 소금이라도 품질이 조금씩 다를 수 있어 가치가 변동될 수 있기 때문이다.[3]

이를 어느 정도 개선하고자 주로 금속을 이용해서 물품화폐로 사용하기 시작했는데, 이는 기원전 5000년경으로 추정된다. 그러나 금속을 물품화폐로 사용하면 녹거나 부서지는 등의 문제점은 상당히 개선할 수 있지만, 여전히 동일한 모양이나 품질로 규격화해 사용한 것이 아니므로 그 가치가 상대방의 주관에 의해 달라질 수도 있고 금속 자체에 이물질이 포함돼

---

3   화폐의 이 속성을 '가치 척도의 기능'이라고 한다. 이는 뒤에서 다시 살펴보자.

품질이 균등하지 않은 등 상당수 문제는 여전히 존재했다. 금속 물품화폐는 매번 무게를 측정한 다음 교환 가치를 판단해야 했으므로 칭량秤量화폐라고도 부른다. 즉, 양量을 재서서 사용해야 하는 화폐라는 뜻이다. 물론 그 경우에도 불순물이 얼마나 섞여 있는지 판단하는 것은 또 다른 골칫거리였다.

MEMO

옛날에는 금속의 순도를 어떻게 측정했을까? 순수한 금속이라면 순도는 의외로 쉽게 알아낼 수 있다. 바로 아르키메데스(Archimedes) 덕분이다. 아르키메데스는 기원전 287년 그리스의 도시 국가인 시칠리아(Sicilia)의 시라쿠사(Syracusa)[4]에서 태어난 수학자이자 물리학자다. 당시 시칠리아의 왕은 히에론(Hieron)[5]이었는데, 자신의 왕관이 순금으로 만든 것이 맞는지 의심을 하고 있었다. 왕은 자신의 친척이던 아르키메데스에게 이 문제 해결을 부탁한다. 아르키메데스는 먼저 왕이 왕관 제작에 사용했다는 것과 동일한 양의 실제 금덩어리와 왕관의 무게를 달았는데 둘의 무게는 동일했다. 그러나 무게가 같다는 것만으로는 순금 여부를 판단할 수 없다. 서로의 부피가 다를 수 있기 때문이다. 문제는 왕관의 모양은 매우 불규칙해 부피를 측정할 마땅한 방법이 없다는 것이었다. 그렇다고 왕관을 녹일 수도 없는 문제였다. 적당한 방법이 없어 고민하던 아르키메데스는 휴식을 취하려 목욕을 하던 중 넘치는 욕조의 물을 보고 "유레카(Eureka)"라고 소리친다. 유레카는 "알았다!"라는 뜻이다. 모든 물체는 물에 들어가는 순간 자신의 밀도만큼 물을 밀어낸다. 따라서 이 점을 이용하면 부피를 직접 잴 필요 없이, 측정할 물체를 물에 담근 후 넘쳐 흐른 물의 양만 비교하면 되는 것이었다. 아르키메데스는 금덩어리와 왕관을 물에 넣었고, 왕관이 밀어낸 물의 양이 금이 밀어낸 물의 양보다 더 많다는 사실을 알았다.

---

4   시라쿠사의 고대 명칭은 Syracusa로 표기했으나, 현대에는 y를 i로 바꿔 Siracusa로 표기한다. 라틴어로는 Syracúsæ이다.

5   역시 라틴어 표기로는 Hí▯ron이다.

결론적으로 왕관을 제작한 자가 왕관에 불순물을 넣으면서 들통나지 않게 하려고 부피를 부풀려 무게를 맞춘 것이라는 사실을 알아낸 것이다.

1.1.2 돌 화폐의 섬

물품화폐의 끝판 왕은 미국의 인류학자 윌리엄 헨리 퍼니스William Henry Furness가 1910년 출간한 『돌 화폐의 섬』이라는 책J의 7장에 등장한다. 필리핀의 동쪽이자 호주 북동쪽에 위치한 미크로네시아Micronesia 연방공화국의 얍Yap 섬에 사는 원주민들은 커다란 돌에 구멍을 뚫어 돈으로 사용했다.

그림 1-2 얍 섬과 팔라우

돌의 크기는 지름이 고작 30cm인 것부터 큰 것은 3.6m에 이르기까지 매우 다양한데, 돌의 가운데에 구멍을 뚫어 운반이 용이하게끔 만들었다. 이 돌은 모두 얍 섬에서 600km나 떨어진 팔라우Palau 섬까지 뗏목을 타고 가서 짧게는 수 주일, 길게는 1~2년간 거주하며 표면이 거친 석회암을 직접 갈고 다듬어 둥글게 모양을 만든 다음 이를 운반해온 것이다. 거리가 멀다 보니 뗏목으로 옮기는 데만 1~2주가 소요된다.

화폐의 가치는 일반적으로 돌의 크기에 비례하나 석회암이 희고 입자가 고울수록 크기와 상관없이 부가적 가치를 인정받았다. 큰 돌의 경우 몇 년을 팔라우 섬에 머물며 문지르고 깎아 얍 섬까지 운반하기도 했다.

큰 돌을 화폐로 이용한 점도 흥미롭지만 이 돌의 거래 방식은 더 재미있다. 작은 돌의 경우는 소유권을 넘기면 돌을 건네주면서 물리적 위치를 옮기기도 했지만 거대한 돌의 경우는 운반이 힘들어 실제로는 물리적 위치를 옮기지 않았다고 한다. 심지어 소유권이 이전되더라도 돌에 별도로 어떠한 표식도 하지 않았다. 그러나 돌의 소유권에 대한 분쟁은 단 한 번도 없었다고 한다. 구두로 한 약속으로 상호 간에 계약이 성립됐고 신뢰를 기반으로 한 이 약속은 철저히 지켜진 것이다.

그림 1-3 얍 섬의 돌 화폐[6]

더 황당한 이야기도 있다. 바로 아무도 본 적이 없는 전설의 돌에 관한 것이다. 아주 오래전 어느 조상이 팔라우 섬에서 수년간 초대형 돌 화폐를 갈고 닦은 후 이를 운반하던 중 풍랑을 만나 그만 바다에 빠트리고 말았다. 실망한 그는 부족 회의 소집을 요청했고, 자신은 정말 돌 화폐를 만들었으며 이를 증언해줄 사람이 많다고 주장했다. 회의에서는 그때 동행했던 사람들이 그 사실을 증언해줬고 부족 회의에서는 이를 인정해 그때부터 지금까지 그 전설의 돌은 바닷속에 빠져있음에도 불구하고 문제없이 잘 통용되고 있다. 얍에서는 현재 미국 달러화도 공식 통화로 사용되고 있지만, 여전히 저 거대한 돌도 화폐의 역할을 병행하고 있다.

---

6 출처: https://commons.wikimedia.org/wiki/File:Yapese_stone_money_2007.jpg

절대 신뢰에 기반한 얍 섬 사람들끼리의 거래에서는 이 돌을 움직이지 않아도 됐으니 불편이 크게 없었는지 몰라도, 현대에서 이 돌을 화폐로 사용하는 것은 불가능에 가까울 것이다. 이때 돌 화폐는 화폐가 갖춰야 할 여러 기능 중 교환이나 가치 저장, 가치 척도의 역할은 나름대로 수행했지만 편의성 측면은 0점에 가깝다. 화폐의 기능적 정의에서는 보통 편의성은 필수 요건으로 거론하지 않지만 화폐의 발달이 꾸준히 사용의 편의성을 지향해 온 것은 사실이므로, 현대 화폐의 조건에 있어서 편의성을 무시할 수는 없다. 따라서 진정한 화폐는 반드시 교환에 있어서의 편의성도 갖춰야 한다. 뒤에서 살펴보겠지만 비트코인이 화폐로서의 결제 역할을 수행할 수 없는 결정적 이유 중 하나가 바로 이 얍 섬의 돌에 버금가는 사용의 불편함 때문이다.

1.2 화폐의 규격화 – 주화의 등장

인류는 다양한 형태의 물품화폐를 사용해봤지만, 모두 여러 문제점이 있었다. 그중 가장 큰 불편함은 정해진 규격이 없다는 점이었다. 이러한 불편은 결국 지배계층이 직접 개입해서 일정한 크기와 모양을 갖춘 규격화된 화폐를 만들기 시작하는 단계로까지 발전하게 한다.

주화鑄貨란 주조화폐의 줄인말로, 금속 등을 녹인 뒤 정해진 틀에 부어서 만든鑄 화폐貨라는 뜻이다. 다시 말해, 자연에서 얻은 그대로의 모습이 아니라 인간이 인위적으로 만든 고정된 틀에 맞춰 늘 일정한 무게와 성분 그리고 형태를 갖추도록 제조한 화폐인 것이다.

인간이 일정 모양으로 만든 주화Coin가 등장한 것은 기원전 700년경의 리디아Lydia7로 알려져 있다. 고대 그리스 역사가인 헤로도투스Herodotus 는 리디아는 금과 은 등의 귀금속을 이용해 주화를 만든 최초의 국가라고 전하고 있다.K 주화의 가장 큰 의의는 크기와 함량이 들쭉날쭉한 자연 상태의 금속이 아니라, 지배계층이 개입해 사전에 정확히 무게를 재고 측정한 뒤 크기와 함량이 일정하도록 만들었다는 데 있다. 따라서 앞서 설명한 칭량화폐의 단점인 '매번 무게 등을 측정해야 하는 번거로움'이 사라질 수 있었다.

그림 1-4 리디아 왕국에서 주조한 화폐

7　리디아는 기원전 1200년~기원전 546까지 철기시대에 서아시아에 존재했던 왕국이다. 기원전 546 년 페르시아 제국에 의해 점령당했다.

MEMO

주화는 영어로 민트(mint)라고 한다. 민트라는 단어의 어원은 로마의 주노 모네타(Juno Moneta) 사원에서 비롯된다. 모네타(Moneta)는 절대 여신에 대한 칭호이며, 주노(Juno)는 주피터(Jupiter)의 부인인 헤라(Hera)의 별칭이다. 로마의 주노 모네타는 헤라 여신을 기리는 사원으로서 기원전 344년에 건립됐다.

고대 로마에서는 수호자의 의미를 가진 헤라 여신의 사원에서 화폐를 주조했다. 머니(money)와 민트(mint)라는 단어는 모두 이 모네타(Moneta)에서 파생됐다.[u]

영국 조폐국은 '로열 민트(The Royal Mint)'라고 부른다. 대전에 있는 우리나라

로마 중심부의 주노 모네타 사원

조폐공사는 영문으로는 "Korea minting & Security Printing Corporation"이라고 쓰는데, 역시 민트라는 단어가 사용되고 있다.

TIP

우리나라 최초의 주화는 세계 역사와 비교했을 때 1700년 정도나 뒤진 서기 996년(고려 성종 15년)[8]에 발행된 건원중보이다. 건원중보는 구리와 철로 만들었다. 중보(重寶)는 귀중한(重) 보물(寶)이라는 뜻이다. 건원중보는 원래 당나라 숙종 때 발행된 화폐 이름인데, 고려 성종이 그 이름을 그대로 사용한 것이다. 건원은 당 숙종의 연호[9](756~762)다.

---

8   주조는 성종 15년에 했지만, 창고에 보관만하다가 실제 유통된 것은 이듬해인 성종 16년이다.

9   연호(年號)란 임금이 왕이 된 해(年)에 붙인 칭호(號)다.

주화가 만들어지기 이전에는 거래 당사자가 매번 금속물의 무게를 재고 순도를 측정해야 하는 번거로움이 있었다. 하지만 주화가 등장하면서 무게와 순도가 항상 일정하게 보장돼 거래에서 획기적인 편리함과 안전성을 줄 수 있었고, 거래 비용 감소에 있어 크나큰 전기를 마련하게 된다. 결국 물물교환에서 주화로 이르기까지의 변천 과정은 모두 경제적으로 거래 비용을 줄이기 위한 인간의 경제적 합리성이 발현된 결과로 볼 수 있다.

주화를 제조할 수 있는 권한은 국가나 최고 지배계층들이 독점했다. 지배계층들은 주화를 만들 때 신청인이 제출한 원재료의 일부, 예컨대 금덩어리의 일부를 수수료 명목으로 떼어내고 나머지만을 녹여 주화로 제조한 다음 돌려줬는데, 훗날 이 차액은 시뇨리지라고 불리게 됐다.

MEMO

시뇨리지(seigniorage)라는 말은 중세 봉건시대에 영주(시뇨르, seigneur)들이 화폐를 주조하며 이득을 챙겼던 것에서 비롯됐다. 화폐는 국가가 통제하면서 주화로 발전하는데, 주화는 국가가 규격화해 통제한 화폐를 의미한다. 일반인들이 주화를 얻으려면 금이나 은 등을 가지고 영주 등 지배세력이 독점적으로 운영하는 주화 주조창으로 가야만 했다. 그러면 영주들은 가져온 금의 일부를 떼어 수수료로 챙기고 나머지 부분만 녹여 일정한 규격과 모양의 합법적 화폐 형태인 주화로 모양을 만들어줬고, 이때 떼어낸 금덩어리 등으로 수수료를 챙긴 영주들은 막대한 이익을 챙길 수 있었다.

그림 1-5

초기의 주화는 대체로 주화 자체의 가치가 실질적인 내재가치를 그대로 나타냈다. 예를 들어 금화 두 개로 소 한 마리를 살 수 있다면, 그 금화 두 개를 모두 녹여서 만든 금덩어리로도 소 한 마리를 살 수 있었다. 구리로 만든 주화 역시 동전을 모두 녹여 다시 구리로 만들어도 시장에서 비슷한 값어치를 했다. 따라서 초기에는 주화를 만들 때의 시뇨리지는 크게 없었다. 그러나 끝없는 사람의 욕심은 더 큰 시뇨리지를 추구하는 방향으로 변질되기 시작한다. 쉽게 말해, 늘 일정하게 '보장'돼야 하는 주화의 무게와 순도에 지배계층들이 장난을 치기 시작한다.

1.2.1 악화는 양화를 구축한다.

"악화는 양화를 구축한다"라는 말은 16세기 영국의 금융가 토마스 그레샴Thomas Gresham이 주장한 "나쁜 돈은 착한 돈이 유통되지 못하도록 쫓아낸다Bad money will drive good money out of circulation"는 말을 우리말로 번역한 것이다. 누가 이렇게 번역했는지 알 수 없지만, 잘 쓰지 않는 한자어를 동원해 문장 이해를 극도로 방해한 최악의 국한문체의 사례 중 하나인 것은 확실하다. 구축驅逐은 '쫓아낸다'는 의미의 한자어이다. 구驅는 말을 타고 몬다는 것이고, 축逐은 내쫓는다는 한자 의미를 담고 있어서 '어떤 대상을 물리쳐 몰아낸다'는 뜻이 있다.

한편 악화惡貨는 글자 그대로 나쁜惡 돈貨을, 양화良貨는 착한良 돈貨을 의미한다. 이제 좋은 돈과 나쁜 돈이 무엇인지 살펴보면 비로소 이 문장이 이해될 것이다. 눈치 빠른 독자들은 이미 짐작했겠지만 나쁜 돈은 시뇨리지와 관련 있다.

TIP

토마스 그레삼(1519~1579)은 런던의 상인 집안에서 태어나 케임브리지 대학교를 졸업한 영국의 상인이자 금융가였다. 에드워드 6세와 엘리자베스 1세의 재정 고문이기도 했으며, 왕립 증권거래소를 창설하기도 했다.

1.2.2 시뇨리지와 착한 돈

좋은 돈Good money이란 무엇일까? 2011년 12월 한국은행법이 개정되며 새로운 조항 하나가 신설된다. 한국은행법 제53조 2항(주화의 훼손 금지)은 다음과 같이 규정하고 있다.

"누구든지 한국은행의 허가 없이 영리를 목적으로 주화를 다른 용도로 사용하기 위하여 융해, 분쇄, 압착 또는 그 밖의 방법으로 훼손해서는 아니 된다."

또한 제105조 2항에서는 이를 어겼을 경우의 벌칙에 대해 다음과 같이 규정한다.

"제53조의2를 위반하여 주화를 훼손한 자는 1년 이하의 징역 또는 2천만원 이하의 벌금에 처한다."

쉽게 말해, '돈을 벌기 위해 돈을 훼손'하면 처벌하겠다는 것이다. 얼핏 생각하면 '돈을 벌기 위해 돈을 훼손'한다는 의미가 무엇인지 잘 와닿지 않을 뿐더러 또 소유자가 자신의 동전을 어떻게 사용하든 그것을 처벌하겠다는 것은 헌법상의 사유재산권을 침해하는 것으로 이해될 수도 있다. 한국은행이 급히 이 법을 만든 배경은 그보다 5년 전에 있었던 어떤 일 때문이다.

법 개정 5년 전인 2006년에 한국은행은 10원짜리 동전을 다시 만들면서, 크기와 무게, 소재를 모두 바꿨다. 2006년 이전의 10원 동전은 구리 65%, 아연 35%를 합금해 만들었는데 국제 구리 가격이 가파르게 치솟으며 10원 동전에 함유된 구리의 가치가 10원을 뛰어넘게 됐다. 그러자 동전 제조 가격이 급상승한 것은 물론, 일부에서는 10원 동전을 녹여 구리를 추출해서 더 큰 이익을 챙기는 일까지 발생했다. 이에 따라 급히 10원 주화를 변경하게 된 것이다.

1966년 8월 16일 발행
구리 88%, 아연 12%
지름 22.86mm
무게 4.16g

1970년 7월 16일 발행
구리 65%, 아연 35%
지름 22.86mm
무게 4.06g

1983년 1월 15일 발행
구리 65%, 아연 35%
지름 22.86mm
무게 4.06g

2006년 12월 18일 발행
구리 48%, 아연 52%
지름 18.00mm
무게 1.22g

그림 1-6 10원 주화 변천사. 1966년 최초 발행 시의 구리 함량은 무려 88%였지만 2006년 발행된 동전은 그 절반 수준인 48%만 구리로 돼 있다. (출처: 한국은행)

그림 1-6을 보자. 최초의 10원 동전은 1966년에 발행됐고 구리 함량은 무려 88%에 이르렀다. 그러나 1970년에는 그 함량을 65%로 떨어뜨렸고, 2006년에 발행된 10원 동전에는 구리가 고작 48%만 들어 있다. 주화 변경 이후에도 2006년 이전에 발행된 10원 주화를 녹여 구리를 추출하는 일이 지속적으로 발생했지만 이를 처벌할 수 있는 법률적 근거가 없었다. 이 때 문에 골머리를 썩이던 당국은 급기야 이를 처벌하는 법 조항을 신설했다.

TIP

우리는 보통 주화를 동전(銅錢)이라고 부른다. 동전의 글자상의 원래 의미는 구리銅로 만든 주화錢만을 뜻한다. 그러나 국어사전 상의 동전은 여러 금속이 들어가더라도 동그랗게 생긴 모든 돈을 통틀어 일컫는 말로 정의돼 있다. 대부분의 주화가 구리로 만들어지면서 자연스럽게 주화는 곧 동전과 같은 의미처럼 쓰이게 된 것이다. 엄밀히 말하면 '금화 동전'은 잘못된 말이지만 책에서는 별도로 설명하지 않는 한 동전과 주화를 구분하지 않고 같은 의미로 사용한다.

법이 생긴 후 몇 년이 지난 2015년, 경찰은 실제로 10원 동전을 대량으로 녹여 구리를 추출하던 일당을 붙잡았다. 범인들은 10원짜리 동전 600만 개(액면 6천만 원)를 녹여 금속 성분만 뽑은 뒤 내다 팔아 2억 원을 번 것으로 전해진다. 동전의 액면 가치는 10원에 불과했지만 금속재료의 가치는 그보다 훨씬 높았던 셈이다. 일당은 신 동전 10원권을 은행에 입금하고, 이를 다시 구 동전 10원권으로 계속 바꾸면서 범행을 이어갔고 이를 수상히 여긴 은행직원의 신고로 붙잡히게 됐다. 2006년에는 미국에서도 1센트와 5센트 동전을 훼손하는 행위를 처벌하는 법 조항을 신설했고, 미국 밖으로 반출할 수 있는 동전 개수를 제한했다. 법을 어긴 자는 5년 이하의 징역과 10,000달러(1,170만 원) 이하의 벌금에 처해질 수 있다. 이는 모두 구리 값의 급상승 때문이었다.

1톤당 구리 가격 변화
(단위: 미국 달러)

그림 1-7 2001년부터 2008년까지 국제 구리 값의 변화 (출처: e−나라지표)

그림 1-7은 2001년부터 2008년까지 국제 구리 값의 변화를 보여준다. 2006년 구리 1톤의 가격은 6,731달러로서 2002년의 1,558달러에 비해 무려 4.3배나 뛰었고, 직전 연도인 2005년에 비해서도 1.8배나 급등했다. 이 때문에 동전에 들어 있는 구리를 노리는 자들이 극성을 부렸던 것이다.

그레샴이 말한 좋은 돈good money은 바로 구리 함량이 높아 상대적 가치가 높은 구 동전 10원이다. 나쁜 돈bad money은 상대적으로 가치가 낮은 신 동전 10원이다. 만약 국가에서 법으로 제지하지 않았다면 시중에는 구 동전(=좋은 돈, 양화)은 모두 녹아서 사라지고(=쫓겨나고), 신 동전(=나쁜 돈, 악화)만

남게 될 것이다. 결국 신 동전(악화)이 구 동전(양화)을 구축(=쫓아냄)했을 것이다. 이처럼 성분이 달라 재료의 가치가 다른 두 동전이 동일한 액면가일 때, 둘 사이의 재료비 차이가 크다면 가치가 더 높은 동전은 유통되지 않고 모두 스스로 보유하거나 이를 녹여 다른 용도로 사용하려 들 것이며, 재료비가 더 싼 동전만 시중에 유통될 것이다.

1.2.3 로마 황제의 꼼수

전통적으로 지배자들은 더욱 많은 이득을 보기 위해 동전에 들어 있는 가치 있는 금속의 함량을 낮추는 꼼수를 꾸준히 부렸다. 로마 제국의 초대 황제인 아우구스투스Augustus [10]는 고대 로마의 화폐 체계를 금화인 아우레우스Aureus, 은화인 데나리우스Denarios, 동화인 세스테르티우스Sestertius 등[11]으로 정립했고, 화폐 교환가치는 은화인 데나리우스를 기준으로 사용했다. 예컨대 1아레우스(=금화)는 25 데나리우스(=은화)이며, 1 데나리우스는 4 세스테르티우스(=동화)와 같다.

---

10 기원전 27년~서기 14년 사이에 로마를 통치한 최초의 황제

11 동화는 세르테르티우수(Sestertius), 듀폰디우스(Dupondius), 아스(As)로 세분됐는데 여기서는 설명을 생략한다.

그림 1-8 고대로마의 은화 데나리우스

　원래 데나리우스는 순도 100%인 순은으로 제조했으나 폭군으로 악명 높은 4대 황제 네로 때부터 주화에 장난을 치기 시작한다. 데나리우스의 은 함량을 떨어뜨리고 잡금속을 섞기 시작한 것이다. 이후 21대 황제인 카리칼라[12]는 은의 함량을 80%까지 낮췄고 구리와 같이 좀 더 값싼 금속으로 나머지를 채운 뒤 안토니니아누스Antoninianus라는 이름의 새로운 화폐를 발행한다. 이 같은 꼼수는 지속돼 이후 로마에서는 주화의 은 비율이 50%로 하락했다가, 그로부터 40년 뒤에는 은의 함량이 5%까지 떨어진다. 말 그대로 은화가 아닌 은도금된 구리가 된 것이다. 로마의 은화가 시장의 신뢰를 상실했음은 당연하다. 시장에서 로마 은화는 빠르게 외면당하게 된다.

　훗날 디오클레티아누스Diocletianus 황제[13]는 다시 순도 100%인 은화 아르겐테우스Argenteus를 발행한다. 그러나 아르겐테우스는 활발히 유통되기

---

12 카라칼라는 별명으로 본명은 '임페라토르 카이사르 마르쿠스 아우렐리우스 세베루스 안토니누스 피우스 아우구스투스'이며, 줄여서 세베루스 안토니누스라고 불리기도 했다. 친동생, 아내, 장인을 직접 살해한 로마 최대의 폭군 중 한명이다.

13 284~305년까지 로마를 지배한 황제. 로마 제국의 부흥을 위한 여러 개혁을 단행했다.

는 커녕 시장에 등장하기 바쁘게 어디론가 사라져갔다. 앞서 나쁜 돈의 경험을 한 사람들이 좋은 돈인 아르겐테우스를 그냥 둘 리 없었기 때문이다.

1.2.4 홍선대원군과 당백전

악화가 양화를 내쫓은 사례는 우리나라에서도 찾아볼 수 있다. 고종 3년인 1866년 11월, 홍선대원군은 당백전이라는 주화를 발행한다. 당當백百전錢은 무협소설에서 한 명이 백 명을 상대로 싸움에서 이기는 것처럼 글자 그대로 일당當백百의 가치를 부여받은 초고액면의 주화였다. 당백전은 당시 통용되던 상평통보의 5.6배 정도 크기로 만들어졌지만 액면은 무려 그 100배를 부여받은 것이다. 당시 홍선대원군은 왕실의 권위를 세우기 위해 무리하게 경복궁 중건 사업 등 여러 사업을 강행했고 많은 돈이 필요해지자 당백전 발행이라는 무리수를 둔 것이었다. 결국 재료비는 상평통보의 5.6배 정도에 불과한 주화를 국가에서 강제로 그 100배의 가치를 부여한 것이므로, 이 경우 착한 돈은 상평통보이며, 나쁜 돈은 당백전이 될 것이다.

당백전 발행의 결과는 참담했다. 시중에 상평통보는 빠르게 사라졌고, 당백전만 넘쳐나기 시작해 물가는 폭등하고 화폐의 가치는 빠르게 폭락했다. 상인들이 점점 당백전의 사용을 꺼리게 되면서, 원시적 물물교환 형태까지 다시 등장하기 시작했다. 결국 6개월이 지난 1897년 4월 당백전 주조가 중단되고 1898년 4월에는 최익현 등의 상소를 계기로 유통까지 전면 금지하게 된다.[ㄴ]

사실 당백전의 실패에는 단순히 악화의 유통뿐만 아니라 다양한 원인이 작용했다. 가장 중요한 원인 중 하나는 국가에서 세금을 징수할 때 정작 당백전은 인정하지 않았다는 것이다. 이 점은 뒤에서 설명할 현대 통화 이론과도 맞물린다. 세금을 낼 수 없는 화폐는 심각한 결함을 가진 것이며 사실상 화폐로서의 가치가 매우 낮다고 할 수 있다. 유사하게 비트코인이 화폐 취급을 받으려면 무엇보다 국가에서 세금을 징수할 때, 비트코인을 인정해줘야만 한다. 세금과 화폐의 관계는 매우 중요하며 뒤에서 계속 언급되므로 반드시 기억해두자.

1.2.5 시뇨리지와 인플레이션

지배자들(=국가)이 주조한 돈에는 액면이 부여된다. 10원짜리 액면이 붙었다면 동전의 성분이 순금이든 철이든, 그 법적 가치는 10원이다. 그러나 액면은 법으로 부여된 가치일 뿐 반드시 절대적이거나 보편적인 가치로 보장되는 것은 아니다. 사람들은 바보가 아니다. 동전에 붙은 액면은 주조를 독점한 지배자들이 피지배 계층에게 권력이나 법을 동원해 '강제'한 것일 뿐 사람들의 보편적 '합의'에 의해 정해진 수치와 다를 수 있다. 개념적으로 보자면 시뇨리지란 돈에 적힌 액면과 사람들의 일반적인 상식과의 차이에 종속된 것으로 볼 수 있으며 이 괴리가 커질수록 문제가 발생한다. 그 간극이 바로 인플레이션을 일으키는 원인 중 하나이며, 괴리가 극대화되면 초인플레이션이 발생한다. 이 부분은 인플레이션을 별도로 다루는 장에서 자세히 살펴본다.

세계의 주화에는 대체로 톱니 모양이 있다. 이 무늬는 단순한 장식이 아니라, 뉴턴의 빛나는 발명품이다. 예전부터 주화, 특히 금과 은화의 경우 그 옆면을 긁어 부스러기 가루를 모아 팔려던 자들이 극성을 부렸다. 이 때문에 영국왕립 조폐국 부국장으로 일하던 뉴턴은 1696년부터 제조되는 모든 동전에 톱니 모양을 넣자는 아이디어를 냈다. 톱니 모양 덕분에 옆면을 긁은 동전은 쉽게 표시가 나서 바로 적발할 수 있었던 것이다. 그때의 관습이 지금까지 이어져 동전에는 톱니 모양이 있는 것이다. 2021년 기준 우리나라 동전에도 톱니가 있는데 500원짜리에는 120개, 50원짜리에는 109개 톱니가 있다. 그러나 10원짜리 이하의 동전은 톱니가 없는 평면으로 제작된다.

1.3 금화의 시대

지금까지 물물교환 시대를 거쳐 자연물을 활용한 물품화폐 시대(약 4만년 전)가 열리고, 그 뒤 인공적인 주화 시대가 등장(BC 700년, 약 2700년 전)하게 된 배경까지 살펴봤다. 한편 인위적인 주화를 제조하면서부터 주조권을 독점한 지배자들이 '시뇨리지'라는 이익을 챙기기 시작했음도 설명했다. 지배자들은 주조차액인 시뇨리지를 극대화하기 위해 주화 속의 귀금속 비중을 꾸준히 낮추는 꼼수를 부렸고 이 때문에 나쁜 돈이 착한 돈을 시장에서 쫓아내게 되는 그레샴의 법칙이 성립된다는 것도 알아봤다.

화폐 역사의 중심에는 단연 금이 있다. 금은 구약 창세기에도 등장할 정도로 오랜 역사를 가진다. 최초로 금이 돈으로 공식 선언된 역사적 기록은 기원전 700여 년경으로 금을 돈으로 사용한 것은 2700년이나 됐고 금을 발견한 시기인 기원전 5000여 년 전까지 거슬러가면 금의 역사는 무려 7000년 이상이 된다. 금은 발견 초기부터 장신구로 줄곧 애용되는 등 사람들의 사랑을 받아왔다. 이 때문에 주화에 다양한 금속들이 이용됐음에도 불구하고 그중 가장 가치를 인정받았던 것은 단연 금이었고 그 가치는 수천 년이 지난 지금까지도 변함없이 이어져 오고 있다. 지금부터는 인류의 사랑을 가장 많이 받고 있는 금속인 금에 대해 집중적으로 살펴본다. 금이 지금의 지위를 얻게 된 배경을 다양한 측면에서 살펴본 다음, 시뇨리지를 극대화해 나가는 지배자들의 탐욕이 결국에는 시장에서 좋은 돈인 금을 완전히 쫓아내고 나쁜 돈인 지금의 종이돈이 그 자리를 차지하도록 만든 배경을 자세히 살펴보면 현재의 종이 달러의 실체를 이해하는 데 한발 더 다가설 수 있게 된다.

1.3.1 금속으로서의 금의 속성

원자 번호 79번인 금의 원소 기호 Au는 '빛난다'는 의미의 히브리어 'aurum'에서 온 것이며, aurum은 라틴어에서도 금을 의미한다. 어원에서 알 수 있듯 금은 노란색을 띠는 '반짝이는' 광물로 공기나 물에 의해 부식되지 않는다.

원자는 물질을 이루는 가장 작은 단위다. 원자는 원자핵과 전자로 이뤄져 있고 원자핵은 또 중성자와 양성자로 구분할 수 있다.

원자 = 원자핵(=중성자 + 양성자) + 전자

원자번호는 원자핵 속의 양성자 수와 같다. 즉, 금의 원자 번호가 79번이라는 말은 금 원자의 양성자 수가 79개라는 의미와 같다. 원자 번호는 원자핵에 있는 양성자 개수와 같다는 것만 기억하자.

2019년까지 인류가 발굴한 금은 모두 약 197,576톤이다. 그중 47% 정도는 귀금속으로 이용되는 것으로 추정되며, 땅속에는 아직도 54,000톤의 금이 매장[14]돼 있는 것으로 추정된다.[M] 2021년 3월 국내에서 거래되는 금 1그램 가격인 63,100원으로 환산하면, 현재까지 캐낸 금은 약 12경 4,670조 원 정도의 가치가 있으며, 전 세계 GDP[15]의 약 7.4% 정도가 된다.

채굴된 금을 모두 녹이면 축구장 1.43개를 만들 수 있고, 정육면체로 만들면 한 변의 길이가 21.7미터나 된다.

---

14 이 수치는 정확하지 않다. 이 수치는 채굴 가치가 있는 매장량으로 볼 수 있으며, 채굴 비용을 고려하지 않는다면 이보다 훨씬 많은 금이 매장돼 있다고 볼 수 있다.

15 IMF가 추정한 2020년 전 세계 GDP는 약 98경 원(83.8조 달러)이다.

그림 1-9 금

런던대학교 화학과 안드레아 셀라Andrea Sella 교수는 2013년 BBC와의 인터뷰에서 지구상에서 알려진 모든 원자 구조 중 금이 화폐로서 가장 이상적이라고 주장하며 다음과 같이 분석했다.

우선 주기율표상의 원소 중 상온에서 액체나 기체인 것을 모두 제외한 후 금속 중 물에 닿으면 용해하거나 폭발하는 것을 제외한다. 그 뒤 우라늄, 플루토늄, 토륨 같은 방사성 물질은 제외한다. 또 구리나 철, 납 등 녹슬거나 부식되는 금속은 제외한다. 알루미늄은 너무 약해 동전으로 부적합하고 티타늄은 너무 단단해 고대에는 제련이 불가능했다. 이렇게 제외하면 최종 여덟 개의 금속만 남는데 이리듐, 오스뮴, 루테늄, 백금, 팔라듐, 로듐, 은 그리고 금이다. 이중 금과 은을 제외하고는 모두 극 희귀 원소라 구하기도 힘들어 화폐의 수요를 맞추기가 쉽지 않을 뿐 아니라 끓는점도 너무 높아 추출하기도 어렵다. 이제 최종적으로 금과 은만 남는다. 금과 은은 모두 대부분의 성질에서 화폐에 적합하지만 은은 공기 중에 있는 극소량의 황을 만나도 변색하는 상대적인 단점이 있다. 따라서 지구상에 금보다 더 화폐로 적합한 물질은 없다.[N] 단순히 화학적 성질이 뛰어나 화폐로 선택된 것이 아니겠지만 금이 그저 반짝이는 외양만이 아니라 화폐로서 사용되기에도 적절한 여러 금속적 특성을 가졌다는 점이 매우 흥미로운 것은 사실이다.

1.3.2 금과 은의 부상

금은 반짝이는 외양부터 여러 속성 모두가 주목을 끌기에 적합했고, 은역시 우아한 빛깔로 사람들의 마음을 사로잡기에는 충분했다. 태초에 예쁘게 생긴 조개껍데기에 끌려 이를 간접교환의 매개체로 사용하기 시작했던 인류가 더 안정적이고 매력적인 수단을 찾아가다 그중 가장 이상적인 교환의 매개체로서 금과 은 등으로 정착하게 된 현상은 어떻게 설명할 수 있을까? 이는 금과 은은 모두 채굴량의 제한이라는 자연이 인간에 준 여러 제약과 함께 빛나는 물체를 대하는 공통된 감정으로 인해, 특정 지역에 국한되지 않고 인류 보편적으로 '가치가 있는 것'으로 '자연스럽게' 받아들여져 서서히 고착된 믿음으로 발전해 나간 것으로 해석할 수 있다.

은 또한 금 못지 않은 우아한 색상을 가진 귀금속이다. 금의 녹는점은 1,063도이며, 은의 녹는점은 960.5도로서 1,500도는 돼야 녹는 철이나 무려 1,750도에서야 겨우 녹는 희귀 금속인 백금보다 낮아 상대적으로 가공이 쉽다. 다만 은은 대기 중의 유황과도 쉽게 반응해서 검게 변하는 특성이 있어서 금에 비해 반짝이는 매력은 덜하다. 그러나 비소 같은 독극물과

민감하게 반응해 변색되는 성질을 이용해 예로부터 음식물에 독이 들어 있는지 확인하는 귀한 도구로서 활용되기도 했다.

이처럼 귀한 금속인 금과 은이 화폐로서 적극적으로 부상하게 된 것은 국가 간의 무역이 활발해지면서였다. 각 국가들은 서로 종류와 재질이 다양한 여러 물품과 금속 주화를 사용했지만, 금과 은은 거의 모든 국가에서 공통으로 사용됐기 때문에 세계 어디를 가든 귀한 대접을 받았고, 다른 나라와의 거래에 있어 '공통 화폐'로 사용하기에 더없이 이상적이었다.

그러나 한 가지 문제점이 있었으니, 국가별로 금과 은에 대한 대접이 제각각이어서 잣대가 표준화되지 않아 무역이 일어날 때마다 교환 비율을 매번 새로 상정해야 한다는 점이었다. 어쨌건 국가 간의 무역이 활발해질수록 대금을 결제할 '공통된' 수단으로 금과 은은 최적의 선택이었으므로, 이를 계기로 금이나 은을 기본으로 하는 화폐 시스템이 여러 국가에서 등장하기 시작한다.

1.3.3 은의 위상

은은 한때 금과 함께 패권을 다투던 귀중한 금속이다. 특히 중국을 중심으로 한 동아시아에서 은은 모든 화폐의 기본[16]을 이루는 소중한 존재이기도 했다. 수많은 형태의 화폐 중 '화폐의 왕'이 되기 위한 금과 은의 치열한 다툼은 뒤에서 다시 살펴보기로 하자. 은의 최근 모습만 살펴보면 초라하기 짝이 없다.

---

16 이를 은본위라고 하는데 뒤에서 다시 자세히 살펴본다.

그림 1-10은 최근 50여 년 동안의 은 가격의 변동 추이를 보여준다. 은의 가격 변화는 금과는 사뭇 다른데, 변동성이 매우 큰 것은 물론, 시간에 따른 꾸준한 상승 추세도 전혀 보이지 않고 있다.

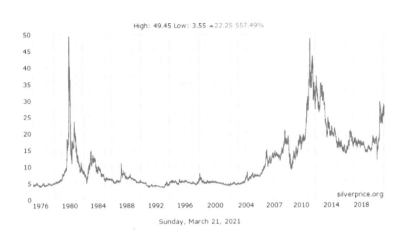

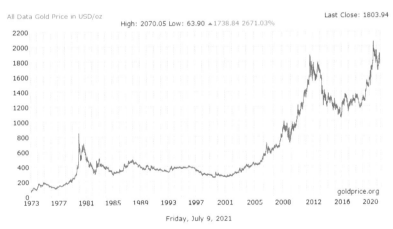

그림 1-10 최근 50년 간의 금과 은의 시세 변동
상단은 은, 하단은 금의 가격 변동을 보여준다. (출처: silverprice.org)

즉, 안전자산으로서의 역할을 수행하지 못하고 있음을 볼 수 있다. 그러나 오히려 은의 이러한 과거 추세 때문에 추가적인 상승 여력이 축적됐다고 주장하는 사람도 있다. 대표적인 인물이 조지 소로스George Soros와 함께 퀀텀 펀드Quantum Fund를 설립한 투자의 귀재 짐 로저스Jim Rogers다. 그는 2021년 기준으로 보면 은 가격은 역대 최고가 대비 50%에 불과하지만, 금은 역대 최고가의 90% 수준이므로 금보다 은이 훨씬 더 상승 여력이 있다고 주장하며, 금보다 더 투자 매력이 있다고 분석한다. 은이 서구권 특히 근대 금융을 주도한 영국에서 상대적으로 외면 받게 된 것은 17세기 아시아와 유럽 사이의 심각한 무역 불균형에 기인한 바 있는데 이 부분은 뒤에서 별도로 살펴볼 것이다.

금, 은과 같은 귀금속의 가장 큰 단점은 보관과 운반에 있다. 워낙 귀한 물건이기 때문에 도난당할 위험이 큰 것은 물론이고, 금속이기 때문에 대량으로 운반하기에는 무겁다는 단점도 있다. 이 때문에 사람들은 이러한 단점을 보완해줄 방법을 생각했고, 그 생각은 은행이라는 새로운 형태의 사업으로까지 발전하게 된다. 2장에서는 은행이 생기게 된 배경과 대출이라는 사업 영역이 자리 잡게 되는 배경을 살펴볼 것이다.

1.3.4 화폐의 정의

이쯤에서 화폐의 정의를 알아보자. 화폐란 과연 어떻게 정의할 수 있을까? 앞서 살펴본 것처럼 화폐, 즉 돈은 인류가 각자에게 필요한 물품을 얻기 위해 물물교환이라는 불편하고도 동시에 거래 비용이 많이 드는 '직접교환'의 원시적 방법을 개선하기 위해 자연스럽게 등장한 '간접교환' 방식이다. 이는 인류가 의사소통을 위한 수단인 언어가 자연적으로 발생해서 발달해온 것과 유사하다. 따라서 화폐라는 것을 특정 학문에서 하나의 문장으로 정의하는 것은 거의 불가능하다. 사실 간접교환의 매개체가 되기에 적당한 속성을 갖춘 모든 것은 화폐라고 우길 수 있기 때문이다. 비트코인이 그 대표적인 경우이다. 이 때문에 단순히 교환의 매개체 이상의 또 다른 필요 속성을 추가해 그 범위를 제한할 필요가 있다. 우선 가장 공통적으로 거론되는 화폐가 되기 위한 세 가지 공통된 속성부터 살펴보자.

가. 교환의 매개수단

화폐는 물물교환을 대체하는 수단으로 자연 발생한 것이므로, 교환의 매개수단이어야 하는 것은 당연하다. 그러나 교환의 매개 수단 자체가 화폐가 되기 위한 충분 조건은 아니다. 사실 세상의 모든 물건은 교환의 매개수단으로 사용될 가능성이 있기 때문이다. 예컨대 어린이들끼리는 게임 카드를 어떤 가치 있는 것으로 인식하고 이를 돈처럼 사용해 교환의 매개로서 서로의 다른 장난감을 사는 데도 얼마든지 사용할 수 있기 때문이다. 그러나 이 게임 카드를 가지고 상점에서 우유를 사는 것은 불가능할 것이다. 게임 카드는 어린이들 사이에서만 가치를 인정받을 뿐, 상점의 어른에게는 쓸모없는 종이 조각에 불과할 것이기 때문이다. 이런 관점에서 화폐는 극소수의 일부 집단만이 인정하는 매개수단이 아닌 누구나 인정하는 '범용적'인 매개수단일 필요가 있고 이 때문에 한 국가에서 통용되는 화폐는 대체로 법으로 그 유통을 강제한다. 예컨대 한국

내에서 물건값을 치를 때 누군가 미국 달러로 물건값을 치르려 한다면 상점 주인은 이 거래를 거부할 권리가 있지만, 원화를 사용해 물건값으로 치르려 한다면 이를 거부할 수는 없다. 또한 유통화폐에는 세금을 낼 수 있는 지위도 부여해준다. 놀이용으로 쓰는 딱지나 비트코인으로는 국가의 세금을 납부할 수 없지만 대한민국 원화는 국가의 세금을 변제할 수 있는 권리가 부여돼 있다.

나. 가치 척도의 기능

화폐의 속성 중 가장 주요한 것은 가치 척도의 기능이라 할 수 있다. 가치의 척도란 사물의 가치를 측정할 수 있는 잣대의 역할을 의미한다. 예를 들어 "저 물건은 금 한 냥 값이다."라고 얘기를 할 때 금의 역할이 바로 가치의 척도, 즉 가치의 잣대인 것이다. 즉, 금이 가지고 있는 고유 가치를 통해 다른 물건의 상대적 가치를 가늠할 수 있게 되는 것이다. 이를 통해 모든 대상물의 가치를 판단할 수 있다. 황금은 수천 년 동안 가치의 잣대 역할을 수행해온 대표적 화폐였으며, 이 때문에 인류 역사의 대부분은 금을 가치 척도의 표본으로 사용했다.

가치의 척도 역할을 수행하려면 쉽게 변하지 않는 안정적인 가치를 유지해야 한다. 만약 황금의 가치가 큰 폭으로 변한다면 잣대의 역할을 수행할 수 없다. 거리를 재는 줄자의 길이가 계속 변한다면 그 줄자는 척도의 의미를 상실할 것이다. 인류는 수천 년간 수많은 자연물 중에서 모든 사람이 보편적으로 가치를 인정하는 물품을 찾아 헤맸으며, 그렇게 찾아낸 대표적인 것이 금이었다. 훗날 금을 기본으로 하는 금본위제라는 화폐 체계가 등장하게 되는 것도 금의 가치가 대다수 사람에게 보편타당하고 안정적이며 자연적으로 받아들여졌기 때문이다. 따라서 어떤 목적물이 가치의 척도 기능을 수행하려면 반드시 오랜 기간의 '신뢰'를 축적해야만 한다.

MEMO

현대의 종이돈이 가치 척도의 역할을 수행할 수 있을까? 종이돈에는 법으로 정한 액면이 있으며, 그렇기 때문에 가치 척도의 역할을 수행할 수 있다. 예컨대 어떤 물건이 "5만 원이다."라고 하는 것은 국가가 법령에 의해 강제로 정한 액면을 가치의 척도로 잘 사용하고 있는 사례다.[17] 우리는 5만 원이 어느 정도의 가치를 갖고 있는지 보편적으로 잘 알고 있기 때문이다. 그러나 이는 경제가 안정적일 때만 유효하다. 지폐 자체는 종이로 돼 있어 아무런 내재가치가 없기 때문이다. 특히 인플레이션이 극심해지는 초인플레이션 상황에서는 이러한 액면은 사실상 무의미해진다. 물가가 크게 변동하면 액면은 아무런 의미가 없다. 2014년 짐바브웨에서 발행한 자국의 1조 달러는 겨우 계란 3개를 살 수 있는 가치였다.

다. 가치 저장의 기능

가치 저장의 기능이란 일정한 구매력을 저장할 수 있는 기능을 의미한다. 즉, 현재 쌀 한 가마니를 살 수 있는 가치를 가진 물건이 있다면 향후에도 여전히 쌀 한 가마니를 살 수 있어야 한다. 따라서 가치 저장이란 단순히 가치가 들어 있다는 것이 아니라 저장된 가

---

17 이러한 화폐를 명목화폐라고 하는데, 대한민국의 원화와 미국의 달러를 포함한 현대의 화폐는 모두 명목화폐. 명목화폐에 대해서는 뒤에서 다시 자세히 살펴본다.

치가 변하지 않고 지속적이어야 한다는 의미까지 포함하는 개념이다. 이는 간접교환의 수단이 되기 위한 필수조건이기도 하다. 다시 물물 교환을 생각해보자. 내가 쌀 한 가마니를 내어 주고받은 조개껍데기가 간접교환 수단의 기능을 수행하려면 나 역시 이 조개껍데기로 향후에 쌀 한 가마니를 살 수 있어야 한다.

따라서 화폐의 가치 저장 기능에는 가치의 불변성이 포함된다. 비트코인이 화폐의 가치 저장의 기능을 수행한다고 주장하는 자들이 있는데, 이는 잘못된 생각이다. 비트코인처럼 가치의 요동이 심한 것은 가치 저장의 기능을 수행할 수 없다. 비트코인은 시중에서 매매가 되므로 그저 가치가 '들어 있을 뿐' 화폐의 '가치 저장의 기능'과는 거리가 멀다.

MEMO

화폐의 가치 저장 기능에는 유동성이라는 개념 또한 반드시 동반돼야 한다. 유동성은 특정 목적물이 얼마나 빨리 (화폐처럼) 교환의 매개체 역할을 할 수 있느냐에 대한 것이다. 부동산을 생각해보자. 집도 가치를 저장하고 있다. 그러나 물건을 사고 팔 때 집을 교환의 매개체로 사용하려면 많은 불편이 따를 것이다. 따라서 집이 가진 가치 저장은 화폐의 기능에서 말하는 가치 저장과는 다르다.

한편, 진정한 화폐가 되기 위해서는 앞서 설명한 세 가지 이외에도 몇 가지 부수적인 속성이 필요하다. 사용의 편의성이 그중 하나다. 얍 섬의 돌 화폐는 앞의 세 가지 속성을 모두 갖추고 있지만 범용적인 화폐가 될 수는 없다. 바로 거래의 편의성이 없기 때문이다. 비트코인 역시 구조적 결함 때문에 사용하는 데 최소 10분이 걸리며 경우에 따라 길게는 수 년, 이론적으로는 평생 거래가 되지 않을 수도 있다. 비트코인은 화폐의 세 가지 속성 중 단 한 가지도 갖추지 못한 것은 물론 편의성마저 없다.

1.3.5 용어정리 – 화폐와 통화

영어의 머니money는 우리말로는 대개 화폐로, 커런시Currency는 주로 통화로 번역한다. 이러한 번역은 대부분의 문맥에서는 맞지만 정확히 일치하지는 않는다.

앞서 살펴본 것처럼 교환의 매개와 가치 척도의 기능 등을 수행할 경우 우리는 이를 화폐라고 부른다. 따라서 기본적으로 화폐의 종류는 무한일 수 있다. 그래서 그보다 더 실질적인 개념이 필요하게 됐으며 바로 그것이 통화 즉, 유통화폐다.

통화通貨란 일반적으로 수많은 화폐 중 각국이 자국에서 통용되도록 법으로 강제한 화폐를 말한다. 즉 통화란 유통通화貨폐의 줄인 말이다. 다른 말로는 법정화폐[18] 또는 법정통화라고 부르기도 한다. 법法으로 정定했다는 의미다. 법정화폐는 영문으로는 피아트 머니Fiat Money라고도 부르는데, 피아트Fiat는 '국왕의 명령'이라는 라틴어가 어원이다.

---

18 법정화폐는 줄여서 법화라고 부르기도 한다.

우리나라 법률 용어는 거의 예외 없이 화폐라는 단어 대신 통화라는 말
이 사용되며, 같은 맥락에서 비트코인 등 여러 코인을 지칭하는 각종 정부
문건에도 초기에는 가상통화라는 말을 사용했다가 지금은 모두 가상자산
이라는 말로 바꾸고 있다. 비트코인은 통화가 아니기 때문에 가상통화라
는 말은 매우 부적절한 용어였다고 볼 수 있다.

미국 달러나 원화, 유로화는 모두 화폐이지만 우리나라의 통화는 원화
하나뿐이며, 미국의 통화도 미국 달러 하나밖에 없다.

이처럼 대부분의 국가는 단 하나의 통화를 가지지만 짐바브웨 같은 경
우에는 2014년 미국 달러, 보츠와나 풀라, 영국 파운드, 유로, 호주 달러,
중국 위안, 인도 루피, 일본 엔 등 무려 여덟 가지 타국 화폐를 자국의 법정
통화로 인정하겠다고 선언하기도 했다.

한편, 2021년 7월 39세의 엘살바도르의 부켈레Bukele [19] 대통령은 의회
를 장악한 여당을 활용해 세계 최초로 비트코인을 법정화폐로 채택하는
법안을 단독으로 밀어붙여 통과시켰다. 이로써 엘살바도르의 법정화폐,

---

19 전체 이름은 나이브 아르만도 부켈레 오르테즈(Nayib Armando Bukele Ortez)이다.

즉 통화는 기존의 미국 달러화에 더해 비트코인까지 모두 두 가지가 됐다. 자국 통화를 포기하고 미국 달러에 의존해 오던 세계 경제 최하위권의 남미 극빈국 대통령의 이 위험한 실험을 어떻게 봐야 할 것인지는 7장에서 다시 살펴본다.

한편, 영문의 커런시Currency는 '화폐'가 아닌 '화폐 시스템'을 의미한다. 즉 경제에서 화폐 역할을 하는 일련의 시스템을 통칭하는 의미다. 이런 관점은 화폐와 커런시를 구분할 수 있게 만드는데, 이런 맥락에서는 미국의 달러는 커런시이지만 머니money는 아니라고 볼 수 있다. 머니money는 통상 고대의 주화처럼 그 자체로 내재가치를 가지고 있는 것만을 지칭하며, 커런시는 내재가치의 유무와 상관없이 시중에 유통되는 모든 화폐 체계를 가리킨다. 미국의 달러는 실제로는 종이 조각일 뿐 아무런 내재가치가 없다.[20] 이때 법을 통해 강제로 내재가치를 부여해서 화폐의 구실을 할 수 있게 만든 것이 바로 커런시다.

사람들은 일반적으로 커런시와 머니를 구분하지 않고 혼용해 사용하는 경우가 훨씬 더 많지만, 화폐가 발전해온 역사의 측면에서 이 둘은 구분될 수 있다. 이 때문에 암호화폐는 영문으로 크립토커런시Crypto Currency라고 쓰며 크립토머니Crypto Money라고는 쓰지 않는다. 내재가치가 없기 때문이다.

MEMO

독일의 민법은 1881년에 제정되고 1900년 1월 1일에 발효됐다. 독일민법은 유럽의 대륙법은 물론 우리나라, 일본, 중국 등 세계 민법의 근간이 되고 있는데, 독일 민법 상의 금전이란 "법률상 모든 사람에 의해 채무 해소를 법적으로 이행"하기 위한 지급 수단으로 정의돼 있다. 일본도 통화란 강제 통용력을 가진 화폐 및 일본 은행권으로서 이를 이용한 "금전 채무의 변제가 당연히 유효"한 것만을 의미한다. 화폐가 되기 위해서는 세금이나 개인 채무의 변제에 대한 효력이 강제화 돼야 하고, 따라서 현대 사회에서 법령에 의하지 않고 스스로 통화가 되는 것은 불가능하다고 볼 수 있다. 파이낸스(finance)라는 단어 역시 고대 프랑스어의 '빚을 끝낸다' 혹은 '빚을 청산한다'는 뜻을 가진 finer에서 유래했다.

---

20 법정화폐의 경우, 법령으로 강제한 액면이 바로 내재가치라고 주장하는 경제학자들도 많다.

2장

은행의 탄생

"예전에 사람들은 나를 도박쟁이로 불렀고,
판돈이 커지자 투기꾼이라 부르기 시작했다.
그리고 지금은 나를 은행가라고 부른다.
그러나 예전이나 지금이나 내가 하는 일은 변한 게 하나도 없다."

- 어니스트 카셀Ernest Cassel, 영국 에드워드 7세의 은행가

2장에서는 화폐의 역사에 있어 가장 핵심이 되는 은행이 탄생하게 되는 역사적 배경과 역할을 살펴본다. 근대 은행은 영국에서 시작됐으며, 이를 주도한 사람들은 이탈리아에서 건너간 환전상들이었다.

은행은 귀중품을 보관해야 하는 부자들의 필요성으로부터 발달했다. 귀중한 금속인 금을 집에 보관하면 항상 도난의 위험에 처할 수밖에 없다. 고대인들 역시 귀한 금속을 안전하게 보관해야 하는 건 마찬가지였고, 무

려 3800년 전인 기원전 1792년의 함무라비 법전에까지 금과 은의 보관 방법에 대한 내용이 등장한다. 함무라비 법전에는 당시 바빌로니아인들은 믿을 수 있는 사람이 지켜보는 가운데 안전요원에게 자신의 보물을 맡겼고, 그 대가로 보물의 1/16을 지불했다는 내용이 적혀 있다.

TIP

함무라비는 고대 메소포타미아의 바빌로니아 제국의 첫 황제로, 인류의 가장 오래된 법전인 함무라비 법을 제정한 사람이다. 바빌로니아 제국은 지금의 이라크 바그다드 남쪽 지역에 있었다. 사실 최근에 함무라비 법전보다 100여 년 이상 앞선 우르남무(Ur-Nammu) 법전이 발견돼 인류의 가장 오래된 법전이라는 타이틀은 내려놓아야 했지만, 여전히 가장 오래된 성문법의 상징으로 많이 인용되고 있다.

이집트의 피라미드나 그리스의 신전 등은 귀금속과 같은 비싼 재산을 신성하고 안전하게 보관할 수 있는 최적의 장소로 여겨졌다. 미국의 역사가이자 건축가인 노블 포스터 혹슨Noble Foster Hoggson은 고대 그리스 사원을 현대 은행 기능의 시작이라고 주장한다. 그는 고대인들이 이용하던 은행의 모습을 다음과 같이 묘사한다.

"은행은 크고 견고하게 세워졌지만 가구가 드문드문 놓이고 조명이 어두컴컴했다. 그 안에는 환전상이 높은 걸상에 앉아 구리로 만든 그물망에 동전을 펼쳐 놓았다. 고객들은 벽이 없이 기둥만 세워져 있는 건물 현관을 통해 은행으로 들어간다. 변호사는 공개 토론에서 승리해서 받은 상금을 예금하고, 젊은이는 좋아하는 검투사에게 베팅하려고 돈을 찾고 테살리아Thessaly [1] 출신의 노예는 자유를 얻기 위해 은행에 조금씩 돈을 모은다." P

2.1 환전상

환전換錢은 돈錢을 서로 바꾼다換는 의미다. 물품화폐가 진화해 국가가 주도하는 주화로 발전하며 각국은 저마다의 주화를 발행했지만, 이는 해당 국가에만 통용될 뿐 다른 국가에서의 통용 여부는 보장되지 않는다. 이 때문에 국가 간의 교역이 빈번히 일어나는 도시를 중심으로 환전 수요가 증대하기 시작한다. 지중해 인근의 이탈리아 등지에서 활발히 활동하던 환전상들은 영국으로 건너가 근대적인 은행의 기초를 다지는 주역이 된다.

2.1.1 지중해의 상인들

지중해Mediterranean Sea는 대서양과 연결되는 바다로서 유럽, 아프리카, 아시아의 세 대륙에 둘러싸여 있는 바다이다. 그 이름도 땅地 속中에 있는 바다海라는 의미의 지중해地中海다. 크기는 약 250만 제곱킬로미터로서 지구 표면적의 0.5% 정도[2]에 해당한다.

---

1   그리스 북부에 위치한 지역

2   태평양은 지표면의 32.3%, 대서양은 20.9%를 차지한다.

그림 2-1

세 대륙에 둘러싸인 지중해를 통하면, 유럽과 아프리카 그리고 서아시아까지 모두 연결될 수 있다. 이 때문에 지중해에 접한 이탈리아, 그리스, 터키, 리비아, 모로코 등의 국가는 예로부터 국가 간의 교역이 발달했다. 한편 지도를 보면 알 수 있듯 지중해 인근에는 흑해와 홍해도 있는데, 흑해 역시 아시아와 유럽에 둘러싸여 있고, 홍해는 아프리카와 아시아 대륙에 둘러싸여 있으므로 이 세 바다는 고대로부터 교역에 있어 중요한 역할을 했고 이 지역을 차지해 무역의 요충지 역할을 하려는 경쟁이 치열했다.

1453년 이슬람의 오스만 투르크 제국은 로마의 후예 비잔틴 제국을 콘스탄티노플에서 몰아내고 지중해 동쪽과 흑해, 홍해, 페르시아 만을 완전히 장악한다. 콘스탄티노플은 현재 터키의 수도인 이스탄불로서 당시 세계 교역의 허브 역할을 하기도 했다. 오스만 투르크는 유럽과 아시아를 잇는 주요 길목을 완전 장악한 후에 주요 교역 통로인 실크로드를 막았다. 또한 아시아의 귀한 향신료를 유럽으로 들여오던 향신료의 통로마저 끊어 버리자 유럽의 상인들은 막대한 피해를 보게 됐고, 이 때문에 이를 극복할 수 있는 대안을 강구하게 된다. 이때 포르투갈은 이슬람 세력이 차지한 지중해를 거치지 않고 독자적으로 교역할 수 있는 직항로를 개척하려는 노력을 시작했으며, 아프리카 대륙을 통째로 우회하는 항로를 찾자는 꿈을 꾸게 된다.

1488년, 포르투갈 국왕의 명령으로 에티오피아를 찾아 항해하던 바르톨로메우 디아스Bartolomeu Dias는 아프리카의 최남단인 희망봉을 발견하며, 드디어 아프리카의 땅 끝이 어디인지 확인했지만, 거친 풍랑으로 인해 다시 포르투갈로 돌아가야만 했다. 그로부터 9년 뒤인 1497년 7월 바스쿠 다 가마Vasco da Gama는 아프리카 땅 끝인 희망봉을 거쳐, 아프리카를 통째로 우회한 항로를 이용해 인도로 떠나기 위한 여정을 시작한다. 그 후 2년 만인 1499년에 장장 42,000킬로미터를 항해해 드디어 유럽인 최초로 대서양과 아프리카 남해안을 거쳐 인도까지의 항해에 성공한다. 유럽의 배들이 전 세계를 돌아다니며 새로운 항로를 개척하던 이 시기(15세기 초부터 18세기)를 '대항해 시대'라는 용어로 부르고 있다. 이 시기의 활발한 무역과 식민지 개척은 동서양에서 각각 은과 금이 화폐의 패권을 두고 서로 다투게 되는 결투를 촉발시킨다.

희망봉이 아프리카의 최남단으로 알려져 있으나, 사실 지리상의 진짜 최남단은 아굴라스(Agulhas) 곶으로서 희망봉에서 동남쪽으로 150km 떨어진 지점에 있다. 또한 희망봉은 번역상의 실수다. 희망봉은 봉우리가 아니라 바다로 돌출돼 나온 뾰족한 모양의 땅을 일컫는 말인 곶(串)이므로, 희망봉(峯)이 아니라 희망곶(串)이 맞는 표현이다.

희망봉의 영어식 표현은 포르투갈어인 "Cabo da Boa Esperança"를 번역한 "Cape of Good Hope"인데, 영어 "Cape"는 곶을 의미하므로, 영어는 정확하다. 이를 우리 말로 번역할 때 잘못된 것으로 보인다.Q

오스만 투르크는 15세기부터 20세기 초까지 전 세계 식민지 확장에 열을 올리던 서구의 열강들이 얼씬도 하지 못하게 했을 정도로 강력한 세력이었다. 콘스탄티노플(지금의 터키 이스탄불)은 지중해 무역 허브의 역할을 했으며 오스만 투르크 제국은 영국의 이간질로 제1차 세계대전 후 와해될 때까지 무려 600년을 동유럽부터 서아프리카에 이르는 대제국을 건설하고 이를 굳건히 지켜낸 강력한 제국이었다. 제1차 세계대전에서 독일과 오스트리아 동맹국에 가담했던 오스만 제국은 전후에 패전국이 되고, 영국의 간계에 의해 팔레스타인 땅 일부를 이스라엘에 빼앗기며, 수많은 아랍 국가로 분열된다. 이후에는 석유를 노린 미국까지 가세해서 지금까지도 수많은 분쟁의 중심지로 전락해버렸다.

2.1.2 근대 금융의 태동 – 이탈리아

지중해의 중간에 위치하고 있던 이탈리아는 일찍부터 환전이 발달했다. 현재 우리가 쓰고 있는 많은 금융용어는 14세기의 이탈리아에서 유래한 것이다. 그중에서도 은행을 의미하는 뱅크bank라는 단어는 이탈리아어의 방코banco에서 유래했으며, 방코는 영어의 벤치bench 즉, 긴 의자를 의미하는 단어다. 당시 (유대인들이 대부분이던) 환전상들은 시장 거리 한구석에 환전업무를 위해 긴 의자를 설치했는데, 바로 그 의자를 지칭하는 단어였다. 요즘도 서울 명동 거리를 걷다 보면 플라스틱 의자에 걸터앉아 사적으로 환전을 해주는 할머니들을 쉽게 볼 수 있다. 그 모습은 몇 백 년이 흘렀지만 14세기의 이탈리아 환전상들의 모습과 장소만 다를 뿐 기본 형태는 크게 다르지 않다.

그림 2-2 명동 거리의 환전상 할머니 3

한편, 당시 환전 비율 때문에 시비가 종종 일어났고, 경우에 따라 탁자나 의자를 부숴 버리는 폭력적 상황도 일어나곤 했는데, 이때 부서진 의

---

3   출처: 서울역사박물관 서울역사아카이브 − 47368 『남대문시장: 모든 물건이 모이고 흩어지는 시장백화점』(2013), 379쪽

자라는 뜻의 방코 로타^{banco rotta}라는 말에서 파산을 의미하는 뱅크럽시 bankruptcy라는 단어가 생겨났다. 현재 은행을 의미하는 이탈리아어인 방 카banca 역시 방코banco에서 유래했다. 또한 현금을 의미하는 캐시cash는 계 산대를 의미하는 이탈리아어 카사cassa에서 유래하는 등 기초적인 금융의 용어는 대부분 이탈리아에서 유래했다.

국가 간의 교역이 더욱 활발해지면서 원래 귀금속의 보관 역할을 주로 하던 원시 형태의 은행은 환전 영역으로까지 그 업을 빠르게 확장해 나갔 고, 금융은 대형 환전상이 주도하게 됐음은 쉽게 짐작할 수 있다.

2.2 런던의 이탈리아인 – 롬바드 거리

은행이 근대적 모습을 갖춘 것은 영국의 롬바드Lombard 거리에서부터였 다. 영국의 롬바드 거리는 제1차 세계대전 이후 미국의 월 스트리트가 세 계 금융의 중심지로 부각하기 이전까지 18세기 세계 금융의 중심지 역할 을 한 곳이다.

롬바드 거리는 영국의 중앙은행인 영국은행에서 시작해서 동쪽으로 300미터 정도 뻗어 있다.

그림 2-3 런던의 롬바드 거리

롬바드라는 이름은 이탈리아의 롬바르디아Lombardia 지방4에서 유래했다. 14세기부터 롬바르디아 지방에서 몰려온 이탈리아인들이 런던 중심부에 좌판을 깔고 담보를 받고 돈을 빌려주는 대부업을 영위하는 거리를 형성했는데, 이들은 뛰어난 금 세공업자이기도 했다. 이 거리는 훗날 롬바드라는 이름으로 정착되는데, 비유하자면 런던에 있는 월 스트리트인 셈이다.

4　롬바르디아(Lombardia)주는 이탈리아 북부에 있는 주로서 밀라노가 있는 곳이다.

영국의 주간지인 이코노미스트(Economist)를 창간한 월터 배저(Walter Bagehot)는 1859년에 『롬바드 스트리트(Lombard Street)』(아카넷, 2001)라는 저서를 남겼다. 월터 배저는 은행가이기도 했다.

그는 롬바드 거리를 '신용의 조직(Organization of Credit)'이라고 표현했으며, 장점과 단점이 동시에 있는 혼합된 조직이라고 썼는데, 신용이란 '지불하겠다는 약속들의 집합' 이라 설명했다.

2.2.1 금장 은행의 탄생 - 찰스 1세의 약탈

금장金匠은 금金을 다루는 기술자 즉 장인匠을 의미하는 말로 금 세공업 자의 다른 표현이다. 17세기 런던에서는 귀금속, 특히 금을 다루던 수공업 자들이 많이 있었다.

당시의 영국 국왕은 찰스Charles 1세로서 1625년부터 1649년까지 24년 동안 3개 왕국(잉글랜드, 아일랜드, 스코틀랜드)의 국왕을 겸했던 자인데 성공회 교도인 그는 의회는 물론 개신교와도 갈등을 빚고 있었다.

개신교(改新敎, Protestant)는 16세기 종교개혁의 결과로 로마 가톨릭에서 분리돼 성립 된 그리스도교의 분파를 일컫는 말이며, 교황의 권위를 인정하지 않는다. 영국에서는 성 공회(聖公會, The Anglican Domain)라는 또 다른 형태로 발전한다. 성공회라는 말은 '거룩한 가톨릭 교회(The holy catholic Church)'를 한자를 사용하는 문화권에서 번역 한 말이다.

찰스 1세는 소위 왕권 신수神授설, 즉 왕의 권한은 신神이 주신授 것이므로 왕은 오직 신만 섬기면 되며, 그 외 신하와 백성은 모두 왕에게 절대 복종해야 한다는 사상을 깊게 신봉하며 절대 권력을 추구했다.

그림 2-4 찰스 1세

개신교는 로마 가톨릭 교회와 극심한 대립을 하고 있었다. 찰스 1세가 로마 가톨릭 신자인 헨리에타 마리아Henrietta Maria와 혼인을 한 것에 이어 개신교에 대한 다양한 규제를 신설하자 개신교들의 불만은 극에 달한다.

그러던 1640년, 찰스 1세는 근대 은행의 탄생을 촉발한 크나큰 사건을 일으킨다. 당시 영국 상인들이나 부유층들은 자신들의 여유 자금이나 귀중품을 안전한 영국 조폐국에 맡기는 경우가 많았다. 당시 찰스 1세는 장로교를 신봉하는 스코틀랜드에게 성공회를 믿도록 강요해서 전쟁을 유발했고 통치 말년에는 개신교와의 전쟁인 영국 내전(=청교도 혁명)을 초래하는 등 통치 내내 전쟁으로 인한 자금 부족에 시달렸다.

1640년, 돈이 필요했던 찰스 1세가 조폐국을 급습해 장악한 다음 '빌린다'는 명분 하에 조폐국에 보관 중이던 상인들의 돈과 귀중품 20만 파운드를 강탈하듯 가져가는 사건이 발생한다. 이에 상인들은 급히 조폐국에 보관했던 돈을 빼내어 금 세공업자들에게 맡기기 시작했다. 금 세공업자들은 대개 자신들이 세공한 금을 안전하게 보관하기 위한 튼튼한 금고를 갖고 있었다. 이때부터 금세공업자들은 금을 보관하는 업무를 본격적으로 시작하게 됐으며 조합이 형성되기도 한다. 즉, 금장들이 금을 보관해주는 금장 은행이 탄생한 것이다.

이들은 금을 보관한 이에게 보관 사실을 확인해 주는 영수증 격인 금 보관증을 발급해줬는데, 이후 상인들은 보관된 금을 다시 찾아 거래하는 번거로움 대신 종이로 된 금 보관증을 서로 주고받으며 마치 '화폐'처럼 사용하기 시작했다. 이 금 보관증은 훗날 현대의 지폐의 개념으로 발전하게 된다.

찰스 1세와 개신교의 갈등이 전쟁으로까지 번진 청교도 혁명은 1642년부터 1649년까지 이어졌다. 찰스 1세는 결국 청교도 혁명을 이끈 개신교의 올리버 크롬웰에 의해 1649년 49세를 일기로 처형된다. 찰스 1세의 조폐국 약탈은 영국의 금장 은행의 탄생을 촉발했고, 금장 은행들은 14세기부터 축적돼온 이탈리아의 대출업과 금괴 보관업을 접목하며 근대적인 은행의 모습을 갖추게 된다. 이들이 발행한 금 보관증은 이탈리아 베네치아 은행의 관행을 본뜬 것이다.

금장 은행은 대부분 금 보관증 형태의 지폐를 스스로 발행했고, 일부 거대 상인들도 지폐를 발행했다. 그러나 이 지폐들은 규격화되거나 통일된 것이 아니라 발행된 것마다 다른 가치를 갖고 있었으며 특정 개인을 대상으로만 발행됐다. 또 각 지폐에는 은행 출납원의 서명이 적혀 있었다.

액면이 강제화돼 정해진, 규격화된 현대적 지폐는 1759년에 이르러서야 영국은행에서 발행하게 된다.

MEMO

찰스 1세의 뒤를 이은 찰스 2세는 1672년 아버지 찰스 1세의 악행을 그대로 이어받아 다시 한 번 조폐국을 약탈하는데 그 금액은 자신의 아버지의 10여 배에 달했다 한다. 노블 포스터 혹슨은 경솔한 찰스 1세로 인해 500여 년간 상인들의 안전한 예금 장소였던 조폐국이 더 이상 역할을 수행할 수 없게 됐다고 평가하고 있다. 이 때문에 금장 은행의 역할은 더욱 커졌다. 18세기 후반에 대서양 패권을 거머쥔 영국은 환전이라는 국제 은행 업무가 더욱 절실해졌고 유럽 본토로부터 하나씩 상인들이 건너와 영국에 거점을 두기 시작하는데, 독일의 베어링, 영국의 로스차일드, 독일의 슈뢰더 등이 상업은행의 형태를 갖추게 된다.

2.2.2 최초의 불태환 종이돈 – 존 로

태환兌換은 바꾼다는 뜻이다. 태兌와 환換이라는 글자 모두 바꿔준다는 의미가 들어 있다. 앞서 살펴본 영국의 금장 은행이 발행한 영수증은 언제든 금으로 바꿔주므로 이는 태환 증서다. 이 증서가 화폐처럼 사용됐으므로 이는 금태환 화폐라고 볼 수 있다. 즉, 언제든 금으로 '교환 가능'하다는 의미다. 이에 비해 불태환 지폐란 '바꿔 주지 않는 돈'이라는 의미다.

이 절에서는 천재적인 금융가라는 찬사와 희대의 사기꾼이라는 극단적 평가가 공존하는 존 로John Law라는 인물에 대해 알아본다. 그는 세계 최초의 불태환 지폐를 프랑스에서 발행한 인물이다.

2.2.2.1 존 로 – 천재적 금융가 혹은 희대의 사기꾼

존 로는 1671년 스코틀랜드에서 금 세공자의 아들로 태어났다. 그는 14살 때부터 아버지를 따라 은행업을 배웠고 한때는 도박에 빠져 런던에서 큰 돈을 잃기도 한다. 성년이 된 그는 여자 문제로 결투를 벌이다 상대방을 죽이고 체포돼 사형을 선고받지만, 감옥을 탈출해 암스테르담으로 도주한다. 그 후 10여 년간 프랑스와 네덜란드의 금융가를 전전하며, 이미 주식시장이 형성돼 있던 네덜란드에서 금융을 배우며 나름 부를 축적했다. 요즘 식으로 비유하자면 "나는 비트코인으로 100억을 벌었다", "주식으로 100억 부자 되기" 식의 강연을 이어가며 자신의 이름을 조금씩 알리고 있었으며, 한편으로는 '중앙은행5'이라는 개념을 통해 귀금속 없이도 화폐를 발행할 수 있다는 다소 급진적인 이념을 설파하고 있었다. 그러던 중 그는 프랑스에서 크나큰 기회를 얻게 된다.

---

5 중앙은행은 은행의 은행 역할을 하는 곳으로서 뒤에 다시 자세히 알아본다.

그림 2-5 존 로

당시 프랑스는 전임 국왕인 루이 14세(1638~1715)가 벌인 전쟁으로 인해 경제적 어려움을 겪고 있었다. 태양왕으로 더 잘 알려져 있는 루이 14세는 불과 다섯 살에 왕이 됐는데, 그 역시 영국의 찰스 1세와 마찬가지로 왕권 신수설을 신봉하는 절대권력주의자였다. 그는 프랑스의 세력을 확장하는 것과 왕위 상속에 관련된 문제 때문에 네덜란드, 스페인 등과 전쟁을 일으 켰다. 이 때문에 경제적으로 위기에 처하고 귀금속이 부족해 더 이상 새로 운 주화를 만들지도 못하는 상황에까지 처한다.

태양왕(프랑스어로 Le Roi Soleil)으로 불린 루이 14세는 "짐이 곧 국가다."라는 말을 남겼다고 전해지지만 이는 확실하지 않다. 이 말은 그의 정적 혹은 프랑스의 대표적 계몽주의 작가인 볼테르(Voltaire)[6]가 퍼뜨린 거짓이라는 견해도 있다. 오히려 루이 11세가 "짐은 곧 프랑스다."라는 말을 남긴 적은 있다고 한다. 루이 14세는 키가 작아 콤플렉스가 있었고 이 때문에 세계 최초로 하이힐을 신었던 인물로도 알려져 있다. 귀족들은 그를 따라 유행처럼 하이힐을 신었다고 하니, 정작 그는 하이힐의 효과를 제대로 보지 못한 셈이다.[R] 그가 태양왕으로 불린 것도 이 하이힐에서 유래했다고 한다. 루이 14세는 틈틈이 발레를 배웠는데, 세계 최초의 발레리노(발레 무용을 하는 남자)이기도 했다. 1662년 왕세자 탄생을 축하하는 축제에서 루브르 궁정 앞에 임시 야외극장을 설치하고 15,000여 명 관객 앞에서 온몸을 황금빛으로 덮고 '태양'으로 분장하고 춤을 췄다. 이 춤을 계기로 '태양왕'이라는 별명을 얻게 됐다고 한다.[S] 베르사유 궁전은 원래 프랑스 외곽의 시골 마을에 있으며 주로 별장으로 사용하던 곳이었는데 루이 14세는 이곳에 연인원 25,000~35,000명으로 추정되는 인원을 동원해 대대적인 공사를 해서 화려한 궁전으로 바꿨다. 그는 파리에서 베르사유궁으로 옮겨 생활했지만, 그가 사망하자 그의 아들 루이 15세는 바로 파리로 돌아갔다.

1715년 루이 14세가 사망하자 공교롭게도 역시 다섯 살이던 아들 루이 15세가 왕위에 오르게 되고 너무 어린 그를 대신해 오를레앙 공 필리프 2세[7]가 섭정을 하게 된다. 필리프 2세는 루이 14세가 남겨 놓은 국가 빚을 보고 경악했으며, 정상적인 방법으로는 빚을 갚기가 거의 불가능하다는 사실을 깨닫고 당시 소문으로 듣던 존 로를 찾아가기에 이른다. 존 로의 현란한 언변과 필리프 2세의 급박한 상황은 잘 맞아 들어 존 로는 곧 프랑

---

6   볼테르는 필명이며, 본명은 프랑수아-마리 아루에(François-Marie Arouet)이다.

7   필리프 2세라 칭하지 않고 오를레앙의 공(작) 필리프 2세라 칭하는 이유는 12세기 프랑스 국왕인 필리프 2세와 이름이 같기 때문이다.

스의 금융 책임자로 임명되기에 이른다.^T

1716년 존 로는 제네랄 은행Banque Générale을 건립하고 바로 지폐를 찍어내기 시작한다. 제네랄 은행의 형태는 국가 소유가 아닌 사적 법인이었지만 국가의 어음을 독점해 다루고 있었고 발행한 은행권은 국가가 인정해줬으므로 사람들은 사실상 국가가 발행하는 지폐와 크게 다를 바 없이 여겼다. 무엇보다도 필리프 2세는 세금 징수에 있어 오로지 존 로가 발행한 지폐만 인정했고 또한 국가의 어음을 다룬다는 것 자체는 곧 정부의 빚을 직접 관리한다는 뜻이므로, 사실상 존 로가 발행하는 은행권은 곧 국가 발행의 지폐인 셈이었다.

이 지폐는 사람들이 은행에 맡긴 은을 담보로 발행된 은행권이었다. 즉, 일종의 은 보관증이었다. 여기까지만 보면 앞서 설명한 런던 금장 은행의 금 영수증 시스템과 크게 달라 보이지 않는다. 금이 은으로 바뀌었을 뿐 금장 은행의 금 영수증과 본질적으로 같기 때문이다. 그러나 크게 다른 점이 하나 있었으니, 바로 존 로가 동원한 '초과 발행'이라는 편법이었다.

존은 사람들이 보관해둔 은을 한꺼번에 찾아가지는 않는다는 사실을 발견한다. 그는 이 점을 악용해 사람들이 보관한 은보다도 훨씬 더 많은 양의 은행권을 발행하기 시작한다. 즉, 존재하지도 않는 은을 담보로, 말하자면 허구의 은 보관증을 발행한 것이다! 금이나 은 없이도 (허구의) 지폐를 마음껏 발행할 수 있게 되자, 파산 직전까지 갔던 왕실은 (허구외) 돈으로 넘쳐났고, 존 로는 곧 프랑스의 재무장관이라는 자리에까지 오른다. 필리프 2세는 대단히 만족했으나 이것이 대 파국의 서막이라는 사실은 까마득히 모르고 있었다.

2.2.2.2 거품의 시작 – 미시시피

그림 2-6 루이지애나주와 미시시피주. 지금의 루이지애나의 크기는 식민지 시대와는 크게 다르다.

미시시피missisipi는 미국 중남부에 위치한 주로 우리에게는 마크 트웨인의 『톰 소여의 모험The adventures of Tom Sawyer』이라는 소설 속 배경으로 더 알려져 있는 시골이다. 미시시피라는 말은 인디언 말로 '큰 하천' 또는 '물의 아버지'라는 뜻이다. 미시시피 왼쪽에 인접한 것은 루이지애나 주로서 18세기 초 당시에는 프랑스의 식민지였다. '루이지애나'는 루이 14세의 이름을 따서 명명한 것이다. 사실 미국 상당수가 프랑스의 식민지배 하에 있던 시절의 루이지애나는 지금의 미국 중서부 대부분을 차지하는 광활한 영토로 미국 전체의 절반에 가까운 영역이었지만, 오늘날은 그중 극히 일부 지역만 루이지애나라는 명칭으로 남아 있고 나머지는 모두 다른 이름으로 바뀌었다. 바로 이 미시시피 강 유역에서 존 로에 의해 근대 유럽의

3대 버블[8]로 알려진 사건이 일어난다.

프랑스는 북미 식민지 개척을 위해 미시시피 계획을 설립하고, 무역을 위해 미시시피 회사를 설립했지만 거의 방치된 상태로 운영했다. 그러다 1717년 8월 아무도 관심을 가지지 않던 미시시피 회사를 존 로가 사들인 뒤 경영권을 획득하고 이름을 '서방 회사Company of the West'로 바꾼다. 프랑스 왕실은 서방 회사에게 북미와 서인도 제도와의 무역에 대해 25년 간의 독점권을 줬고 존 로는 서방 회사와 프랑스 내의 여러 무역회사를 빠르게 합병해 나갔다.

한편 존 로는 자신이 운영하는 서방 회사가 큰 수익을 낼 수 있을 것이라고 떠벌리며 사람들에게 서방 회사의 주식을 사라고 부추겼다. 사람들은 이 주식을 사기 위해 아우성쳤고, 주가는 급상승했으며, 프랑스에는 벼락부자들이 넘쳐났다. 당시 하녀들도 모두 부자가 됐다고 해서 주가 상승 현상을 '하녀의 강세'라고 부르기도 했다. 그런데 사람들이 존 로의 주식을

---

8   나머지 두 개의 버블은 네덜란드의 튤립 버블과 뉴턴이 주식투자로 파산이라는 좌절을 맛보았던 사우스 씨 버블이다.

사기 위해 지불한 지폐는 대부분 존 로의 은행에서 대출받은 것들이었다! 주가는 끝을 모르고 상승했다.

2.2.2.3 종말의 시작

존 로의 야심과는 달리 식민지 개척 사업은 결코 순탄치 않았다. 황금이 넘쳐날 것 같던 식민지는 질퍽한 불모지에 불과했다. 그의 계획은 계속 실패로 돌아갔고 사람들에게 약속한 배당금은 고사하고 손실 규모가 눈덩이처럼 커졌지만 이를 철저히 숨기고 사업이 매우 잘 진행되는 것처럼 꾸몄다.

사람들을 속이는 것은 간단했는데, 불태환 지폐인 자신의 은행권을 마구 발행해 약속한 배당금을 지급하면 됐다. 약속된 배당금이 지급되자 사람들은 더 환호했고 속사정을 모르는 사람들이 앞다퉈 주식을 더 사자 주가는 오히려 급등했다. 물론 이번에도 사람들이 산 주식 구매 대금은 이때 마구 발행한 불태환 지폐를 대출받은 것이었다. 당연한 귀결이지만 거품은 오래가지 않았다.

식민지의 실상이 조금씩 드러나기 시작하며 사람들은 존 로의 은행권에 의구심을 갖기 시작했고 왕실과 존 로에 대한 신뢰는 급격히 무너지기 시작했다. 그 결과 사람들은 주식을 대량으로 내다 팔기 시작했고 물가는 급상승하기에 이른다. 1717년과 1720년 사이에는 매년 평균 26%의 급격한 인플레이션이 발생했으며, 경제는 파탄에 이른다. 1720년 10월 은행권은 곧 휴지가 되고 왕실은 곧 다시 금과 은을 유일한 지불 수단으로 되돌려 놓는다.[U] 1721년 필리프 2세는 존 로를 해임했고, 당시 격분한 시민들로부터 신변의 위협을 받던 존 로는 벨기에로 도주한다. 같은 해 미시시피 회사는 파산한다.

2.2.3 신용 창조

어느 은행에 예치된 금액이 100억 원이라고 하자. 은행이 보관하고 있는 돈은 당연히 예치한 고객의 소유지만, 은행은 고객의 허락을 받을 필요없이 이 돈을 다른 사람에게 빌려줄 수 있다! 그렇다면 은행은 100억 원 중 얼마를 빌려줄 수 있을까? 이 비율을 정하는 것이 바로 '지불 준비율'[9]이다.

예를 들어, 지불 준비율이 10%라면 은행은 100억 원 중 10%인 10억 원을 제외한 나머지 90억 원을 고객의 허락 없이도 제삼자에게 대출해줄 수 있다.

자, 그럼 지금부터 간단한 산수를 해보자.

A 은행에 예치된 금액을 100억 원이라 해보자. 지불 준비율이 10%라면 A 은행은 90억 원까지 타인에 대출해줄 수 있다. 이제 이 돈을 대출받은 사람들이 모두 B 은행에 그 돈을 예치했다고 가정해보자. 물론 대출받은 사람이 다시 그 돈을 모두 예치하는 상황은 현실적이지 않지만 지불 준비

---

9   지급 준비율이라고도 한다.

금의 효과를 극적으로 표현하기 위해 과장된 상황을 설정했다. 어쨌건 이제 A 은행과 B 은행의 예치금을 모두 합치면 190억 원이 된다!

생각해보라. A, B 은행에 돈을 예치한 사람들이 한꺼번에 돈을 찾는다면 A 은행은 자신의 고객에게 100억 원을 돌려주고[10] B 은행은 90억을 돌려줘야 한다. 이 경우 A 은행 금고에는 10억밖에 남아 있지 않으므로 대출해준 모든 사람에게 다시 90억 원을 돌려받아야만 이 문제를 해결할 수 있을 것이고, 제때에 돈을 돌려받지 못한다면 파산할 수도 있다. 그러나 사람들이 한꺼번에 돈을 돌려받으려 하지만 않는다면 어쨌건 이제 시중의 돈은 190억 원으로 불어난 것과 같다.

자, 이제 B 은행이 또 대출을 일으키는 경우를 생각해보자. 다음 그림을 보자.

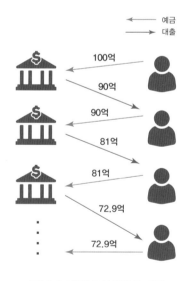

그림 2-7 시중에 돈이 불어나는 과정

---

10 물론 A 은행의 금고에는 10억밖에 남아 있지 않겠지만 어디서 어떻게 구하든 100억 원을 지불해야 할 의무가 있다.

그림 2-7은 연쇄적인 대출이 일어나서 시중에 돈이 불어나는 과정을 보여준다.

최초로 100억을 예치한 A 은행은 90억(=100억×90%)을 대출할 수 있고, 이 금액이 모두 B 은행에 예치되면 B는 다시 81억(=90×90%)까지 대출할 수 있다. 81억이 모두 C 은행에 예치되면 C는 다시 72.9억(=81×90%)까지 대출할 수 있다. 이 과정이 무한히 반복되면 시중에 넘쳐 나는 돈은 다음과 같다.

$$100억 + 90억 + 81억 + 72.9억 + \cdots$$

이 금액을 모두 합치면 정확히 처음 액수의 10배인 1,000억이 된다! 즉 10%의 지불 준비금 제도에서는 실제 돈의 10배가 시중에 넘쳐 나는 마법이 탄생하는 것이다. 추가로 생겨난 900억은 실제 돈이 아닌 가상의 돈이지만 별 상관없다. 모든 사람이 한꺼번에 돈을 찾지만 않는다면 은행은 이 가상의 돈으로 이자 장사를 해서 배를 불릴 수 있기 때문이다. 이 방법은 존 로가 했던 불태환 보관증의 발행 방식과 정확히 일치한다. 현대 금융은 이를 '신용 창조credit creation'라는 근사한 단어로 포장했다.

2.3 간접금융의 매개 − 은행

앞서 화폐의 가장 큰 역할은 '간접교환'의 매개라고 설명했다. 화폐가 가진 간접교환의 기능으로 인해 물물교환 시대의 막대한 거래 비용이 획기적으로 줄어든다는 것을 알았다. 같은 맥락으로 현대 은행의 가장 큰 역할은 바로 '간접금융'의 수행이다.

금융金融은 '돈이 남는 자' 즉, '여윳돈이 있는 자'와 '돈이 필요한 자' 사이에 형성되는 모든 관계, 쉽게 말해 돈을 빌리고 빌려주는 관계에 관한 것이다. 금융의 한자어 역시 돈金이 녹아融 돌고 도는 것을 나타내며, 영문의 파이낸스finance는 고대 프랑스어의 '빚을 끝낸다' 혹은 '빚을 청산한다'는 뜻인 finer에서 유래한 것으로 알려져 있으므로 그 의미는 같은 셈이다.

화폐가 등장하기 이전의 물물교환 시대를 다시 생각해보자. 물물교환에서의 거래는 상대방이 필요한 물건을 갖고 있을 경우에만 성립되므로 그러한 사람을 찾기 위한 탐색 비용이 발생했다.

이는 돈을 빌릴 때도 마찬가지다. 돈을 빌리려면 '여윳돈이 있는' 누군가를 찾아 헤매야 하며, 그 누군가에게 돈을 빌릴 조건을 개별적으로 흥정해야만 한다. 이는 여윳돈이 있는 사람도 마찬가지여서 돈을 빌릴 사람이 어디에 있는지 찾아 헤매는 비용이 발생한다. 이때 은행은 돈을 빌리려는 사람과 돈을 빌려줘 이자수익을 얻고자 하는 사람을 '중개'해주는 간접금융 역할을 한다. 은행이 있으면 돈이 필요한 사람은 돈이 있는 사람을 찾아 헤맬 필요 없이 은행으로 가면 된다. 돈을 빌려줄 수 있는 여유가 있는 사람 역시 은행으로 가면 된다. 은행의 이러한 '간접금융' 역할은 화폐의 '간접교환'의 역할과 유사하게 경제활동에 있어 탐색 비용을 획기적으로 줄여주게 되는 것이다.

TIP

돈이나 물건을 빌려줄 때 그 대가로 받는 것을 이자라고 한다. 돈을 빌려주고 되돌려 받을 때는 으레 웃돈을 얹어 돌려받게 된다. 이때 얼마만큼의 이자를 지불할지에 대한 비율을 흔히 금리(金利)라고 한다.

인류 역사상 최초의 이자 기록은 기원전 1800년 바빌로니아의 함무라비 법전으로, 곡식을 빌린 자는 연간 33.3%의 이자를 갚아야 하고, 은을 빌린 자는 20%에 해당하는 이자를 갚아야 한다고 적혀 있다. 또한 모든 대출은 관리 앞에서 증인을 세운 뒤 행하도록 규정하고 있으며, 만약 부당한 방법으로 이자를 더 많이 받다가 들키는 경우에는 대출원금을 갚지 않아도 되는 벌도 내렸다고 한다. 그로부터 1,200년이 흐른 기원전 600년경 그리스의 솔로몬 법전에는 이자의 상한선을 모두 폐지한다는 말이 나온다. 한편 담보 대출은 허용했으나 대출 때문에 노예가 되는 계약은 금지시켰다.[V]

MEMO

현대의 인터넷 기술은 전통적인 '탐색 비용'을 획기적으로 낮춰줬다. 바로 플랫폼 기업들이 그러한 역할을 하고 있다. 인터넷 플랫폼 기업은 요구사항이 제각각인 다양한 사람을 효율적으로 서로 연결해주는 역할을 한다. 금융기관의 주된 기능이 신뢰받는 '간접금융'의 역할인데 향후에는 신뢰받는 인터넷 플랫폼 기업들이 과거에 금융기관들이 독점하던 간접금융의 역할을 대체할 다양한 서비스 또한 쏟아낼 것으로 보이며, 금융의 중요한 축으로 등장할 것으로 예상된다. 시장에서는 이를 강조하기 위해 핀테크를 뒤집어 만든 테크핀이라는 신조어를 사용하기도 한다.

핀테크(FinTech)가 금융회사가 주도하는 기술과 금융의 접목이라면, 테크핀(TechFin)은 기술 기업이 자신이 보유한 핵심 기술 역량을 금융에 접목하려는 시도를 강조하기 위한 용어인 셈이다. P2P 대출이나 크라우드 펀딩 등은 은행 등의 전통적 금융 중개 기관이 없이도, 인터넷을 통해 금융 탐색 비용을 효과적으로 줄일 수 있음을 잘 보여주는 사례이다.

대체로 감독 당국의 금융 라이센스에 대한 규제가 유연한 국가일수록 테크핀이 핀테크에 비해 상대적으로 더 전망이 밝으리라 생각할 수 있다.

2.3.1 예대마진

은행은 돈이 있는 자의 여유 자금을 맡아 보관하고 이를 돈이 필요한 제 삼자에게 대출해준다. 이제 돈을 빌리고 싶은 사람은 여윳돈이 있는 사람을 찾아 헤맬 필요 없이 은행에 가면 해결된다. 한편 은행에 돈을 맡긴 사람은 그 기간에 비례해 이자 수익을 얻게 된다. 만약 예금 금리가 연 4%라고 하면, 100만 원을 은행에 맡긴 사람은 1년 뒤에 104만 원을 받게 돼 4만 원의 이익을 보는 것이다. 돈을 빌린 자는 대출 금리에 해당하는 이자만큼을 붙여 갚아야 한다. 예를 들어 대출 금리가 연 10%라고 하면, 100만 원을 빌린 자는 1년 뒤에 110만 원을 갚아야 한다.

결국 은행은 1년 뒤 대출자에게 110만 원을 받아 이 중 104만 원을 예금주에게 지급하므로 나머지인 6만 원의 매출을 얻게 된다. 이 돈으로 은행원의 급여를 지급하고 기타 경비를 제하고 나면 은행의 순수익이 된다. 이때 예금 금리와 대출 금리의 차이를 예대마진이라고 부른다. 예대마진은 예預금과 대貸출의 차이margin라는 말을 줄인 것인데, 한자어와 영어를 조합한 기괴한 합성어지만 금융권에서는 보편적으로 쓰이는 용어이기도 하다. 앞의 예에서 예대마진은 6%(= 10% − 4%)다.

예대마진을 영어로는 스프레드spread라고 부른다. 금융에서 스프레드라는 단어를 접한다면 주로 금리나 가격 혹은 수익률의 '차이'를 의미하는 것이라 생각하면 된다.

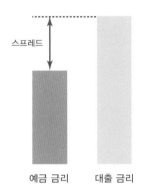

그림 2-8 스프레드는 대출 금리와 예금 금리의 차이를 의미한다.

그림 2-8은 스프레드의 개념을 나타낸 것으로 스프레드가 클수록 은행의 이익은 커진다. IMF에 따르면 2019년 기준 세계의 평균 스프레드는 5.4%다. 우리나라는 1.6%이며 일본은 고작 0.7%에 불과하다. 반면 남미는 스프레드가 높은데, 아르헨티나는 20%, 브라질은 32%에 육박하며, 2019년 기준으로 세계에서 스프레드가 가장 높은 나라는 마다가스카르Madagascar로 36%에 이른다.

21세기 들어 은행은 펀드나 보험을 창구에서 판매하는 등 주 수입원을 다각화하기 위해 노력하고 있지만, 여전히 전체 이익에서 예대마진이 차지하는 비율은 절대적이다.

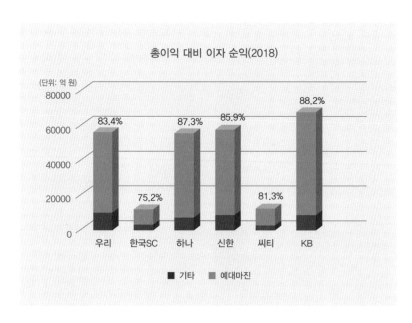

총이익 대비 이자 순익(2018)

(단위: 억 원)

■ 기타　■ 예대마진

그림 2-9 주요 시중 은행들의 총이익 대비 예대마진 (출처: 각사 손익계산 공시자료)

그림 2-9는 주요 시중 은행들의 2018년 손익 공시자료를 분석해 계산해본 총이익 대비 이자손익, 즉 예대마진의 비율을 그래프로 그린 것이다. 그림과 같이 KB 은행은 전체이익 중 예대마진이 차지하는 비율이 88.2%에 이르며, 시중 4개 은행(KB, 하나, 신한, 우리)의 평균은 86.3%에 이른다. 외국계인 한국 SC(스탠다드차타드) 은행은 75.2%로 가장 낮은 편이다. 한편 지방은행을 분석해보면 대부분 100%가 넘는다. 100%가 넘는다는 것은 수수료와 같은 기타 부분에서 (무료 타행이체 서비스 등을 제공함으로써) 오히려 마이너스 이익을 봤다는 의미다. 카카오나 k-뱅크는 150%에 육박한다. 이는 세계 글로벌 은행의 평균인 70~75%보다 훨씬 높고, 웰스 파고Wells Fargo 은행의 50%대와 비교하면 두 배에 가깝다. 외국의 글로벌 은행들은 펀드

나 보험의 판매 등 그 수입원을 점차 다양화하는 것에 비해 국내 은행들은 여전히 대부분의 수익을 예대마진으로부터 얻고 있다.

2.3.2 금지된 이자 - 이슬람 금융

무슬림Muslim은 '복종하는 사람'이라는 뜻을 가진 아랍어로서, 이슬람교를 믿는 사람들을 지칭하는 말이다. 이슬람교는 유일신인 하느님 즉, 알라 신만을 믿으며, 그 이외 예수나 모세 등 어떠한 존재도 숭배하지 않는다. 이들은 자신들의 성전인 쿠란Koran 이외에 구약과 신약 성서도 믿지만 현재의 성서는 원본에서 훼손된 변형본이라 믿는다. 주로 중동 지역에 분포한 아랍 국가들과 말레이시아, 태국 등에 거주하는 이슬람교도들은 약 18억 명으로 추산되며 이는 전 세계 인구의 1/4을 차지할 정도로 많다.

IMF의 보고서에 의하면 이슬람 금융시장의 규모는 과거 10년간 연평균 20% 가까이 성장했다. 2021년에는 그 규모가 무려 3조 3,000억 달러(3,861조 원)에 이를 것으로 예측하고 있다. 이들은 샤리아Shariah라는 이슬람 율법을 따르는데, 샤리아는 화폐의 시간적 가치 변화를 인정하지 않으며 따라서 이자를 받는 행위를 금지한다. 또한 모든 수익과 손실은 사업자와 투자자가 공동으로 부담할 것을 원칙으로 한다.

이슬람의 시각에서는 다른 어떠한 노력도 하지 않고 단지 금전을 빌려
주고서 시간의 경과에 따라 이자를 받는 행위는 불로소득이며, 이는 곧 부
당이익이므로 금지해야 한다는 것이다. 이러한 철학에 따라 전 세계의 일
반적인 금융 방식과 달리 이슬람 율법에 맞게 고착해온 독특한 이들의 금
융 방식을 이슬람 금융Islamic Finance이라고 부른다.

모든 금융기관은 내부의 샤리아 위원회로부터 금융상품 인가를 받아야
한다. 샤리아 위원회는 금융기관 내부에 설치된 조직으로서 이슬람 법학
자들로 이뤄진다. 이슬람 금융상품에서 제공되는 모든 일반대출, 할부금
융, 보험 등은 이러한 위원회의 승인과정을 거쳐야 한다. 이슬람에서는 이
자가 금지되므로, 모든 거래에는 일반적으로 반드시 실물자산이 매개가
된다. 여기서 발달된 것이 할부금융이다. 할부금융은 우리나라에서는 '캐
피탈'이라는 이름으로 보편화됐는데, 금융기관이 고가의 상품이나 자동차
등의 실제 소유권을 갖고 있는 상태로 고객에게 물품 이용권을 제공한 다
음, 물품 가격을 분할해서 갚도록 하는 방식이다. 즉, 사람들에게 자동차
등 비싼 실물자산을 살 수 있는 거액을 대출해주는 대신 금융권이 그 실물
자산을 먼저 구매한 후에 이를 원하는 사람에게 할부로 팔거나 리스해주
는 형태이다.

이슬람 금융은 전 세계적으로 심각해지는 양극화를 완화시키는 대안으로도 의미가 있다. 세계의 금융산업이 다른 산업에 비해 더 많은 수익을 내고, 더 빨리 성장하는 이유는 근로에 기반하지 않고 이자나 사행성을 부추기는 파생상품 등을 통해 금융소득의 불균형을 확대시키는 것에 기인하는 바가 적지 않기 때문이다. 이슬람 금융에서는 파생상품이 원천적으로 금지된다. 파생상품에 대해서는 뒤에서 다시 살펴본다.

2.3.3 은행의 은행 – 중앙은행

한국은행은 우리나라의 중앙은행이다. 중앙은행이란 한 나라의 모든 금융 기관의 중심 역할을 하는 최상위 기구이자 금융제도의 핵심 역할을 한다. 한국은행법상에 정해진 한국은행의 설립 목적은 '물가안정을 도모함으로써 국민 경제의 건전한 발전에 이바지'하는 것이다. 한국은행은 시중에 돈을 얼마나 풀 것인지 조절함으로써 물가의 안정을 꾀하는 기구인 셈이다.

TIP

중앙은행에 관한 우리나라 최초의 법령은 대한제국 광무 7년(1903년)의 중앙은행 조례다. 지금의 한국은행은 무자본 특수법인이지만, 1903년에 설립된 우리나라 최초의 중앙은행은 자본금 300만 원으로 설립됐으며, 액면 50원(圓)인 주식을 6만주 발행했고, 영업 연한도 30년으로 한정했다. 해방 후 1950년 4월 21일 '한국은행법'이 국회 본회의 표결을 통과했고 그 해 5월 5일 법률 제138호로 공표돼 지금까지 이어져 오고 있다. 5월 5일 법 제정 이후 바로 설립에 돌입한 한국은행은 6월 5일 초대 총재 구용서를 임명하고 6월 12일 업무를 개시한다. 최초의 한국은행은 지금과 다르게 역시 무자본이 아닌 자본

금 15억 원(圓)의 회사였고 전액 정부가 출자했다. 한국은행은 1962년 제1차 법령 개정 시 무자본 특수은행으로 전환된다.

1900년 초에 쌀 1석이 5원 정도 했고, 2021년 현시점에서 쌀 1석이 약 30만 원 정도인 것을 감안하면 1903년 중앙은행 설립 자본금 300만 원을 현재 가치로 단순 환산해보면 대략 1,800억 원 가량 된다. 마찬가지로 1950년 초에 쌀 1석 가격이 48,000원이었으므로, 1950년 설립된 한국은행 설립자본금 15억 원을 현재 가치로 단순 환산하면 대략 125억 원이 된다. 한편 1903년 당시의 300만 원은 금 가격으로도 환산해볼 수 있다. 1903년 대한제국은 금본위제도를 시행하고 있었고 당시 1원은 금 0.75그램과 같았다. 따라서 당시 300만 원은 금 2,250kg에 해당하고 이를 2021년 KRX 금거래 시세인 그램당 약 67,000원으로 환산해보면 약 1,500억 원이 되므로, 유사한 값이 나온다.

중앙은행은 커다란 권력이 집중된 은행으로서 흔히 '은행의 은행'으로도 불린다. 이렇게 막강한 권력을 가진 중앙은행이 등장한 것은 17세기 후반 유럽이다. 당시의 주 역할은 국가의 부채를 인수하고 관리하는 것, 즉 국왕이 손 쉽게 언제든 돈을 빌릴 수 있는 기관이었다.

2006~2008년 연방준비제도 이사회의 이사를 역임했던 화폐금융의 대가인 미시킨Frederic MishKin은 유럽의 중앙은행은 국가가 강력히 개입하고 통제해 권력을 집중해서 성장한 반면, 미국은 하나의 중앙은행에 권력이 집중되는 것을 견제했고, 이 때문에 19세기 이후 유럽식 중앙은행을 만들려고 했던 여러 시도는 상당한 논란에 직면했다고 설명하고 있다. 그 결과 1913년 미국의 연방준비제도가 성립될 때 권력 집중을 견제하기 위해 미국 전역 12개 지역에 지역 연방준비 은행을 둬 권력을 분산했다고 설명한다.

세계 최초의 중앙은행은 1668년에 설립된 스웨덴의 릭스뱅크Riksbank
다. 18세기 세계 금융의 중심지 역할을 했던 영국의 중앙은행은 그보다 26
년이 지난 1694년에 등장한다. 영국 중앙은행The Bank of England 11은 국가
부채를 갚기 위해 설립된 주식회사였다. 프랑스의 경우 나폴레옹이 프랑
스 혁명 당시 치솟은 살인적 물가를 잡기 위해 1800년이 돼서야 중앙은행
이 설립된다.

MEMO

17세기 말 유럽 각국은 여러 어려움을 겪고 있었고, 이를 틈타 프랑스의 루이 14세는 주
변국과의 국지전을 통해 프랑스의 영토를 넓히고 있었다. 이에 위기를 느낀 유럽 국가들
은 네덜란드를 중심으로 반프랑스 동맹을 결성했는데, 영국의 왕 윌리엄 3세도 1689년
이 동맹에 가입하면서 프랑스 루이 14세와의 전쟁을 시작한다. 이후 약 100여 년에 걸
쳐 영국과 프랑스는 세계 각지에서 식민지 쟁탈을 두고 치열한 전투를 벌이게 된다.

당시 영국 식민지배하에 있던 북미의 원주민들도 영국군에 협력해 프랑스와 싸웠다. 이
때부터 영국의 식민지는 점차 확대되고 프랑스는 많은 식민지를 잃게 된다.

윌리엄 3세는 1694년, 전쟁자금 120만 파운드를 조달하기 위해 '화폐 발행권을 가진 은
행'을 구상하고 영국은행을 설립하기에 이른다.

영국 중앙은행의 설립 근거는 1694년 통과된 의회법인데, 당시 영국 중
앙은행 설립의 가장 주요한 목적은 프랑스와 치르고 있던 전쟁에 자금을
대기 위한 것이었다. 당시 중앙은행의 형태는 왕실 소유의 주식회사지만
정부의 특별허가를 받은 민간은행의 성격을 가졌다. 영국 중앙은행이 완

---

11 우리나라에서는 영란(英蘭)은행이라는 이름으로도 많이 알려져 있다.

전한 국가소유가 된 것은 20세기에 들어선 1946년이며, 1998년에는 공기업으로 전환됐는데 전체 지분의 절반은 영국의 법무국이 보유하고 있다.

앞서 소개한 『롬바드 스트리트』의 작가 월터 배저Walter Bagehot는 중앙은행은 화폐 발권을 통한 지불 능력을 갖췄으니 금융위기가 발생하면 일시적으로 현금이 부족한 시중 은행에 높은 금리로 구제금융을 공급해 위기를 막는 역할을 해야 한다는 제언을 남겼으며, 이 주장은 '배저의 금언bagehot dictum'으로 불린다. 200여 년 전에 남긴 배저의 이 금언은 지금까지 각국 중앙은행의 주요 기능 중 하나로 남아 있다.

우리나라의 중앙은행인 한국은행의 가장 큰 역할도 통화량의 조절, 즉 시중의 돈 흐름에 개입해 물가를 안정시키는 것으로, 대표적인 방법은 지급준비율이나 기준 금리를 바꾸거나 새로운 지폐를 인쇄해 시중에 공급하는 것이다.

MEMO

서울 중구 남대문로 39에는 한국은행 본관 건물이 있다. 이 건물은 문화재청이 사적 제280호로 지정했고 대표적 일제의 잔재로서 현재는 박물관으로 사용된다. 대개 건물에는 건물 기초에 설치하는 연원일을 적은 작은 돌이 있는데 이를 정초(定礎)석이라고 한다. 한국은행 본관에도 정초(定礎)라고 새겨진 정초석이 있는데, 이 글자가 다름 아닌 이토 히로부미의 글씨로 밝혀

져 충격을 주고 있다. 이 정초석을 당장 없애야 한다는 여론도 많았지만 격론 끝에 정초석의 흔적을 지우지 않고, 그대로 유지하는 대신 안내문을 세우는 것으로 결론이 났다. 사회 곳곳 특히 금융에는 일재 잔재의 어두운 그림자가 아직도 많이 남아 있다. 구한말 대한제국의 화폐 제도와 일본의 간섭에 대한 간략한 역사는 4.3.1절을 참고하라.

사진 제공: 문화재청12

TIP

세상은 참 빨리 변한다. 화폐도 마찬가지이다. 그 사용 형태가 매우 빠르게 변하고 있다. 한국은행의 보고서에 따르면 2018년 기준으로 우리나라 사람의 현금 결제 비율은 19.8%에 그친다.[13] 80%는 현금 대신 신용카드나 다른 수단을 이용한다는 의미다. 일상생활에서 실물 지폐를 이용한 거래는 기하급수적으로 줄어들고 있다.

2.3.4 지급준비율과 기준금리

한국은행이 시중에서 유통되는 통화량을 조절하기 위해 주로 사용하는 두 가지 '통화정책' 수단인 지급준비율과 기준금리에 대해서 각각 알아보도록 하자.

---

12 본 저작물은 '문화재청'에서 '2020년' 작성하여 공공누리 제 1유형으로 개방한 '저작물명(작성자: 문화재청)'을 이용하였으며, 해당 저작물은 '문화재청, www.cha.go.kr'에서 무료로 다운받으실 수 있습니다.

13 출처: https://www.bok.or.kr/portal/cmmn/file/fileDown.do?menuNo=200690&atchFileId=FILE_000000000015255&fileSn=2

2.3.4.1 지급준비율

각국은 지급준비제도를 운영하고 있어서 고객들이 은행에 예치해 둔 금액의 일정 부분을 각국 중앙은행에 지급준비금으로 예치하도록 강제하고 있다. 우리나라의 지급준비율은 7%인데, 쉽게 말해 고객이 은행에 100만 원을 예치하면, 그중 7%인 7만 원은 한국은행에 예치해야 하고, 나머지 93만 원은 제삼자에게 대출해줄 수 있다는 의미다. 지급준비율의 변경은 시중은행의 대출 여력에 영향을 줘 통화량에 급격한 변화를 줄 수 있으므로 통화정책의 수단으로는 적극적으로 활용하지 않으며 지급준비율의 변경은 가급적 최소화하려 한다. 그러나 2008년 금융위기 때나 2020년 코로나 사태 등에서는 미국이나 중국 등에서 다시 이 제도를 적극 활용하기도 했으며, 2006년 한국은행도 16년 만에 지급준비율을 직전의 5%에서 7%로 급격히 높인 적이 있다. 한국은행은 그 후 지금까지 15년 동안 한 번도 지급준비율을 변경하지 않고 7%를 그대로 유지하고 있다. 역대 가장 높았던 지급 준비율은 1979년 12월의 27%였으며, 최저치는 1982년 4월의 3.5%였다.

시중은행이 지급준비율에 맞춰 한국은행에 예치해둔 돈에는 이자를 지급하지 않는 것이 원칙이다. 그러나 상황에 따라 은행의 대출 여력을 높이기 위해 이자를 지급하는 경우도 있는데, 2008년 12월 금융위기 때 한국은행은 약 5천억 원의 이자를 은행들에 지급한 적이 있다. 당시에는 은행들이 보유한 자금 자체가 거의 바닥난 상태였으므로, 지급준비율을 인하한다고 해서 은행의 대출 여력이 늘어나지는 않을 것이기 때문에 이자를 지급함으로써 대출 여력을 증대시키려 한 조치였던 것이다. 그러나 그렇게 지급한 이자를 은행이 실제로 대출로 사용해야 한다는 의무는 없었으므로 그 조치가 과연 적절했던가에 대해서는 이견이 있을 수 있다.

2.3.4.2 기준 금리

은행에서 예금과 적금 그리고 대출에 적용하는 이자는 어떤 원리로 누가 결정하는 것일까? 그 시작점은 각국 중앙은행이 결정하는 기준 금리base rate이며, 우리나라의 기준 금리는 7인으로 구성된 한국은행의 금융통화위원회가 연 8회 회의를 통해 정한다. 기준 금리는 정책금리라고도 불린다. 이 금리는 한국은행과 금융기관 사이에 일어나는 자금거래에 적용되는 금리의 기준이다.

금융통화위원회는 대개 연간 24회 열리며, 이 중 통화정책 방향을 결정하는 회의는 8번이다. 8번의 회의에서 기준 금리를 정하는데, 2021년의 경우 1월 15일(금), 2월 25일(목), 4월 15일(목), 5월 27일(목), 7월 15일(목), 8월 26일(목), 10월 12일(화), 11월 25일(목)에 열린다. 금융통화위원회 7인 중 두 명은 한국은행 총재와 부총재고 총재는 의장을 겸임한다. 나머지 5명은 각각 기획재정부 장관, 한국은행 총재, 금융위원회 위원장, 대한상공회의소 회장, 전국은행연합회 회장이 1명씩 추천해 대통령이 임명하며, 임기는 4년이다.

미국의 경우 12명으로 구성된 연방공개시장위원회FOMC, Federal Open Market Committee에서 기준 금리를 결정한다. FOMC 역시 연 8회 개최된다. 2021년 3월 현재 한국 금융통화위원회의 의장은 이주열 한국은행장이며, FOMC의 의장은 미국 연방준비제도FRB 이사회 의장인 제롬 파월Jerome H. Powell이다.

영업을 하다 보면 시중 은행도 일반 기업들처럼 자금이 부족해질 때가 있다. 이때 은행은 중앙은행인 한국은행으로부터 단기 자금을 빌릴 수 있는데, 여기서 대출금에 부과되는 금리를 산정하는 기준이 되는 것이 바로 기준 금리인 것이다. 은행이 급한 부족 자금을 빌릴 때는 대체로 만기가 1일짜리의 초단기 대출이 집행되는데 이를 '자금조정대출'이라고 하며, 한국은행은 자금조정대출에 기준 금리에 1%를 더한 금리, 즉 '기준 금리 + 1%'를 적용하는 것을 원칙으로 한다. 그러나 2021년 현재처럼 기준 금리가 1%보다 낮을 경우에는 '기준 금리 + 1%'가 아닌 '(기준 금리×2) %'를 적용한다. 예컨대 2021년 10월 기점의 기준 금리는 0.75%이고 이는 1%보다 낮으므로, 자금조정대출 금리는 0.75 + 1 = 1.75%가 아니라 0.75×2 = 1.5%가 되는 것이다.

한편 금융기관에 여윳돈이 생기면 반대로 시중은행이 한국은행에 자금을 예치할 수도 있는데, 그 경우에는 '기준 금리 − 1%'를 적용해 이자를 지급한다. 그러나 기준 금리가 1% 미만일 경우에는 '기준 금리 − 1%'는 마이너스 값이 되므로 0% 이자를 적용한다.

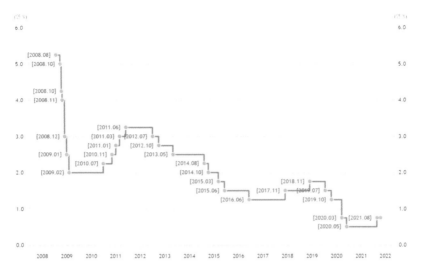

그림 2-10 한국은행 기준 금리의 변화 (출처: 한국은행)

그림 2-10은 2008년부터 2021년 10월까지의 우리나라 기준 금리의 변화를 보여준다. 2021년 10월 기점의 기준 금리는 0.75%이며, 이는 2020년 5월 28일 설정했던 기준 금리인 0.5%에서 1년 3개월만인 2021년 8월 26일 0.75%로 전격 인상한 다음 그대로 유지하고 있는 것이다. 같은 시점의 미국은 0.25%, 유럽중앙은행은 0%, 일본은행은 -0.1%를 적용하고 있다.

일본은행의 금리가 마이너스라는 의미는 금융기관이 일본은행에 예치해 둔 돈에 이자를 받는 것이 아니라 오히려 이자를 지불해야 한다는 의미다. 이 경우 금융기관들은 가급적 일본은행에 예치하는 금액을 최소화할 것이고, 그에 따라 시중에는 더 많은 돈이 풀리게 될 것이다. 마이너스 금리는 일반 국민들이 이용하는 어떠한 금융상품에도 적용되지는 않는다. 이 금리는 단지 국가에서 금융기관들에게 적용하는 정책금리일 뿐이다.

표 2-1은 한국은행의 기준 금리 변화에 따른 시중 유통되는 통화규모의 변화를 보여준다.

표 2-1

	2019년 12월	2020년 03월	2020년 04월	2020년 05월	2020년 06월	2020년 07월
기준 금리	1.25%	0.75%	0.75%	0.5%	0.5%	0.5%
M1통화[14], 평잔(조 원)	927조	988조	1,012조	1,034조	1,060조	1,076조
전년동기대비 증감률(%)	9.6%	14.6%	16.9%	19.3%	21.3%	23%

표를 보면 2020년 3월을 기점으로 기준 금리를 1.25%에서 0.75%로 급격히 내리자, 전체 통화량은 전분기 대비 6.6% 그리고 전년 같은 기간 대비 14.5%나 늘어난 988조를 기록한 사실을 알 수 있다. 2020년 5월 기준 금리를 0.5%로 내리자 지속적으로 시중 통화량이 늘어나 전년 같은 기간 대비 19.3%나 늘어난 1,034조를 기록하고 있음을 볼 수 있다.

중앙은행의 지급준비율과 기준 금리 정책이 시중에 유통되는 돈의 양에 얼마나 크게 영향을 미치는지는 8.2 '돈의 속도'에서 다룰 2020년 3월 미국 FRB의 단 한 차례의 급격한 기준 금리 인하와 지급준비율 변경으로 인해 시중에 무려 1경 2,460조 원의 돈이 더 넘치게 만든 사례로부터 그 위력을 실감하게 될 것이다.

---

14 M1통화의 의미는 현금과 함께 현금에 준하는 결제성 예금까지 포함한 범위 정도로 생각하면 된다. 정확한 의미는 궁금하다면 8장에 있는 통화의 종류를 참조하라.

한국은행은 각 은행에서 보유한 예금에 따라 지급준비율을 조절해 통화량을 직접적으로 통제할 수도 있지만, 지급준비율을 사용하지 않고 기준 금리를 조정해도 간접적으로 통화량을 통제할 수 있는 것이다. 1980년대 들어 전 세계적인 기조는 지급준비율 변경이 아닌 기준 금리 변경을 통한 통화정책이다.

최근 일본의 경우 절박한 경제 위기를 극복하기 위해 보다 극단적인 방법까지도 동원하고 있는데, 세계 최초로 일본의 중앙은행인 일본은행이 직접 주식시장에 개입하고 있다. 일본은행은 2020년말 기준으로 45.1조 엔(473조 원)의 주식을 매수해 보유하고 있으며, 이는 우리나라의 국민연금에 해당하는 일본의 후생연금펀드(GPIF, Government Pension Investment Fund)가 보유한 주식 총액인 44.8조 엔(470조 원)보다 더 많다. 473조 원은 일본 전체 주식 시가총액의 7%에 해당하는 금액으로 일본 주식 최대 보유자가 중앙은행인 일본은행인 것이다.ᵂ 일본은행의 주식매입은 이론의 여지가 없는 인위적 시장개입이며 일본 주식시장의 과열과 거품을 부채질하고 있다.

한편 주가조작을 통한 미국 정부의 시장개입에 대한 증언도 있다. 미연방은행의 전직 관리 리차드 피셔(Richard Fisher)는 연방은행이 주가 조작한 사례를 폭로한 바 있다. 그는 미연방은행의 주가 조작을 다음과 같이 생생히 묘사했다.

"연방정부가 한밤중에 회원 은행들에게 국채를 판매하면, 은행들은 구매하자마자 즉시 연방정부에 되판다. 이때 연방정부는 원판매가보다 조금 더 비싼 값에 되사주면서 은행들이 모두 그 차액만큼의 이익을 보게 만든다. 연방은행은 이 이익이 전부 주식에 투자될 것을 희망(hoping)한다."

미쉬킨(Frederic S. Mishikin)에 따르면 대다수의 국가는 4~5개의 거대 은행이 은행산업을 지배하고 있으나, 미국에서는 수많은 은행이 난립하고 있다. 미국에는 약 5,000개의 상업은행이 있으며, 500개의 저축대부조합, 500개의 상호저축은행, 6,000개의 신용조합이 있다. 이는 중앙집권적 금융권력을 견제하기 위한 여러 노력이 반영된 결과라고 설명하고 있다.

3장

경제학의 태동과
금본위제

경제학의 태동과 금본위제

2장에서는 은행이라는 기관이 만들어지는 배경과 함께 기본적인 역할을 간략히 살펴보느라 시대적 흐름이 빠르게 현대까지 와버렸다. 그러나 주화가 현대의 종이돈으로 변천하기까지는 아직도 살펴봐야 할 이야기가 많이 남아 있다. 따라서 시계를 다시 거꾸로 돌려 17세기 영국으로 돌아가 보자.

세계에서 가장 먼저 금본위제 화폐를 도입한 국가는 영국이며, 그 주인 공은 우리 모두가 잘 아는 천재 물리학자인 아이작 뉴턴Isaac Newton이다. 본위本位는 본래本의 위치位라는 의미로 '중심이 되는 기준'을 의미한다. 따라서 금본위제는 금을 모든 가치의 기준으로 삼는 제도를 의미한다. 이 의미는 금본위제를 의미하는 영어 단어인 골드Gold 스탠다드Standard에도 그대로 들어 있다. 한편 금본위 시스템에서 발급되는 화폐는 주화나 지폐다. 주화는 그 자체가 금으로 만들어지고, 지폐는 적힌 숫자만큼의 금이 실제로 보관돼 있다는 뜻이며, 금본위 지폐는 언제든지 그에 상응하는 금으로의 교환이 보장된다는 것이 이 제도의 핵심이다. 이때 금으로의 교환, 즉

태환이 보장되므로 이를 금태환 지폐라고도 부른다. 3장에서는 각국이 다양한 금속을 사용해 주화를 만들다가 빠르게 금과 은으로 통일해 나가는 과정을 살펴보자.

3.1 금과 은의 싸움

1602년, 네덜란드에 세계 최초의 다국적 기업인 '통합 동인도 회사 Verenigde Oost-Indische Compagnie'(이하 동인도 회사)가 탄생한다. 동인도 회사는 17세기 말까지 세계 최대의 회사이자, 세계 최초의 주식회사이기도 하다.

그림 3-1 암스테르담에 있는 동인도 회사 본부

동인도 회사는 유럽은 물론 대만, 일본, 인도네시아 등 아시아 곳곳에 무역기지를 구축하고 유럽과 아시아 사이의 상품 교역을 이끌었으며 세계 경제를 주도했다. 유럽의 다른 국가들 역시 경쟁적으로 아시아와의 교역에 뛰어들었고 이들 무역에 주로 사용된 것은 금이 아닌 '은'이었다.

3.1.1 금과 은의 교환 비율

금과 은의 교환 비율은 인류 역사상 가장 오래 추적해온 지표다. 이 비율은 수 천년간 비교적 안정적으로 고정됐으나 20세기에 들어서면서 매우 큰 폭으로 요동친다. 고대 사람들은 금과 은을 천문에 비유했는데 금은 태양으로 은은 달로 여겼기 때문에 천문학에서 서로의 비율을 찾고자 했다.

인류가 발견한 가장 오래된 달력은 약 6200년 전의 이집트로 1년을 13개월로 나눴는데, 인류 최초의 금과 은의 교환 비율은 이를 따라 1:13을 사용했다. 고대 로마는 이 비율을 1:12로 고정해서 사용했으며 미국은 1792년 화폐법을 통해 이 비율을 1:15로 고정시켰다.

금과 은의 교환 비율은 20세기 들어와서 요동치기 시작하는데, 20세기 동안의 평균 교환 비율은 1:47이었다. 그러다 21세기에 들어서서 이 비율은 1:50과 1:70 사이에서 변동하는데 2021년 4월 9일 기점으로 이 비율은 1:69.29이다. 21세기에 들어 이 비율이 가장 낮았던 때는 2011년의 1:40이고, 가장 높았던 때는 2020년의 1:104.98이다. 불과 9년 사이에 최저와 최고를 오가며 2.5배의 변동성이 있었던 것이다.

현재 세계는 런던 금시장 연합회LBMA, London Bullion Market Association에서 발표하는 금과 은의 시세를 주요 표준으로 사용하고 있다. LBMA의 B는 불리온bullion의 약자이며, 금괴나 은괴를 뜻하는 영어 단어로서 가치보다는 양적 개념이 강조되는 단어다. LBMA는 원래 1684년에 개장됐고 그 이후 줄 곧 국제 금시세의 표준 역할을 했으며 1987년 12월 14일부터 공식적인 금 시세 표준이 됐다. 2021년 4월 기준 23개국의 75개 회원사가 있다. 최근에는 세계 곳곳에서 또 다른 금 시장이 많이 생기고 있는데 중국 상하이에 금시장이 개소되는 등 LBMA는 그 영향력이 급격히 축소되고 있다.

표 3-1은 LMBA 기준 1 트로이 온스Troy ounce 당 금과 은의 시세를 보여준다. 표에서 보는 것처럼 금 값은 최근 50년 사이에 최저가 대비 60배 가까이 변동성을 보였고, 은은 40배 정도의 변동성을 보였다.

표 3-1

시세(미국 달러)	금	날짜	은	날짜
최고 시세	2,067.15	2020년 08월 06일	50	1980년 01월 21일
최저 시세	34.75	1970년 01월 16일	1.27	1971년 11월 02일
최고최저 비율	59.5배		39.4배	
2021년 10월 26일	1786.2		23.99	

『화폐전쟁』의 저자 쑹훙빈宋鴻兵은 금과 은의 가장 안정적인 비율은 1:16이라고 주장한다. 그의 설명에 따르면 5000여 년 동안 금과 은의 비율은 1:16에서 안정됐으며 과학자들이 밝힌 지각 속의 금과 은의 매장량 비율도 1:17로 그와 유사하다고 한다. 금은의 교환 비율이 크게 왜곡(2021년 4월 9일 기준 1:69.29)돼 있는 것은 모두 미국 달러를 포함한 태환되지 않는 종이돈을 각국 정부가 마구 찍어 댄 것과 함께 각국 정부가 인위적으로 금과 은

시장에 과도하게 개입했기 때문이라고 주장한다.[X]

3.1.2 은본위의 나라 중국

금은 은보다 귀했으며 화폐를 원활히 공급하기에는 절대량이 다소 부족
한 단점이 있었다. 따라서 화폐의 안정적인 공급과 유통의 관점에서는 은
을 화폐의 기준으로 삼는 것이 더 자연스러운 선택일 수 있다. 금 대신 은
을 화폐의 중심으로 설정하는 은 본위제를 사용한 대표적인 나라는 바로
중국이다.

중국 명나라 초기에는 세금을 받을 때 쌀이나 보리 등도 허용했지만 불
공평과 비리 등이 지속적으로 일어나자 1560~1570년대에 세제를 단일화
하고 세금은 모두 은 한 가지로만 납부하게 했다. 이를 일조편법 一條鞭法이
라 부르는데, 사실상 이때 명나라에 은본위제가 본격적으로 실시된 셈이
다. 일조 一條란 '하나'라는 의미로 세금을 모두 은 한 가지로만 내도록 통일
했다는 의미다.

한편 당시 명나라가 안정적으로 은본위제를 시행하기에 가장 걸림돌이 된 것은 바로 수요를 충분히 채울 수 있을 만큼의 은을 대량으로 확보할 수 있는 방법이 마땅치 않다는 것이었다. 중국에서는 전통적으로 은이 귀했는데 명나라 때에는 은보다 금이 흔하다라는 말이 있을 정도였고, 명나라 시절의 금과 은의 교환 비율은 1:5.5~1:7 사이였으므로, 당시 유럽에 비해 은이 상대적으로 귀한 대접을 받았던 셈이다. 명나라 시절 금과 은의 교환 비율은 평균 1:6 수준이지만 당시 유럽은 1:12의 비율을 유지하고 있었다. 즉, 유럽에서 6개의 은을 갖고 중국에 가면 1개의 금으로 교환할 수 있다는 의미다. 이 1개의 금은 유럽에서 은 12개로 바꿀 수 있다. 이제 이 12개의 은을 다시 중국으로 가져가면 이번에는 2개의 금으로 교환 가능하며, 이를 다시 유럽으로 가져오면 이젠 24개의 은으로 교환할 수 있다! 즉, 한 번 교역할 때마다 최소 두 배 이상의 차익을 안정적으로 누릴 수 있는 장사인 셈이다. 이 때문에 많은 은이 지속적으로 중국으로 몰려가고 반대로 많은 금이 유럽으로 몰려갔다.

비트코인이 극성을 부렸던 2021년 4월, 한국의 비트코인 시세는 미국에 비해 무려 20% 이상 더 비쌌다. 비트코인은 중개소마다 개별적으로 시세가 정해져 거래되므로 가격이 각기 다를 수 있지만, 한국은 유독 시세가 높게 형성돼 김치 프리미엄이라는 비아냥까지 생겼다. 김치 프리미엄이 생기면 주로 중국인들이 미국 등에서 비트코인을 사서 한국 중개소로 보낸 뒤 바로 팔아 버리면 20%의 '확정된' 이익을 보게 된다. 마치 16세기 유럽 상인들의 은 거래와도 비슷하며, 이를 재정거래(arbitrage)라고 부른다. 금융감독원의 조사에 따르면 2021년 4월 한국에서 중국으로의 외화 송금은 전 달에 비해 무려 10여 배 이상 폭증했다. 이러한 폭증은 한국에서 비트코인을 팔아 치우고 중국 본국으로 송금하는 금액이 폭발적으로 늘었기 때문이라고 추정할 수 있으며 이런 패턴은 김치 프리미엄이 형성될 때마다 반복된다. 비트코인이 활성화될수록 전 세계 채굴의 90% 이상을 장악하고 있는 중국인, 코인을 끊임없이 부추기는 일론 머스크와 같이 잃을 것이 없는 세계 최고 부자들 그리고 그 사이에서 수수료를 챙기는 중개소의 배만 불릴 뿐이다. 역설적으로 세계 최고 부자의 주머니가 일확천금을 노리고 이 판에 뛰어든 가난한 자들의 주머니에서 흘러 들어간 돈으로 채워지고 있다. 코인시장은 사회적 가치가 없고 불로소득을 부추겨 근로가치를 훼손하는 사회적 해악이 존재한다.

명나라가 은을 원활하게 조달하게 된 계기는 바로 국제 교역이었다. 스페인은 1545년[1] 페루에서 대량의 은광을 발견했고 3년 뒤인 1548년에는 멕시코에서 또 다른 대량의 은광을 발견한다. 동서양에서 은과 금의 교환 비율이 두 배 가까이 차이가 난다는 사실로 인해 은 교역은 유럽 상인들에게는 말 그대로 황금알을 낳는 거위였다. 유럽인들은 상대적으로 값이 싼 은을 식민지와 유럽에서 구한 뒤 은이 훨씬 귀한 대접을 받는 중국에 가져가서 최소 두 배 이상의 막대한 차익을 챙길 수 있었다.

---

1   1545년 4월 28일은 성웅 이순신 장군이 서울 건천동(현재의 인현동)에서 탄생한 날이다.

또한 유럽인들은 향신료와 후추, 도자기 등의 아시아 제품을 선호해 아시아 물품에 대한 수요가 넘쳐났다. 반면 중국은 유럽에서 생산되는 물품 중 당시 중국에 가공 기술이 없었던 유리 세공품 정도에만 관심을 가졌을 뿐 다른 유럽 생산품에는 관심이 없었으므로 무역은 심각한 불균형을 이루고 있었다.

유럽 상인들은 아시아 지역의 물품 값을 은으로 치러야 했으므로 이 또한 유럽지역의 은을 빠르게 고갈시키는 원인이 됐으며 생산된 은의 상당수는 지속적으로 아시아, 그중에서도 특히 중국으로 흘러 들어가게 됐다. 결론적으로 더 많은 금은 유럽으로 흘러갔고 그와 반대로 은은 모두 아시아 쪽으로 더욱 더 흘러가게 된 것이다. 유럽 상인의 입장에서는 유럽 현지에서 은은 양화이며 금은 상대적 악화이고, 반대로 아시아 시장에서 은은 악화이며 금은 상대적 양화 역할을 한 것이다. 유럽 지역의 양화인 은 덩어리는 빠르게 시장에서 자취를 감추며 아시아로 흘러가 유럽은 은이 고갈 지경에 이른다.

TIP

우리나라는 왜 금(金)행이 아니라 은(銀)행이라는 말로 정착됐을까? 영어의 뱅크(Bank)를 동양식으로 번역한 최초의 국가는 중국이다. 중국은 뱅크를 은행이라고 번역했는데, 금이 아닌 은본위제를 사용했기 때문에 금행이 아닌 은행으로 번역한 것이다. 이 말은 일본에도 건너가 똑같이 뱅크를 지칭하는 말로 사용됐다. 일본 역시 금이 아닌 은본위제를 사용하고 있었다. 우리나라는 구한말인 1878년[2] 일본 제일은행 부산지점이 들어오면서 은행이라는 단어가 유입돼 지금까지 쓰이고 있다. 한편 은행의 행(行)자는 사실 행이

---

2   1878년은 민족 독립을 이끄신 도산 안창호 선생께서 탄생하신 날이다.

아니라 '항'이라 읽어야 한다. 行자는 음이 두 개인데, 어디에 다닌다는 의미로 쓰일 때는 '행'이라고 읽지만 가게를 의미할 때는 '항'으로 읽어야 한다. 그러나 처음부터 '행'이라 잘못 읽힌 탓에 지금까지 '은항'이 아닌 '은행'이라는 잘못된 음으로 고착돼 쓰이고 있다.Y

3.2 금본위제의 정착

앞서 언급한 것처럼 세계최초의 금본위제는 1719년[3] 영국 조폐공사의 사장을 맡고 있었던 뉴턴이 영국에서 도입한다. 이후 1870년대에 이르렀을 때 유럽의 대부분 지역에서 금본위 제도가 보편적으로 채택된다.Z

영국에서 금본위제를 법령으로 규정한 것은 그로부터 100년이 지난 1816년[4]이지만 1719년에 이미 금만이 화폐로서 가치가 있다고 국가에서 공표했으며, 또한 1774년[5]에 25파운드 이상의 거래에서는 은화의 사용을 전면 금지시켰으므로 법령으로 규정하기 이전에도 사실상 금본위제는 시행됐던 셈이므로, 역사적으로 최초의 금본위제 시작은 1719년으로 보는 것이 더 논리적이다. 법적으로는 1816년 영국 의회가 '금본위제' 법안을 통과시켜 금이 국가의 법정화폐임을 성문화했다.

---

3   1719년은 조선 숙종 44년이다.

4   1816년은 1800년 갑자기 승하한 정조를 이어 단종보다 어린 11살에 즉위한 순조 16년이 되던 해다. 단종도 11살에 임금이 됐으나, 순조가 조금 더 어렸다.

5   1774년은 단두대에서 처형당한 비운의 왕 루이 16세가 20살의 나이로 프랑스의 왕이 되던 해다. 그는 단두대에서 "국민이여. 나는 죄 없이 죽는다"라고 강변했다고 한다.

금본위제 이전의 유럽 국가들은 모두 복본위제를 사용하고 있었다. 복復본위제란 단일 금속이 아닌 금이나 은 등 복復수의 금속을 기준으로 삼는 시스템이다. 프랑스는 복본위를 사용하다 1873년[6] 11월에 금본위를 시작했으며, 네덜란드와 벨기에 역시 복본위를 시행하다 두 나라 모두 1850년에 은본위를 도입했는데, 이후 1872년 벨기에가, 1년 뒤인 1873년 네덜란드가 은본위제를 버리고 금본위를 채택했다.

1870년대에 이르면 대부분의 유럽 국가들이 금본위를 채택하게 되는데, 포르투갈의 경우 이보다 20년 정도 빠른 1854년에 채택했고, 오스트리아는 이보다 20년 늦은 1892년에 채택했다.

미국은 금본위제의 도입과 폐지를 여러 번 거듭한 국가다. 1873년에 최초로 복본위에서 금으로 통일했다가 이내 금태환을 일시 정지했으며, 다시 1879년, 1900년, 1944년에 도입과 중단을 반복한다. 이중에서 1944년에 금본위를 채택하게 된 브레튼 우즈 협정은 대단히 중요한 사건이므로 별도의 절에서 자세히 살펴보기로 하자.

MEMO

사실 뉴턴이 복본위제 대신 단일 금속인 금만을 표준으로 삼는 금본위제를 선택하게 된 것은 우연 혹은 실수에서 기인한 것으로 보는 견해도 많다. 당시 뉴턴은 금화와 은화의 비율을 책정하면서 은 가격을 21실링으로 설정하는데 이는 당시 은이 가진 금속으로서의 국제적인 가치에 비해 영국에서만 턱없이 낮은 가격에 설정된 것이었다. 이 때문에 영국 내에서 확실한 양화가 돼버린 은화는 시장에서 빠르게 사라지고, 은화를 녹인 뒤 더

---

6   1873년은 고종이 흥선대원군의 섭정을 배제하고 친정을 선포한 해이기도 하다.

큰 값을 받을 수 있는 영국 바깥으로 유출됐다. 기름에 불을 붙인 격으로 안 그래도 유출이 심하던 은은 더 빠르게 사라져 갔다. 영국은 복본위제가 위협받을 정도로 은의 고갈을 맞게 된다.

은의 빠른 고갈로 인해 영국이 복본위를 포기하고 금본위제를 채택한 것이 계획적으로 의도된 것인지 어쩔 수 없는 결정이었는지는 이견이 있다. 그러나 여러 정황상 복본위를 포기해야만 하는 다수의 사건들이 중첩해 발생한 것은 사실이다.

3.2.1 산업혁명과 금본위제의 확산

유럽 대부분의 국가가 복본위제나 은본위제를 버리고 영국을 따라 금본위제를 채택하게 된 결정적 이유는 영국의 산업혁명이다.

산업혁명이란 용어는 아놀드 토인비Arnold Joseph Toynbee가 최초로 사용한 것으로서 르네상스 시대 이후 유럽의 발전이 축적돼 1700년대 영국에서 경공업을 중심으로 급격한 발전을 이루게 된 것을 일컫는다. 산업혁명의 중심을 영국으로 보는 견해는 1765년[7] 영국의 제임스 와트James Watt가 증기기관을 상용화하는 데 성공했기 때문이다. 증기기관은 생산수단의 동력은 물론 증기선, 증기 기관차 등 수송 기능의 절대적인 변혁을 의미했다. 이 때문에 런던은 경제적 상업적 중심지로 부상했고 그에 따라 다른 인접 국가들 입장에서는 영국에서 이미 보편적인 결제 수단으로 자리잡은 금본위제를 채택하는 것이 자국의 이익에 더 유리한 상황이었던 것이다.

---

[7] 1765년은 조선 영조 41년이다. 영조는 역대 왕 중 최장인 무려 52년간 왕으로 재위했다.

아놀드 토인비는 1889년에 태어난 영국의 역사학자다. 그는 30년에 걸쳐 무려 28개 문명의 흥망성쇠와 독자적 문명 사관을 설명한 『역사의 연구(Study of History)』를 저술한 것으로 유명하다. 1946년 책의 축약본을 내며 더욱 명성을 떨쳤으며 1955년 런던 대학교 명예교수로 추대됐고 1975년 세상을 떠났다.

서울대학교 경제학과의 양동휴 교수도 영국이 산업혁명으로 19세기 금융과 상업을 주도하자 복본위나 은본위 국가들에게 영국의 통화제도가 점차 매력적인 선택이 됐다고 설명한다.[a]

화폐에 대한 세계사를 저술한 일본의 미야자키 마사카츠宮崎 正勝는 산업혁명 당시의 런던을 다음과 같이 묘사한다.

"세계의 부는 런던의 금융가로 집중됐고, 영국은 세계의 은행이라는 이름을 얻은 강력한 경제력으로 세계 경제를 앞에서 이끌었다. 도시의 대규모 생산은 상품 범람을 불러왔고 인류사회는 결핍으로 고민하던 사회에서 상품이 넘쳐나는 사회로 모습을 바꿨다."

뉴턴의 금본위제가 우연의 산물이든 계획된 것이든 그 당시 영국이 산업혁명의 중심으로 떠오르는 또 다른 시간적 우연이 겹치지 않았더라면 유럽의 다른 국가들은 은본위제를 더 선호하거나 복본위제를 지속적으로 유지했을 수도 있다. 무엇보다도 소액을 거래하기에 금은 가치가 너무 높다. 그런 관점에서는 오히려 은이 좋은 대안이 될 수도 있다. 영국의 금본위제가 유럽으로 퍼진 것은 향후 미국의 금본위제 채택에도 영향을 미친다. 영국을 피해 신대륙으로 떠난 청교도들이 건국한 나라이니 어찌 보면 당연한 결과일 수도 있다. 4장에서는 영국에서 건너간 청교도들이 미국에 정착하면서 대륙의 여러 화폐제도를 거치며 달러가 탄생하는 배경을 살펴봄으로써 금본위제의 마지막 시나리오를 살펴본다. 그전에 간략하게 경제학이 태동되는 과정과 각 시대와 사조를 대표하는 세 명의 인물을 간략히 살펴보자. 그중 케인스는 1944년 미국의 달러가 기축통화가 되는 과정에 깊이 관여돼 있다.

3.3 경제학의 태동

경제는 세상世을 잘 다스려經 (어려운) 백성民을 구한다濟는 경세제민經世濟民의 줄인 말로 알려져 있다. 경국제세經國濟世의 줄인 말이라는 주장도 있다. 유래된 말이 무엇이든, 백성을 어려움에서 구하고자 세상을 잘 다스린다는 의미는 동일하다. 동양에서의 경제라는 어원이 다소 거창한 것에 비해 서양 경제economy의 어원은 다소 가정적이다. 서양에서 경제를 의미하는 이코노미economy는 그리스어의 집을 뜻하는 오이코스Oikos와 관리한다(=다스리다)는 의미의 네메인nemein이 합쳐져 경제를 뜻하는 오이코노미아oikonomia가 됐고, 이것이 프랑스어, 라틴어와 합성돼 이코노미economy라는 말이 15세기에 생긴 것으로 알려져 있다. 이는 집안의 살림살이라는 맥락과 닿아 있다. 다스린다는 말을 현대식으로 풀이하자면 '자원을 잘 활용한다'는 의미로 이는 현대 경제가 '주어진 자원을 최적으로 활용하는 것'을 목표로 하는 것과 뜻을 같이 한다.

많은 학문은 '최적화'와 관련된다. 즉, 자원은 한정돼 있는데 이를 어떻게 사용하는 것이 가장 현명한가 하는 원론적인 문제를 다룬다. 경제학도 결국 주어진 자원(사람, 물자 등)을 어떻게 활용하는 것이 인류를 위해 더 나은 것인지를 연구하는 학문이다. 그렇다면 과연 현대의 경제 정책들은 모든 이가 행복해지는 방향으로 자원을 활용하고 있을까?

MEMO

경제의 일반적 정의는 단순히 자원의 최적화 문제가 아닌 '희소한 자원'의 최적화 문제다. 경제학적 관점에서 세상의 자원은 자유재(Free goods)와 경제재(Economic goods)로 나눌 수 있다. 자유재란 필요할 때 얼마든지 '자유'롭게 얻을 수 있는 무한대로 존재하는 것으로 대표적인 것이 공기다. 그러나 세상의 물건은 모두 무한대로 존재하지 않으므로 '희소성'이 발생한다. 즉 아껴 써야 하고, 많은 사람이 필요로 하는 것일수록 대체로 더 아껴 써야 한다. 이처럼 공급이 제한돼 있는 자원을 경제재라 부른다. 멋진 차, 옷, 큰 집 등은 모두 경제재다.

결국 자원이 한정돼 있기 때문에 이를 어떻게 사용하는 것이 더 현명한 것인지 고민해야 하는 문제가 발생하는 것이다.

3.3.1 애덤 스미스 – 자유주의

경제가 학문으로서 등장한 시기는 대체로 애덤 스미스Adam Smith에서 찾고 있다. 그의 저서『국가 부의 본질과 원천에 대한 연구』혹은『국부론』은 경제라는 것을 학문의 장으로 만든 것으로 여겨진다.

국부론은 흔히 최초의 경제학 서적으로 일컬어지지만, 이를 부정하는 경제학자도 많다. 영국 케임브리지 대학교 경제학과의 장하준 교수도 이탈리아 르네상스 시절의 경제 사상가들이나 프랑스의 중농주의자들을 언급하며 경제학은 훨씬 이전에 태동한 학문이라 주장한다.

그림 3-2 애덤 스미스 (출처: Wikipedia)

애덤 스미스는 1723년에 태어난 스코틀랜드의 정치가이자 경제학자였다. 우리에게는 '보이지 않는 손'으로 더 잘 알려져 있으며, 자유경제를 상징하는 인물이기도 하다. 그의 저서 『국부론』은 1776년에 완성된다. 그는 사회는 각자가 자신의 이익을 추구하려는 열정과 행위로 한데 어울려 사회 전체가 이익과 조화를 이루므로, '보이지 않는 손'이 이러한 균형을 맞춰 가장 적절한 수요와 공급을 조절해준다는 이론을 펼쳤다. 그러나 그가 말하는 자유는 '절제된' 허용이며, 따라서 독점적으로 이익을 착취하거나 경제가 집중되는 것에 반대했다. 경제가 한곳에 집중되면 노동과 자본시장이 왜곡돼 합당한 가격형성을 막아 사회에 해악을 끼치게 마련이다.

애덤 스미스에 따르면 한 국가의 자원을 최적의 방법으로 사용하는 길은 스스로 재화의 양과 종류를 조절하게 만드는 '보이지 않는 손'을 통해 사회 전체의 이익이 최적화되는 방향으로 자연스럽게 흘러가도록 인위적 간섭을 하지 않아야 한다. 즉, 자유를 부여한 시장 경제는 구매자와 판매자 사이의 균형을 통해 전체가 만족하는 이익을 만들며 사회의 자원을 최적으로 분배하는 길이라는 의미다.

그는 시장경제야말로 사고 파는 사람 모두에게 만족스러운 결과를 생성하고 한정된 자원을 적절히 분배할 수 있게 해준다고 했으며, 시장 경제를 다음과 같이 비교해 설명했다.

"우리가 저녁 식사를 즐길 수 있는 이유는 도축업자나 빵집 주인의 자비 때문이 아니라 그들 또한 자신의 이익을 추구하기 때문이다. 우리는 그들의 박애주의에 호소하는 것이 아니라 그들의 이기심에 호소하는 것이다."

그러나 애덤 스미스의 자유 방임주의는 자본주의의 독과점과 금융자본의 전횡 앞에서는 작동하지 않는다는 것이 드러났다. 이는 20세기 초반 대공황을 초래했으며, 애덤 스미스의 이론을 따르던 경제학은 크게 수정된다.

애덤 스미스 시절의 '시장'은 그 규모면에서 현대 경제와 비교할 수도 없이 작았다. 1800년의 런던 인구는 80만 명에 불과했고,[z] 당시 경제주체는 모두 소상인으로서 어느 하나의 업체가 시장의 가격을 왜곡시킬 수 있는 힘을 갖지 못한 소위 '완전경쟁' 상태의 시장을 이루고 있었다.

그러나 아마존과 같은 거대 플랫폼 기업이 보여주고 있는 것처럼, 현대 경제는 독점적 기업 하나에 의해 전 세계가 휘청거릴 수 있다. 아마존의 2020년 매출은 무려 3,860억 달러(451.6조 원)에 이르지만, 수익은 고작 220억 달러(25.7조)로 이익률이 6%에 불과하다. 아마존은 약탈적 시장 점유를 위해 초저가로 시장을 왜곡시키고 소비자의 암묵적 선택을 강요한다. 이를 통해 소비자의 선택을 독식한 아마존은 모든 경쟁자를 고사시킨 다음 최후의 승자가 되어 가격을 폭등시킬 수 있는 것이다. 구글과 아마존 등 현대 플랫폼 기업들의 이러한 비뚤어진 상술은 이제 우리나라에서도 배달 음식 앱, 숙소 예약 앱, 타다, 쿠팡, 카카오, 네이버 등에서도 유사한 우려를 낳고 있다.

미국에서는 1890년 서먼법the Sherman Act이라 불리는 반독점법이 제정돼 거대 기업의 시장 독점을 제재하고 있다. 미 정부는 1870년에 설립된 록펠러의 정유회사 스탠다드 오일이 시장의 90%를 장악하며 시장을 왜곡하자, 1911년에 이 법을 적용해 34개 기업으로 분해해버렸다. 또한 같은 해 미국 담배 시장의 95%를 독점했던 아메리칸 타바코도 11개로 강제 분할됐고, 거대 공룡 통신 기업인 AT&T 역시 1984년 8개 기업으로 분해됐다.

이처럼 시장의 왜곡이 매우 빠르게 일어날 수 있는 플랫폼 기업이 지배하는 현대 시장에서는 '보이지 않는 손'이 잘 작동할 수 있도록 일정 부분 국가가 개입할 필요가 있다.

3.3.2 케인스 - 국가 주도의 재정정책

3.3절에서 갑자기 경제학 얘기를 꺼낸 이유는 바로 이 절에서 설명할 존 메이너드 케인스John Maynard Keynes 때문이다. 케인스는 세계 무역불균형 을 해소할 수 있도록 국가 간 교역 시 사용할 수 있는 통화 시스템인 방코 르Bancor라는 회계 체계를 제안한 인물이다. 방코르는 1944년 브레튼 우즈 협정에서 미국의 달러 중심의 세계 경제제편에 대항해 영국이 제안한 방 안이기도 했다.

그림 3-3 존 메이너드 케인스

존 메이너드 케인스는 1883년 6월 5일 영국의 케임브리지에서 태어났 으며, 영국은 물론 20세기를 대표하는 경제학자다. 그는 자유경제가 표방 하는 '보이지 않는 손' 대신 정부가 개입하는 재정정책을 강력하게 주장 한 인물이다. 재정정책fiscal policy이란 재정財政 즉, 국가 또는 지방 공공단 체가 행하는 경제활동을 통해 경제를 부양하는 정책을 말한다. 그 형태는 세금을 받는 세입과 지출을 하는 세출 즉, 정부의 수입과 지출에 관계된다. 재정정책은 보이지 않는 손을 신봉하는 미국식 자유방임과 달리 경제 정책에는 정부 권력이 적절히 개입해야 한다는 주장이기도 하다. 재정정책이 가장 빛을 발한 대표적인 사례로 미국의 뉴딜New deal 정책을 꼽을 수 있다.

제1차 세계대전으로 유럽이 쑥대밭이 되는 동안 군수 물자를 수출해 막대한 부를 얻을 수 있던 미국은 1920년대 전대미문의 경제 호황을 누린다. 당시 패전국인 독일은 연합군에 막대한 빚을 지게 되지만, 전쟁을 치른 연합국의 모든 국가는 미국에 막대한 빚을 진 상태였다. 미국의 넘치는 유동자금은 증시로 몰려들었고, 미국 주식시장은 1년 반 이상 쉬지 않고 급상승했다. 1929년 9월 3일의 다우존스 지수는 381.17로 9년 사이에 10배 가까이 상승한 것이다! 그러나 유동자금이 유발하는 경제의 거품이 영원할 수는 없다.

1929년 10월 24일 목요일, 개장 시 305.85로 시작한 다우존스 지수는 장 시작과 동시에 11% 가까이 폭락하다 잠시 진정돼 −2.09%로 마감했다. 그러다 그 다음주 월요일인 10월 28일에 −12.82% 폭락, 10월 29일에는 다시 −11.73% 폭락했고, 폭락세는 그칠 줄 몰랐다. 이 폭락세는 몇 년을 이어가며 급기야 1932년 7월 7일에는 주가지수가 40.56까지 하락해 최고점 대비 89%나 떨어졌다. 1929년 10월의 미국 증시 대폭락으로 시작된 이후 10여 년 간을 우리는 경제 대공황Great Depression 시대라 부른다. 이 기간 동안 미국의 GDP는 25%나 감소했다.

대공황이 발생한 원인에 대해서는 여전히 상이한 주장과 분석이 있지만 대공황이 케인스의 재정정책 이론에 힘을 실어준 계기가 된 것은 분명하다. 미국이 대공황을 탈출하게 된 배경에는 프랭클린 루즈벨트 대통령의 뉴딜New deal 정책이 있었다.

뉴딜 정책에는 금본위제의 폐지와 은행 구제법안도 포함돼 있지만, 이 정책의 핵심은 정부 주도하에 대규모 지역개발을 해서 정부의 막대한 지출로 일자리를 늘리고 경기를 부양한다는 것이었다. 이는 미국이 전통적으로 신봉하는 자유방임주의를 폐기하고, 정부 권력이 적극적으로 경제정책에 관여하는 케인스의 경제학 사상을 받아들였다는 것을 의미한다.

케인스는 금본위제를 반대한 대표적 인물이기도 한데, 1924년 발간된 그의 저서 『화폐개혁론A Tract on Monetary Reform』에서는 금본위제를 야만적 유산Barbarous Relic이라 표현하기도 했다. 그는 국가의 통화량을 금 보유량 증감에 연동시키지 않고 당국이 재량껏 관리조절하는 '관리통화제도Managed Currency System'를 주장했다. 케인스는 1944년 수정된 형태의 본위제인 방코르Bancor라는 교역 통화체계를 제시한다. 방코르8는 금을 비롯한 여러 상품을 묶어 통화를 발행하자는 개념인데, 뒤에서 다시 살펴본다.

3.3.3 밀턴 프리드먼 – 신자유주의

밀턴 프리드먼Milton Friedman은 1912년 미국에서 태어난 경제학자다. 그는 자유경제 시장체제를 옹호하는 학자로서 경제정책의 가장 중요한 요소는 유통화폐의 물량 조절에 있다는 소위 통화주의를 창시한 사람이기도 한다. 케인스가 주장한 강한 정부의 역할은 미국의 뉴딜 정책의 성공과 함

---

8 흔히 케인스 계획(The Keynes Plan)으로도 불린다.

께 20세기 경제의 정답처럼 신봉돼 왔지만, 1970년대의 오일쇼크와 영국
중산층의 몰락으로 인해 공격을 받는다.

MEMO

영국도 제2차 세계대전의 후유증으로 심각한 경제 위기를 겪었다. 영국 역시 당시를 지
배하던 케인스 사상을 그대로 따라 강력한 정부의 개입을 통해 경제를 회복하려 했다.
1945년 집권한 영국 노동당은 강력한 복지정책과 함께 식민지 수를 줄였으며, 군비를
축소했다. 1950년이 되자 영국 경제는 살아났고 중산층이 두터워지며 임금도 꾸준히 상
승했다. 당시 영국 정부는 여러 산업체를 국유화하는 작업을 했고 1971년에는 롤스로
이스 자동차 회사를 국유화하기도 한다. 그러나 영국은 여러 산업체를 국유화하며 구조
를 선진화하고 효율화 대신 단순히 노동자를 해고하는 방법으로 더 많은 이익을 추구하
는 방법을 택했다. 이러한 방식은 노조의 반발을 불러일으켜 파업이 크게 늘어났고 그
후유증은 컸다. 1960년과 1970년대 영국 경제는 크게 후퇴하고 영국병(The British
disease)이라는 용어까지 생겨날 정도였다. 당시 영국의 노동 생산성은 미국의 절반 정
도에 불과했다.

그림 3-4 밀턴 프리드먼

독일의 경제학 교수이자 경제 전문기자 생활도 했던 하노 벡Hano Back은 밀턴 프리드먼을 다음과 같이 묘사한다.

"밀턴 프리드먼은 155센티미터밖에 되지 않는 작은 체구를 가졌지만 경제에서는 진정한 거인이었다. 그는 시카고 학파를 대표하는 학자이자 케인스와 쌍벽을 이루는 위대한 사상가였다. 그러나 '시카고의 미친 난쟁이'라는 비웃음을 받을 정도로 급진적인 사상을 가진 사람이기도 했다. 그를 따르는 자들은 밀턴을 메시아Meshia라고 부를 정도였다."U

밀턴 프리드먼은 케인스가 주장한 재정정책, 즉 큰 정부를 부정했으며, 대신 통화정책을 펴야 한다고 주장했다. 통화정책Monetary Policy이란 시중에 유통되는 돈의 양을 늘리거나 줄임으로써 경제활동 수준을 조절하려는 정책 행위를 뜻한다. 그는 대공황의 원인을 당시 연방준비위원회가 적절히 돈을 시중에 풀지 못했기 때문이라고 주장한다. 통화정책 주의자들은 통화량은 인플레이션에 영향을 미칠 수밖에 없으므로 통화 공급량만 적절히 조절한다면 인플레이션을 조절할 수 있다고 믿는다. 그리고 천천히 그러나 지속적으로 통화의 공급을 확대해야 한다고 주장한다. 통화주의자들은 지속적인 통화 공급을 위해 금본위제를 강하게 반대한다. 전직 FRB 의장인 앨런 그린스펀Alan Greenspan과 영국의 수상이었던 마가렛 대처Margaret Hilda Thatcher 역시 대표적인 통화주의자로 분류할 수 있다. 이 이론은 지금까지 그대로 받아들여져, 2008년 경제 위기 때는 FRB의 밴 버냉키 의장이 '양적완화quantitative easing 9'라는 미명 하에 시중에 무한정 달러를 뿌렸고, 코로나 사태로 경제 침체가 심각해지자 지금의 연방준비위원회 의장인 파월Powell 또한 동일한 양적완화 정책을 펼치고 있다.

한편 밀턴 프리드먼은 "기업의 유일한 사회적 책임은 자신의 자원을 이용해 이익을 증대시키는 활동에 임하는 것이다"라고 주장한 인물이며, 이는 기업의 존재 이유를 오로지 주주이익의 극대로 보는 미국식 주주자본주의의 시작점이기도 하다. 사회적 기여에 대한 기업의 책임을 철저히 무시한 그의 발언은 돈이면 뭐든지 하는 수많은 경제 괴물을 양산한 뿌리이기도 하며, 그의 제자와 신봉자들은 주주의 이익을 위해서는 '무엇이든' 할 준비가 돼 있다. 주주자본주의는 겉으로는 소액주주의 권리가 강화되고, 경영이 투명해진다고 외치며 세계 기업경영의 표본처럼 자리잡고 있다. 하지만 주주들에게 조금이라도 이익을 더 주기 위해 대량으로 노동자를 해고한 CEO가 천문학적인 연봉을 수령하게 되는 등 경제 양극화의 주범 중 하나이기도 하다.

MEMO

2019년 8월 뉴욕타임즈는, 미국 기업 CEO 181명이 "기업의 최우선 목표는 더 이상 주주이익의 극대화가 아니다"라는 성명을 발표했다고 보도했다. 즉 기업의 목적은 주주(shareholder)의 이익을 극대화하기 위한 것이 아니라 고객, 직원, 사회 구성원 등 모든 이해당사자(stakeholder)의 번영 극대화를 위한 것이라는 주장이다. 이 성명에는 JP모건체이스의 제이미 다이먼(Jamie Dimon), 아마존의 제프 베이조스(Jeff Bezos), 애플

---

9   양적완화는 6.2절에서 자세히 설명한다.

의 팀쿡(Tim Cook), 보잉사의 데니스 뮬런버그(Dennis Muilenburg), GM의 메리 바라(Mary T. Barra), 골드만삭스의 데이비드 솔로몬(David Solomon), 인텔의 로버트 스완(Robert Swan), 마이크로소프트의 사티아 나델라(Satya Nadella), 3M의 마이클 로만(Michael Roman) 등 미국 거대 기업의 CEO들이 대거 참여했고, 최종적으로 234개 회사의 CEO가 서명했다.b

재미있는 점은 이 서명에 테슬라의 일론 머스크(Elon Musk)는 참여하지 않았다는 것이다.

앞서 살펴본 경제학의 변천을 크게 분류하면 다음 표와 같다.

표 3-2

	애덤 스미스	존 메이너드 케인스	밀턴 프리드먼
사상	자유방임주의	정부의 공공지출	신 자유방임주의
주요 방법	보이지 않는 손	재정정책	통화정책
주요 저서	1776년 국부론	1930년 고용, 이자 및 화폐의 일반 이론	1957년, 소비의 경제 이론-소비함수
비고		금본위제 반대	금본위제 반대

4장

미국의 달러

미국의 달러

——

1620년[1] 9월 16일 영국의 플리머스Plymouth에서 102명의 승객과 약 30명의 선원을 태운 범선이 항해를 시작한다. 이 배는 이후 66일 간의 긴 항해 끝에 11월 11일 아메리카 신대륙에 도착한다. 그 배의 이름은 바로 메이플라워May Flower호였다.

그림 4-1 영국의 플리머스

---

1 1620년은 광해군 12년이며, 3년 뒤인 1623년에 서인 세력이 인조반정을 일으켜 광해군을 몰아내고 그의 조카 능양군을 왕위에 올리니 그가 조선 16대 왕인 인조다.

1620년 7월 중순 메이플라워가 런던을 떠날 때는 65명의 승객이 타고 있었다. 이 배는 런던의 템스(Thames) 강을 따라 영국 남부로 항해하면서 사우스 햄튼(South hampton)에 정박해 또 다른 배인 스피드웰(SpeedWell)과 만나 함께 영국을 떠나기로 돼 있었다. 스피드웰에는 네덜란드에 피신해 있던 영국인들이 타고 있었다. 그러나 스피드웰에 물이 새 출항을 8월로 미뤘지만 8월 출항에도 다시 물이 샜고 9월까지도 배를 고치지 못했다. 그러자 두 배 모두 플리머스로 돌아가서 정박하고 있었는데, 이때 스피드웰 승객 중 20명은 메이플라워로 옮겨 타고 나머지는 모두 네덜란드로 돌아갔다. 마침내 9월 16일이 돼서야 메이플라워는 플리머스에서 출발했고 항해 66일만에 미국에 도착한다.

이들은 영국 제임스 1세의 종교 탄압을 피해 미국으로 도피한 청교도들이었으며, 스스로의 질서와 안녕 유지를 위해 시민정치제도를 만들고 필요한 법률을 제정했다. 이는 향후 미국 역사의 토대가 된다.

4.1 대륙지폐

영국은 식민지인 미국 내에 은행이 설립되는 것을 허락해주지 않았다. 그 때문에 식민지 시절의 북미 대륙은 영국에서 발행한 식민지 화폐나 스페인 달러와 같은 외국 돈이 주로 통용됐을 뿐이다. 영국의 계속된 미국 식민지 탄압은 지속적인 갈등을 초래하고 있었는데, 1774년에 이르러 영국 의회는 네 가지 주요 식민지 법을 통과시켜 미국의 메사추세츠

Massachusetts 2를 영국 정부의 직접 지배하에 두고 모든 식민지에 영국 병사의 주거를 마련할 수 있도록 강제하는 등 압박의 수위를 높였다. 이로 인해 미국 식민지의 불만은 극으로 치달았다. 이 네 개 법안이 당시 미국에서는 '참을 수 없는 법Intolerable Acts'이라는 별명으로 불렸던 것만으로도 영국에 대한 미국인들의 적개심을 짐작할 만한다.

그간 억눌렸던 불만에 불을 지핀 이 법안으로 인해 같은 해 미국 내 13개 식민지가 '대륙회의Continental Congress'라는 이름의 공동 회의체를 구성하기에 이른다. 그러나 조지아Georgia주는 대표를 보내지 않아3 결국 12개 주의 56명으로 구성된 협의체가 만들어진다.

대륙회의는 영국과의 실질적인 단교를 선언했는데 이는 곧 미국의 독립전쟁으로 이어진다.

1775년 6월 조지 워싱턴 장군은 영국군에 대항하기 위한 식민지군의 총지휘관으로 선임됐으며 대륙회의는 전쟁 자금을 조달하기 위해 1775년 6월에 대륙지폐Continental Currency를 발행한다. 그리고 그 이듬해인 1776년 7월 4일, 대륙회의는 드디어 정식으로 영국으로부터의 독립을 선언하기에 이른다. 당시 미국연방 정부는 총 재원의 82%를 대륙지폐에서 얻었다고 한다.c

---

2   미국의 북동부에 있다. 현재 메사추세츠의 주 도시는 보스턴(Boston)이다. 메사추세츠이 오른쪽에는 뉴욕주가 있다.

3   당시 조지아 주는 미국 원주민과의 싸움에 있어 영국 군대의 힘에 크게 의존하고 있었기 때문에 참석을 꺼렸다. 한편 인디언(Indian) 또는 아메리칸 인디언(American Indians)이라는 표현은 미국식 사고의 잘못된 표현이며, 미국 원주민(Native Americans)이라는 표현이 옳다. 그러나 1995년 미국 통계청의 조사에 따르면 정작 미국 원주민들의 절반 가까운 49.76%가 자신들을 지칭하는 데 가장 선호하는 용어로 '아메리칸 인디언'을 꼽았다. 일단 정착된 용어는 사고를 지배한다.

그림 4-2 미국의 대륙지폐

대륙지폐는 원래 은이나 금으로 태환해줄 것을 예정하고 발행된 지폐였지만, 무분별하게 마구 발행된 것은 물론 태환해준다던 약속도 이행되지 않자 곧 가치가 크게 떨어진다. 당시 '대륙지폐보다 못하다Not worth a continental'라는 말은 '아무 쓸모없는 것'이라는 의미로 사용되기도 했다. 이때문에 1775년 6월에 발행된 대륙지폐는 4년만인 1779년 수명을 다한다. 대륙지폐를 발행한 당시 대륙의회에는 세금을 징수할 권한이 없었다. 여러모로 대륙지폐가 성공하기 힘들었던 것이다.

4.2 달러와 금

미국이 공식적으로 달러를 국가 화폐로 만든 것은 1792년의 화폐법이다. 미국은 금과 은의 교환 비율을 1:15로 고정시킨 상태에서 복본위제를 실시했지만 은화가 주로 사용됐다. 그리고 최초의 공식 통화인 미국의 달리는 은화로서 탄생했다. 미국이 최초의 달러 지폐를 발행한 것은 그로부터 70년이 흐른 1862년이었다.

미국 화폐와 금본위제의 변화에 대한 시기 정립은 여러가지 견해가 있을 수 있다. 이 절에서는 2011년에 발간된 미국 의회보고서에 따른 미국 법정화폐의 네 가지 변천 시기에 맞춰 미국에서 금본위제도가 변화되는 역사를 살펴본다.

4.2.1 은 위주의 복본위제 시기(1792~1834)

최초로 달러를 미국의 공식 화폐로 만든 화폐법이 제정된 1792년부터 1834년까지의 42년 간 미국은 금과 은 두개의 금속을 본위로 사용하는 복본위제를 실시했지만, 사실상 은위주의 은본위제와 유사했다. 화폐법 상에는 1달러를 만들 때 416그레인grain의 주화에 371.25그레인의 순은을 포함하도록 정의했다. 당시에는 달러 이외에 몇 가지 외국 주화도 법정화폐로 인정했는데 대표적인 것이 은화인 스페인 달러였고, 이는 미국 1달러와

---

4 체코는 보헤미아, 모라비아, 슬로바키아 지역의 연합으로 만들어진 국가다. 1993년에 체코슬로바키아에서 슬로바키아가 분리 독립하면서 체코가 됐으며, 2021년 현재 인구 1,070만 명이다.

연동된 미국의 법정화폐 역할을 했다.

한편 1달러 은화와 함께 금화도 같이 발행됐는데 10달러 금화와 2.5달러 금화가 발행됐고 금과 은의 교환 비율은 1:15로 고정됐다. 당시 10달러 금화의 무게는 270그레인(=17.495그램)이었고, 그 속에 정확히 247.5그레인(=16.037그램) 무게의 금이 포함돼 있었다. 그러다 1820년대에 국제 금값이 가파르게 오르기 시작했고 급기야 주화를 만드는 데 사용된 금속의 값어치가 주화의 액면을 초과하게 됐다. 그러나 미국은 이 국제 시세를 제때에

---

5   기축통화는 여러 나라에서 기준으로 사용되는 통화를 일컫는데, 근대의 대표적인 기축통화는 미국 달러다. 기축통화는 달러의 역사를 알아볼 때 다시 자세히 살펴본다.

반영하는 데 실패했고 미국의 주화는 물품 지급 또는 기타 여러 방법으로 지속적으로 외국으로 흘러 들어가며 시중에서 빠르게 사라져 갔다.

당시 영국 은행으로 흘러 들어간 미국의 달러 금화는 즉시 녹여져서 영국의 주화를 만드는 데 사용됐고, 그 차액만큼 영국이 이익을 보는 것은 물론 차액은 또 다시 미국의 주화를 수입하는 데 활용되기도 했다! 미국 입장에서는 한마디로 악순환의 연속이었다.

재미있는 사실은 당시 미국은 주로 금괴 대신 외국의 금화를 비축한 다음 이를 기초로 미국 달러를 제조했는데 그때 비축한 유럽국가의 금화는 다름 아닌 유럽 국가들이 미국 달러를 녹여 제조한 것이라는 점이다!

4.2.2 금 위주의 복본위제(1834~1862)

1834년 6월 28일 미국은 화폐법을 개정하면서 은과 금의 가격 비율을 조정한다. 금화를 제작하는 데 사용되는 금 함량을 낮춤[6]으로써 금과 은의 실질 교환 비율을 1:15에서 1:16으로 수정한 것이다.

이는 앞서 언급한 1820년초부터 시작된 국제 금 가격의 상승을 반영한 것이다. 그런데 이번에는 반대 현상이 일어난다. 즉 미국의 은이 빠르게 사라진 것이다. 이 때문에 몇 년이 흐르자 미국 상거래에서는 금화만 남게 된다. 1834년부터 약 28년 간은 금을 위주로 한 복본위제가 실시된다. 즉, 제도는 복본위였지만 사실상 은을 찾아보기는 힘든 시대였던 것이다.

---

6   순금 함량이 247.5그레인에서 그 93.7% 수준인 232그레인으로 줄였다.

그림 4-3 1834년 발행된 미국의 2.5달러 금화

은이 사라지는 현상은 미국의 캘리포니아와 호주에서 금광이 발견되고 나서 더욱 가속화됐고 1850년경에는 미국에서 은화가 거의 자취를 감출 지경이 됐다.

4.2.3 미국 최초의 불태환 지폐(1862-1879)

미국은 4년에 걸친 남북전쟁(1861-1865)을 겪으면서 심한 재정상의 압박을 받게 되고 국채와 함께 금은과 태환되는 채권을 발행해 자금을 모으게 된다. 그러나 전쟁자금 조달을 위해 무분별하게 발행한 채권의 총액은 곧 태환해줄 수 있는 범위의 금은을 훨씬 더 넘어섰고, 은행들은 사실상 태환을 멈추게 된다.

1862년[7] 더 이상 금은을 비축할 수 없게 된 미국은 사상최초로 태환되지 않는 종이돈인 달러 지폐를 발행하고 이를 법정화폐Legal Tender로 지정하기에 이른다. 이때부터 17년 간은 '종이돈'이 활약한 시기가 된다.

---

7 1862년은 철종 13년으로 탐관오리 백낙신의 수탈을 참다 못한 진주에서 민란이 일어난 해다. 진주민란은 그간 억눌려 있던 백성들에 자극제가 돼 1862년 한 해에만 전국 71곳에서 민란이 일어나는 계기가 된다.

그림 4-4 남북전쟁 기간에 발행된 그린백

최초의 미국 지폐는 그린백Greenback으로도 불렸는데 지폐 뒷면의 대부
분이 초록green색으로 돼 있었기 때문이다. 그린백은 미국 내 모든 거래에
서 법정화폐로 사용할 수 있었지만 국제 무역에 따른 관세는 예외를 둬 지
폐를 사용하지 못하고 반드시 은이나 금으로만 지불하도록 했다. 또 국가
의 부채에 붙는 이자 역시 반드시 금으로만 지불하게 했다. 그린백을 발행
하면서 미국 정부는 더 이상 금으로의 태환을 약속하지 않았기 때문에 이
는 사실상 금본위제를 폐지한 것과 마찬가지였다.

8년 뒤인 1870년에는 '종이돈'을 없애고 진정한 금본위로 회귀하려는
수많은 논의도 있었지만 큰 진전은 없었다. 한편 당시의 통화 시스템상 미
미하나마 은도 일부 역할이 있었다. 예컨대 1834년의 화폐법 개정 이후 약
40년 간 은은 가치가 1달러 미만인 센트 단위를 취급하기 위한 값싼 금속
으로 그 역할을 근근이 이어왔다. 센트 단위를 값비싼 금으로 만들기에는

필요 함량이 너무 적었기 때문에 은은 매우 적절한 대안이었다.

한편 1873년에는 '은본위'제를 근본적으로 방지하는 법이 제정되기도 했다. 그러나 이 법은 오히려 은 생산자나 또는 작은 액면을 가진 화폐의 필요성을 주장하던 사람들에 의해 은을 다시 본위제에 복귀해야 한다는 거센 반향을 불러일으키게 했다. 이 때문에 5년 뒤인 1878년에 제정된 법에서는 재무부가 매년 일정량의 은을 달러로 발행하도록 허가하기도 했고 세금으로 낼 수 있도록 허용해주기도 했다.

4.2.4 진정한 금본위제(1879~1933)

1862년 이후 마구 발행된 종이돈(그린백)은 전쟁 중 심한 인플레이션을 유발했다. 당시 물가를 살펴보면, 매달 평균 10%의 인플레이션이 발생했으며, 1865년이 되자 남부 지방의 물가는 4년만에 전쟁 전에 비해 무려 92배 가까이 폭등했다.[d]

전쟁이 끝나자 미국 의회는 다시 예전처럼 금속 본위제도로 돌아가고자 했고 이 때문에 그린백의 유통량을 인위적으로 조절하기 시작했다.

정부의 목표는 그린백의 시중 유통량을 줄여 정확히 3억 달러로 제한하는 것이었으며, 1878년 이에 매우 근접한 3억 4,700만 달러로 유통량을 동결시킨다. 그리고 1879년에 이르러 미국은 드디어 그린백과 1달러 금화의 가격을 동등하게 맞추는 데 성공한다. 이때부터는 드디어 관세도 그린백으로 지불할 수 있도록 허용했다.

미국 정부는 다시 금본위제로 돌아갈 수 있었고, 이때부터 법정화폐인 지폐를 국가가 발행하되 그 가치를 금과 태환되도록 약속하는 금본위제가 본격적으로 시행된다.

정부는 이 시기에 금화와 함께 금증권Gold Certificates도 같이 발행했으며, 금증권 소지자에게는 금으로의 태환이 보장됐다. 이는 과거의 금 보관 영수증과 같다.

4.2.5 국립은행권

이 시기의 또 다른 특징은 미국에서 정착된 독특한 미국식 중앙은행 제도로서 연방정부로부터 인가를 받은 각 주의 국립은행national bank의 설립이었다. 국립은행에게는 해당 주에서 독자적인 지폐를 발행할 수 있는 권한이 부여됐다. 그러나 발행하는 지폐는 모두 미국 통화 감사원Comptroller of the Currency이 보유하고 있는 미국 채권으로 담보가 돼야만 했다.

이러한 지폐는 법정지폐는 아니었지만 일상거래에 자유롭게 통용됐고 금이나 법정화폐로의 태환도 가능했다. 국립은행에서 발행한 지폐는 반드시 국채를 담보로 한 상태로 발행해야 했기 때문에 전체 화폐 발행량은 항상 국채의 총량에 맞춰 제한된 것과 같았다.

4.2.6 금본위법(1900)

미국의 화폐제도에서 은이 완전히 배제된 것은 1900년이다. 1900년에 제정된 금본위 법령은,e 미국은 오직 금본위만을 시행한다는 것을 법적으로 다시 한 번 확인했다.

이로써 미국 회계의 표준은 금화 달러로 선언됐으며 정부에서 발행되는 모든 형태의 화폐는 금화 달러와 등가를 유지하도록 강제했으며, 정부가 발행하는 모든 지폐에 대해 해당하는 금을 같이 보유하도록 최초로 공식화했다. 그린백과 은 보관증, 은화도 여전히 법정화폐의 지위를 유지시켜 줬지만 이들 모두는 반드시 금으로만 태환되게 해 은이 본위제로 스며드는 것을 원천 배제시켰다. 1913년에 제정된 연방준비법에는 연방정부가 발행하는 지폐의 40% 이상에 해당하는 금을 반드시 보관하도록 규정하고 있다. 그러나 1920년이 되자 연방정부의 금 비축은 거의 한계에 다다른다.

4.2.7 유사 금본위 시대(1934~1973)

지폐를 발행할 때마다 해당하는 금을 보관하는 것은 결코 쉽지 않은 일이었다. 1930년 초반 연방정부는 급기야 사람들의 일상적인 태환 요구를 충족시켜줄 수 있는 양만큼의 금도 충분히 확보하지 못한 상태가 됐다. 그러자 금본위제의 안정성에 의심을 품은 사람이 늘어나고 급기야 사람들은 은행으로부터 대거 금 인출을 시도하기에 이른다.

그림 4-5 미국 32대 대통령 프랭클린 루즈벨트

1933년 미국 32대 대통령으로 취임한 프랭클린 루즈벨트Franklin Roosevelt는 대통령령을 동원하고 법령을 개정해 금본위제를 강제로 중단시키며 금 태환을 중지시킨다. 루즈벨트 대통령은 한발 더 나아가 민간이 소유하고 있는 모든 금을 국유화하기 시작했다! 모든 미국 시민은 (약간의 장식품을 제외한) 금을 소유하는 것이 일체 금지됐고, 달러는 금으로 태환되지 않았다. 그는 사람들이 은행에서 돈을 인출하지 못하도록 취임 직후 은행을 폐쇄하기도 했다. 루즈벨트가 이런 조치를 내린 근거는 1917년에 제정된 적성국교역법Trading With the Enemy Act, 즉 적성 국가와의 거래에 대한 제한을 가할 수 있는 대통령의 권한에 대한 것으로서 '국가 비상사태'를 선언한 루즈벨트가 전시에만 동원해야 하는 법령을 끼워 맞춘 것이다.

TIP

행정명령 6102호

1933년 4월 15일 미국의 프랭클린 루즈벨트 대통령은 행정명령 6102호를 통해 '미국 내에 금화, 금괴, 금 증서를 비축하는 것을 금지'하며 사적으로 보유하지 못하게 했다. 또 그로부터 한달 뒤인 5월 6일에는 대통령령 2039호를 동원해 금이나 은화 또는 금괴나 은괴를 개인적으로 소유하다 적발된 사람에게 10,000달러의 벌금과(또는) 5-10년의 징역형을 부과해 강력하게 처벌하도록 했다. 이후 후속 행정명령과 대통령령을 동원해 수많은 기업과 개인을 금 소지 및 매매 혐의로 기소했다. 1939년 샌프란시스코의 보석상인 구스 파버(Gus Farber)는 허가 없이 13개의 20달러짜리 금화를 판매했다는 죄목으로 기소돼 그의 아버지를 비롯한 12명이 구속되기도 했다.

이에 따라 1934년부터 1973년까지 미국의 통화 시스템은 진정한 금본위가 아닌 금본위를 표방한 유사 시스템으로 변형돼 운영된다. 그중 제2차 세계대전 끝난 직후 열린 브레튼 우즈Bretton Woods에서의 국제 통화협정은 미국 달러를 소위 기축통화의 반열에 올리면서 미국 중심의 새로운 경제 재편을 위한 결정적 계기가 된다. 5장에서 1944년에 과연 세계 화폐 역사에 어떤 일이 벌어졌는지 자세히 살펴보자.

4.3 우리나라와 영국의 금본위제

4.3.1 대한제국의 화폐제도

19세기 말, 조선은 은본위와 금본위제를 번갈아 채택하게 되는데, 이 과정에 일제가 개입돼 극심한 경제 혼란을 겪게 된다.

대원군이 집권할 때 당백전을 발행(1866년)해 경제에 대혼란을 겪었던 상처가 채 아물기도 전인 1883년 2월, 이번에는 당오전當五錢이 발행된다. 당오전 발행을 주도한 인물은 명성황후의 가까운 친척인 민태호였다. 당오전 또한 당백전과 유사하게 실질 가치는 상평통보의 2배 정도밖에 되지 않지만, 액면은 그 다섯 배를 부여받았고 그 때문에 이 또한 시장의 혼란을 초래했다는 것을 쉽게 짐작할 수 있을 것이다. 당오전 역시 당백전과 마찬가지로 물가를 폭등시키는 등 시장과 경제를 파탄시켰으며 1년 만에 바로 사라지게 된다.

1888년(고종 25년) 고종은 서양식 조폐 기술을 도입해서 근대 화폐를 주조하려고 시도하기도 했지만 실패했고, 1892년 은화를 본위로 하고 동화를 보조화로 하는 근대식 화폐제도인 신식화폐조례新式貨幣條例를 채택하기에 이른다. 이 새로운 화폐는 일본 정부와 대판제동회사大阪製銅會社의 사장인 마쓰다增田信之의 자금 지원으로 발행된 것으로, 일본의 은본위제를 본 따온 것이었다. 화폐의 칭호는 양兩이었는데, 1양은 10전에 해당했다. 이 신식화폐조례에는 몇 가지 독소조항이 있었다. 첫째는 서로 가치가 다른 구권인 엽전과 신화폐의 통용을 방치한 것이고, 둘째는 일본 화폐 등의 외국 화폐의 유통을 자유롭게 내버려 둔 것이었다.

그러던 중 큰 변수가 하나 발생한다. 신식화폐 발행 5년 뒤인 1897년, 그간 은본위제를 사용하던 일본이 전격적으로 금본위제를 채택하게 된 것이다. 한편, 같은 해인 1897년 10월 12일, 조선은 그간 사용하던 국호를 대한제국으로 바꾼 다음 새로운 연호로서 광무光武를 채택한다. 갑작스럽게 금본위제를 채택한 일본은 조선에서 유통되던 일본 은화를 급히 환수하게 되고 또 국내 은화를 외국에 유출해 환차익을 노리려는 세력들이 시장에 대거 등장하는 등 대한제국의 시장에 극심한 화폐 부족 현상이 초래됐다. 이에 대한제국은 이번에는 급히 금본위제로의 전환을 시도하게 된다.

1901년 2월(광무 5년, 즉 고종 34년 차) 대한제국은 전격적으로 금본위제를 채택하고 화폐 조례를 공표하며 환圜이라는 단위를 신설했는데 1환은 이 전의 1원元과 동일했으며, 순금 750mg에 해당했다. 또 1환은 100전에 맞췄다. 그러나 4년 뒤인 1905년에 을사늑약이 체결되고 한국을 완전히 병탄할 목적으로 설치된 일제의 감독기관인 통감부는 화폐개혁을 다시 단행하며 1환의 교환 비율을 1원이 아닌 2원에 맞춰 기존 원화의 가치를 반으로 낮춰버렸다. 이는 대부분 원화를 보유하던 한국민들의 자산을 순식간에 반 이하로 줄어들게 만들어 극심한 경제 혼란을 초래했다.

대한제국은 애초에 금본위제를 유지하기 위한 금 보유량이 절대적으로 부족했는데 협조를 기대했던 러시아 정부는 아무런 도움을 주지 않았다. 이 때문에 금화는 제대로 발행하지 못하고 대부분 백동전을 발행해서 시중에 공급할 수밖에 없었다. 이로 인해 시장에는 여전히 상평통보가 주요 화폐로 유통되기도 하는 등 금본위제는 사실상 유명무실할 수밖에 없었다.

대한제국은 1910년 8월 29일, 불구대천 매국노 이완용의 주도로 경술국치를 맞게 되며, 국권을 일본에 빼앗기게 됐고 결국 역사에서 사라진다.

4.3.2 영국 관점의 금본위제

금과 화폐의 관계를 일목요연하게 정리하기는 쉽지 않다. 국가별로 시기가 뒤얽혀 있기 때문이다. 세계 금 협회World Gold Council는 150여 개 문서를 연구해 영국의 관점에서 금본위제의 역사를 크게 세 가지 시대로 나눴다.[f]

첫 번째, 영국이 외국으로의 금괴 수출을 금지한 1660년부터 1819년까지를 '금본위제의 태동기'로 분류하고 있다. 영국은 1719년 뉴턴에 의해 금본위제를 채택했지만 그로부터 78년 뒤인 1797년에 은행규제법Restriction Act 1797을 통해 영국은행이 금을 비축해야 하는 의무를 없애버렸다. 즉, 금 없이도 지폐를 발행할 수 있게 했다. 그러다 1819년 다시 현금 지급 재개법Resumption of Cash Payment 1819을 통해 다시 금의 태환을 강제해 통화를 금본위로 돌려놓는 등 불안한 금본위제를 이어갔다.

두 번째는 영국의 금본위제가 온전히 회귀된 1820년부터 1930년까지의 약 110년간이며, 이 시기를 '금본위제의 전성기'로 분류한다. 세 번째는 1931년부터 이후며 '금본위 이후 시대'로 분류한다. 영국은 제1차 세계대전 이후 특히, 1929년부터 심각한 경제 위기를 맞았고, 1929년 왕실 명령 제3897호Royal Command 3897에 의해 맥밀란 위원회Macmillan Committee가 구성돼 국제 통화체계를 논하게 된다. 1931년 개최된 맥밀란 위원회에서는 케인스도 포함돼 있었는데, 이때 영국은 금본위제를 포기한다. 맥밀란 위원회는 금융과 산업 위원회Committee on Finance and Industry로도 불린다.

5장

기축통화의 탄생

**"금값을 제대로 이해한 사람은 아무도 없다.
나 역시 마찬가지이다."**

- 벤 버냉키, 전 연방준비이사회 의장

기축基軸통화Key Currency는 국가 간의 금융거래나 결제에 있어서 보편적으로 널리 통용되는 통화를 의미한다. 미국의 달러가 대표적이다. 기基는 근본을 의미하며, 축軸은 바퀴 등이 돌아갈 때의 '중심'을 의미하므로 기축이라는 말에는 모든 것의 근본, 즉 표준이라는 뜻이 담겨있다.

기축통화는 세계 교역에 있어 대부분의 국가가 취급하는 통화이며, 전세계에서 가장 보편적으로 통용되는 화폐를 의미하기도 한다.[1] 따라서 기축통화 국가가 되기 위해서는 그 국가의 무역 규모가 절대적으로 커야 한다. 특정국가에서 생산된 물건을 사려는 사람이 많을수록 해당 국가 통화의

---

[1] 기축통화라는 용어는 1960년대 예일 대학교의 로버트 트리핀(Robert Triffin) 교수가 최초로 사용한 것으로 알려져 있다.

필요성이 더욱 중요해지므로 그 화폐는 기축통화가 될 가능성이 커진다.

기축통화에 대한 공식적인 정의는 없다. 그러나 절대적인 교역 규모로 보면 대체로 미국의 달러USD, 유럽연합의 유로EUR, 일본의 엔JPY, 중국의 위안CNY, 영국의 파운드GBP 등 5개 정도로 볼 수 있다. 이 범위를 좀 넓히면 최초로 변동 환율제가 허용된 국가인 캐나다의 캐나다 달러CAD, 교역 규모는 15위권밖에 되지 않지만 남미에서 가장 많이 사용되는 멕시코 페소MXN, 은행의 역사가 매우 깊은 스위스의 스위스 프랑CHF 등도 기축통화 반열에 올릴 수도 있다.

5장에서는 미국 달러가 세계 기축통화로 부상한 결정적 계기가 된 1944년의 브레튼 우즈 협약에 대해 알아볼 것이다. 설명을 돕기 위해 기초적인 금융지식 두 가지만 간단히 살펴보고 넘어가도록 한다. 첫째는 국제 외환 시장이고, 둘째는 지급결제 시스템에 관한 것이다.

5.1 국제 외환시장과 통화 투기

통화 투기Currency Speculation(또는 환투기)는 자국의 화폐 가치를 조절해 교역에 인위적인 영향을 끼치는 행위를 의미한다. 다음 그림을 보자.

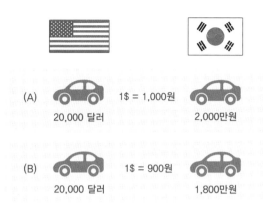

그림 5-1 환율변경은 수입과 수출가에 영향을 준다.

그림 5-1의 (A)에서는 원화와 달러화의 교환 비율인 환율이 미국 1달러당 원화 1,000원이다. 이때 2만 달러짜리 미국 자동차가 한국으로 수출되면, 한국에서는 이 차를 2,000만 원에 구매할 수 있을 것이다. 만약 미국이 인위적으로 달러의 가치를 낮춰서 1달러에 900원이 되도록 환율을 조정한다면[2], 한국으로 수입되는 미국 자동차 가격은 1,800만 원으로 인하된 것과 같은 효과가 있다. 이 경우 값이 싸진 물품에 대한 수요가 증가할 것이므로 한국으로 수입되는 미국 자동차의 수는 늘어날 것이다. 그러나 반대로 한국에서 미국으로 수출되는 물품의 경우, 그 가격이 상승한 효과가 나타나 정반대의 현상을 겪게 되며, 미국으로의 수출은 줄어들게 될 것이다.

2　달러의 가치가 1,000원에서 900원으로 떨어진 것이므로 이는 달러가 평가절하된 것이다. 그 반대의 경우를 평가절상이라고 한다.

이처럼 한 국가가 인위적으로 자국의 환율을 마음대로 조절할 수 있다면 자신에게 유리하도록 환율을 조절해 이익을 챙기려고 할 것인데 그러한 행위를 흔히 통화 투기 또는 환투기라고 부른다. 각국이 마음대로 환율을 설정한다면 국제 무역에서는 큰 혼란과 무질서가 가중될 것이다. 따라서 국가 간의 무역에서 환율은 상호간에 공평하고 합리적인 조절 장치가 필요하다.

MEMO

미국은 2016년부터 매년 두 번(4월과 10월)에 걸쳐 환율조작국을 선정한다. 그 기준은 3가지로서 1) 미국을 상대로 200억 달러를 초과한 흑자를 내고 있는 국가들 중 2) 정부의 외환시장 개입 규모가 GDP의 2%를 넘고 3) 전체 경상 수지 흑자가 GDP의 2% 이상[3]일 경우다. 이 세 가지 조건에 모두 부합하는 대상국 중 최종적으로 환율조작국을 지정한다. 환율조작국으로 지정되면 1년 내에 환율을 재조정하도록 유예기간을 부여하고, 이를 어길 경우 미국 기업의 투자를 제한하는 등 각종 제재를 가한다. 우리나라는 노태우 대통령이 집권하던 1988년에 환율 조작국으로 지정돼 2년만에 풀려난 적이 있다. 2020년 12월 기점으로, 트럼프 정부는 베트남과 스위스를 환율 조작국으로 지정했으며 중국, 일본, 한국, 독일 등 10개국을 관찰 대상국으로 선정했다.

2019년 기점으로 세계의 외환시장의 거래 규모는 하루 6.6조 달러(7,722조 원)에 이른다. 전체 금융시장 중 가장 규모가 큰 것은 물론이고, 유일하게 24시간 거래되는 시장이기도 하다. 전 세계적으로 약 170여개국의 통화가 외환시장을 통해 서로 교환되고 있는데, 전체 외환 거래의 88%는 미국 달러다!

---

3   원래 이 기준은 3%였으나, 트럼프가 2%로 낮췄다.

전 세계에서 가장 거래 규모가 큰 통화 쌍은 미국 달러와 유로다. 달러와 유로 간에 이뤄지는 외환 거래는 전 세계 외환시장의 24%를 차지해서 가장 크고, 그 다음이 미국 달러와 일본 엔화 사이의 거래로서 17.8%나 된다. 그 뒤를 영국 파운드가 잇고 있는데 미국 달러와 영국 파운드 사이의 거래는 전체 외환거래의 약 9.3%를 차지한다.

전 세계 최대 외환 거래시장은 영국에 위치하고 있으며 전체 외환의 무려 43.1%가 거래돼 두 번째로 큰 외환 거래시장인 미국(16.5%)의 2.6배나 된다. 이는 영국이 여전히 전 세계 금융의 핵심 허브 역할을 하고 있는 주요한 이유이기도 하다.

TIP

재미있는 사실 하나는 전체 외환 트레이더 중 여성의 비율은 10%에 불과한데, 영국의 워익(Warwick) 대학교 경영학과의 연구에 따르면 여성 트레이더가 남성에 비해 1.8% 정도 더 뛰어난 성적을 얻는다고 한다. 연구 보고서는 그 이유가 남성이 여성에 비해 더 위험한 거래를 하고 더 쉽게 거래 규칙을 위반하기 때문이라는 분석을 덧붙였다.

TIP

세계은행의 자료에 따르면 2019년 기준으로 전 세계 주식 시장의 하루 거래량을 모두 합치면 1,675억 달러(196조 원)다. 엄청난 규모지만, 외환시장 규모에 비하면 고작 1/40에 불과하다.

이 값은 2015년까지만 해도 하루 2,735억 달러(320조 원) 규모였으나, 2019년 코로나 사태를 겪으며 크게 줄어 들었다. 그러나 미국의 엄청난 양적완화가 전 세계 주식시장으로 흘러 들어간 2020년 기준으로는 무려 3,771억 달러(441조 원) 규모로 다시 급증했다.

금본위제가 어느정도 정착된 19세기부터 제1차 세계대전 직전까지 영국 1파운드당 미국 달러와의 교환 환율은 거의 100년 동안 1:5로 거의 고정된 상태였다. 이 100년 동안 영국이 나폴레옹 전쟁을 겪는 12년(1803~1815) 기간에는 1:3.62로 파운드가 평가절하되고 미국 남북전쟁의 4년(1861~1875) 동안은 반대로 1:10으로 미국 달러가 오히려 급격히 평가절하되기도 했지만 대체로 1:5의 고정 상태는 변하지 않았다.

1920년대부터 브레튼 우즈 협정4이 이뤄지는 1944년 직전까지는 1:3에서 1:5 사이에서 심하게 요동친다. 그러다 브레튼 우즈 협정으로 이 비율은 1: 4.08로 고정돼 시작했으나 1949년 9월 영국이 전격적으로 파운드화를 30%나 평가절하하면서 이 비율은 1:2.8로 낮아졌고, 20여 년 가까이 지속됐다. 그 후 1967년 1:2.4로 소폭 조정된 후 1971년까지 이어졌다. 그리고 1971년 미국의 금본위제 폐지로 인해 다시 요동치기 시작하며 지속적으로 낮아져서 2021년 8월에는 1:1.36까지 떨어졌다.

5.1.1 미국 달러 지수

미국 달러 지수USDX, US Dollar Index는 미국 달러의 강세를 추적해볼 수 있는 지표로서 현재는 6개 주요 통화에 대비한 달러 환율의 변동을 알 수 있는 지표다.

1973년 브레튼 우즈 체제가 와해된 직후 최초의 지수 100으로 출발했으며, 그 후 상대적 강도를 표시해준다. 2021년 10월 12일 기점의 지수는 94.343이다. 현재는 6개 주요국 통화의 평균으로 지표를 구하는데, 그 비중에 따라 나열하면 유로(57.6%), 일본 엔(13.6%), 영국 파운드(11.9%), 캐나다 달러(9.1%), 스웨덴 크로나(4.2%), 스위스 프랑(3.6%)이며 이 6개 통화를 가중

---

4   브레튼 우즈 협정은 5.3절에서 자세히 살펴본다.

평균해 달러의 지표를 구한다. 6개 통화에 대한 이 비중은 기존의 유럽 개별 국가의 통화를 유로로 대체한 1999년에 새로 설정한 값으로, 그 후 지금까지 변동 없이 이어지고 있다.

이 지표가 100을 넘어서면 달러가 평가절상돼 강해졌다는 의미가 되고 100 이하가 되면 달러가 약화해 평가절하됐다는 의미가 된다. 역사적으로 이 지수가 가장 높았을 때는 1980년대 남미 국가들의 부채 위기가 붉어졌던 때로, 1985년 2월에 무려 164.72를 기록했다. 이 지수가 상대적으로 가장 낮았을 때는 서브프라임 모기지사태가 전 세계를 뒤덮었을 때인 2008년 3월로, 그 값은 70.698이었다.

달러지수는 일반적으로 국제 금융시장이 불안해지면 강세를 보이고, 금융시장이 안정화 되면 약세를 보이는 경향이 있다. 또한 우리나라의 원·달러 환율의 등락도 달러 지수와 동반하는 경향이 강하다.

5.2 지급결제 시스템

인터넷 뱅킹으로 계좌이체를 하는 상황을 생각해보자. 요즘은 스마트폰의 편리한 사용자 환경으로 순식간에 자금이 이체되지만, 그 이면에는 여러 기관이 복잡하게 얽힌 지급결제 시스템이 돌아가고 있다.

민호가 준호에게 모바일 뱅킹으로 10만 원을 계좌 이체하는 상황을 생각해보자. 두 사람이 이용하는 은행이 서로 달라도 계좌 이체는 순식간에 완결된다. 또한 이체된 돈은 준호가 어디에 있는 ATM 기계에 접근하든 즉시 인출할 수 있는 편리성을 제공한다. 그다지 특별해 보이지 않는 이 계좌 이체의 이면에는 최소 네 개의 기관이 개입돼 있고 세 가지의 처리 과정이 필요하다. 다음 그림을 보자.

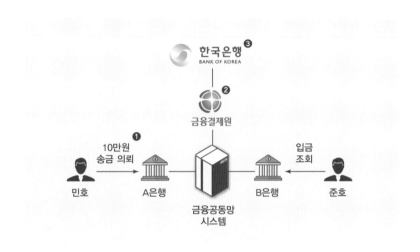

그림 5-2 금융공동망 시스템을 이용한 지급 결제

그림 5-2는 민호와 준호 사이의 계좌 이체를 보여준다. 이 거래를 위해서는 민호가 계좌를 개설한 거래은행인 A 은행, 준호가 계좌를 개설한 B 은행, 금융결제원, 한국은행, 이렇게 네 기관이 개입된다. 계좌이체를 위해 이 네 개의 기관은 각각 다음의 세 가지 절차를 수행한다.

❶ **지급** 支給, Payment: 민호는 자신의 거래 은행인 A 은행에게 준호가 이용하는 B 은행의 계좌로 10만 원을 이체할 것을 요청한다. A 은행은 이 요청에 이상이 없는지 확인한다. 잔액 등이 이상 없으면 A 은

행은 한국은행에 위탁받아 금융결제원이 운영하는 금융 공동망 시스템을 통해 준호에게 10만 원을 지급해줄 것을 B 은행에 요청한다. 요청을 받은 B 은행은 A 은행을 대신해 준호의 계좌에 10만 원을 즉시 입금시킨다. 이 업무를 지급이라 한다.

민호와 준호는 이 지급절차를 통해 서로 간의 거래를 즉시 완성할 수 있고 준호는 언제든 ATM을 통해 현금을 인출하거나 이체받은 돈을 또 다른 곳으로 즉시 전송할 수 있다. 그러나 사실 A 은행과 B 은행 사이에는 거래가 아직 완성되지 않았다. B 은행이 A 은행을 대신해 지급해준 10만 원을 A 은행에서 실제로 받아와야 한다. 이 업무를 청산 및 결제라 한다.

❷ **청산**淸算, Clearing: 금융결제원은 이 거래로 인해 A 은행과 B 은행 간에 최종적으로 서로 주고받아야 할 총금액이 얼마인지 계산해준다. 이 예에서는 A 은행이 B 은행에 10만 원의 부채를 지게 된다. 이 업무를 청산이라고 한다.

❸ **결제**決濟, Settlement: 한국은행에는 각 은행이 지급준비율에 맞춰 개설해둔 당좌예금 계좌가 있다. 한국 은행은 금융결제원이 계산한 최종 청산 금액에 따라 A 은행의 당좌예금 계좌에 있는 금액을 B 은행의 당좌예금 계좌로 이동한다. 이 거래를 결제라고 한다. 결제 과정을 거치면 비로소 이 거래의 모든 과정이 완성된다.

금융결제원은 금융 공동망 시스템 이외에 지로, e-사업, 어음교환 시스템 등을 이용한 지급 결제 업무를 처리하고 있으며 2019년 기준으로 한해 동안 모두 99억 1,294만 건의 거래를 처리했다. 거래 금액은 무려 3경 6,469조 원 규모다.[v] 실제 결제 처리 방식은 개별 금액을 건 별로 처리하는 총액 결제 방식과 일괄로 차액만 처리하는 차액 처리 방식으로 구분된다. 이렇게 화폐 단위로 된 가치의 지급과 결제를 모두 처리하는 시스템을 통상 지급 결제 시스템이라 부른다. 지급 결제 시스템은 한 국가의 금융 거래의 기본적인 하부 구조를 이루는 핵심 부분으로서 지급 결제 시스템의 효율성과 신뢰성은 그 나라의 금융 수준을 측정할 수 있는 중요한 지표 중 하나다. 이러한 지급 결제 시스템을 구축하려면 수조 원 이상의 투자가 필요하고 유지 보수 및 운영에도 많은 인력과 비용이 필요하다.

국가 간의 거래에 있어서도 유사한 과정이 필요하다. 국가 간 거래에서의 청산 및 결제 과정이 필요하며 환율의 계산까지 개입되므로 훨씬 복잡해진다.

제2차 세계대전이 끝난 직후인 1944년 미국 뉴햄프셔의 한 리조트에서 국가 간의 효율적 청산과 결제의 효율적 방식을 논하기 위해 44개국이 모이게 된다.

5.3 국제 통화를 위한 꿈 – 방코르와 미국 달러

1944년 제2차 세계대전을 막 끝낸 세계 44개국의 대표들은 미국의 북동부 뉴햄프셔에 있는 휴양지인 브레튼 우즈Bretton Woods에 모인다. 전후 세계에서 사용할 효율적인 국제 통화시스템에 대한 논의를 위한 것이었다.

그림 5-3 미국 뉴햄프셔의 브레튼 우즈

MEMO

1823년 12월 2일 미국의 5대 대통령 제임스 먼로(James Monroe)는 조지 워싱턴(George Washington) 대통령 이래 지켜온 미국의 고립주의적 외교방침을 다시 한 번 밝혔다. 그 내용은 미국은 유럽에서 일어난 일에 대해 일체 간섭하지 않으며, 동시에 유럽의 미국 대륙에 대한 어떠한 간섭도 허용하지 않겠다는 원칙에 대한 것이다. 또한 유럽의 식민지 정책을 배격했다. 이 때문에 미국은 두 번의 세계대전에 관여하지 않았다. 이를 먼로주의(Monroe Doctrine)라고 부른다.

먼로주의에 따라 미국은 제1차, 제2차 세계대전에 직접적으로 관여하지 않고 소극적 방관자로 남아 있었으나 일본의 무모한 도발이 도화선이 돼 제2차 세계대전에 적극적으로 참전하게 된다. 당시 일본은 독일 및 이탈리아와 3국 동맹을 맺고 있었는데, 미국이 일본에게 인도차이나와 중국에서 물러날 것을 압박해오자 직접 도발할 계획을 강구하기에 이른다.

침략 야욕에 눈이 먼 일본은 태평양을 사이에 둔 미국마저 무력화할 수 있다고 믿었다. 미국 서부에서 일본 도쿄까지의 거리는 8,000km가 넘는다. 미국의 전투기가 일본 본토를 공격하기 위해서는 한 번의 급유로 비행이 불가능하므로, 항공모함에 적재돼 일본 본토 근처까지 이동하거나, 일본과 미국 사이의 태평양에 있는 어딘가의 섬에서 출발해야만 한다. 당시의 일본은 8척의 항공모함을 가진 세계 최고의 해군력을 가진 국가였으므로 3척의 항공모함밖에 없는 미국 태평양함대만 무력화한 다음 미국과 태평양 사이의 동남아 국가의 섬들을 전초 기지화한다면, 얼마든지 승기를 잡을 수 있을 것이라고 맹신했던 것이다.

1941년 12월 7일 새벽, 일본은 계획을 실행하기 위해 하와이 진주만에 주둔해 있던 미국 태평양함대를 공격했다. 6대의 항공모함에 353대의 항공기를 싣고 온 일본은 전투기 29대의 손실을 입어가며 약 45분간 공격을 퍼부었다. 이 공격으로 인해 미국은 전함 6척, 구축함 3척 등 해군의 피해와 함께 수백대의 미군기가 파괴되고 민간인을 포함해 약 2,400여 명의 사상자가 발생했다.

TIP

〈도라 도라 도라(Dora Dora Dora)〉는 일본군의 진주만 공습을 다룬 영화다. 영화에서
는 대비책이 없던 미국이 일방적으로 당한 것으로 묘사하지만, 사실 반대되는 해석도 많
다. 캐나다 역사학자인 자크 파월(Jacques R. Pauwels)은 그의 책 『대자본과 히틀러
(Big Business and Hitler)』(Lorimer, 2017)에서 미국은 태평양 지역의 패권을 가지
기 위해 일본과의 전쟁을 원했고, 그 때문에 당시 루즈벨트 대통령은 일본을 계속 자극해
도발을 유도했으며, 진주만의 공격사실을 암호 해독으로 사전에 알았지만 방치했다고 주
장한다. 도라(トラ)는 일본어로 호랑이를 뜻하는 단어와 비슷한 발음을 갖고 있다.

그림 5-4 1941년 12월 7일 이뤄진 일본의 진주만 공습 (출처: Wikipedia)

일본의 무모한 진주만 침공은 미국의 적극적 참전을 불러 일으킨다. 일
본의 도발로 진주만에 있던 미국 태평양함대가 초토화된 것은 사실이었지
만, 사실 그곳에는 항공모함이 없었다. 즉 미국의 항공모함은 전혀 피해를
입지 않은 상태였다.

일본보다 10배 더 높은 공업 생산력을 가진 미국이 공격력을 회복하기까지는 그리 오랜 시간이 걸리지 않았다. 보복에 나선 미국은 태평양의 여러 섬을 근거지로 일본과 다수의 전투를 치른 후 1945년 8월 6일 인류 역사상 최초로 히로시마에 원자폭탄을 투하했고, 그로부터 3일 뒤인 8월 9일 나가사키에 두 번째 원자폭탄을 투하했다. 8월 10일 왜왕은 연합군에 무조건 항복 의사를 전달했고, 그로부터 5일 후인 8월 15일에 항복을 선언한다.

미국은 전쟁이 끝난 후 이제 자신의 몫을 확실히 챙기고자 세계 경제를 통합할 소위 기축통화라는 것을 구상하고 브레튼 우즈 협의를 요청하기에 이른다.

5.3.1 방코르와 달러의 싸움

한 나라가 자국에 유리하도록 저마다의 고유한 화폐 체계를 구성하려는 것은 당연한 일이다. 그러나 각각의 화폐 체계를 가진 두 나라가 막상 '교역'을 할 때는 서로 다른 화폐 체계로 인해 거래에 많은 비용이 소모된다. 이로 인해 통화 투기가 발생하는 등 여러 문제가 야기될 수 있다. 이때 만약 모든 국가가 공통으로 사용할 수 있는 통일된 환율 기준이 있다면 어떨까? 누군가가 세계의 중재자 역할을 할 수 있어 각국의 환율 등을 일괄적으로 통제할 수만 있다면 나라 간의 교역에 있어서 획기적인 효율성을 얻을 수 있을 것이다.

단순히 생각해 보면, 세계 교역을 위한 화폐 체계를 통일하는 것은 이론적으로는 간단하다. 먼저 가상의 '국제 은행'을 만든다. 이 국제 은행은 전 세계가 교역에 사용할 통일 화폐를 발행하고, 각국은 그 화폐를 금(또는 많은 국가들이 보편적으로 가치 있다고 생각하는 어떤 것)을 주고 국제 은행에서 사온다. 이 국제 화폐만 사용한다면 이제 환율은 별도로 계산할 필요가 없다.

이러한 단순한 구상은 두 가지 형태로 발전한다. 하나는 영국의 케인스가 주장하는 방코르이고, 또 다른 하나는 미국이 주장하는 '가상의 종이 금' 즉, 달러 기축통화 역할론이다. 이 단순한 구상에는 어려운 문제가 하나 있는데, 과연 '누가' 국제 은행 역할을 할 것인가를 결정하는 과정이었다.

5.3.2 케인스와 방코르

> " 국가 간 교역에서의 불균형 해소 문제는 해결된 적이 없다.
> 물물교환 방식은 지폐를 통한 교환에 밀릴 수밖에 없기 때문이다.
> 이 문제를 해결하지 못한 것이야 말로 빈곤과 사회불만
> 그리고 심지어 전쟁과 혁명의 근본원인이 됐다. "[8]
>
> 존 메이너드 케인스드

방코르는 국가 간의 교역 시 공통으로 사용할 수 있는 통화기능 체계를 위해 케인스가 구상한 것으로서, 교역 불균형을 해소하기 위한 기능도 갖고 있다. 방코르는 화폐나 통화보다는 세계 무역에서 부채와 자산의 흐름을 기록하는 표준적인 회계 단위의 성격을 갖고 있다. 케인스는 국가간 무

역 불균형을 통제할 가상의 국제 은행의 역할을 할 수 있는 국제 청산[5] 은행(ICB, International Clearing Bank)(이하 ICB라고 표기) 설립을 제안했으며, ICB는 미국과 영국이 공동으로 관리하는 것으로 구상했다.

그 안을 개략적으로 살펴보면 다음과 같다. 각 회원국은 ICB에 계좌를 개설한다. 이 계좌는 일종의 마이너스 통장 역할을 할 수 있다. 각국의 통장에는 적립할 수 있는 한도가 정해져 있고 반대로 마이너스 대출의 한도도 정해져 있어 정해진 범위 내에서만 움직인다. 그 범위의 크기는 각국의 교역 규모에 따라 할당된다.

A, B 두 나라 사이에 교역이 일어나 A 국가는 흑자를 B 국가는 적자를 봤다고 가정해보자. 이 경우 A 국가의 계좌에는 적립금(deposit)이, B 국가의 계좌에는 결손금(deficit)이 기록된다. 수출한 나라는 돈을 벌었으므로 적립금이 쌓이게 되고, 수입을 한 나라는 지출을 했으니 그만큼 결손금이 쌓이는 구조다. 따라서 수출이 수입보다 많은 국가는 적립금이, 반대로 수출보다 수입을 많이 한 국가는 결손금이 지속적으로 생긴다.

이때 연간 평균으로 계산한 적립금 또는 결손금이 총 한도의 25% 수준을 넘어설 경우 초과한 금액에 1%의 비용이 부과된다. 이자와 유사한 개념이다. 여기서 주목할 점은 적립금도 어느 이상이 되면 오히려 비용을 지불해야 한다는 점이다. 마치 지금의 마이너스 금리와 유사하다고 보면 된다. 따라서 가급적 일정이상 적립(=수출)하지 않고 사용(=수입) 하도록 장려되는 시스템인 것이다.

---

5   청산(Clearing)은 5.2절을 참조하라.

ICB상에서의 방코르의 작동 기저를 좀 더 상세히 기술하면 다음과 같다.

1) 각국은 가상의 ICB에 계좌를 개설한다. 각국에는 적립금 또는 결손금이 기록되며, 그 한도는 교역 규모에 따라 초기에 정해진다.

2) 각국은 금을 사용해 방코르를 구매할 수 있으며, 개인은 방코르를 매매할 수 없다. 적립금은 오로지 ICB 체제 내에서만 사용할 수 있으며, 외부로의 인출은 불가능하다.

3) 각국이 물품을 수출하는 경우, 자신의 ICB 계좌에는 방코르가 적립된다.

4) 각국이 물품을 수입하는 경우, 자신의 ICB 계좌에서 방코르가 차감된다.

5) 하나의 국가는 하나의 계좌에 있는 적립금 또는 결손금으로 모든 회원국과의 거래를 기록하며 가감한다.

6) 각국이 적립할 수 있는 방코르에는 한도가 정해져 있어서 수출이 압도적으로 많은 국가라 하더라도 일정 한도를 넘는 방코르를 적립할 수는 없고, 그 반대의 경우 부채 역시 한도가 정해져 있다. 연간 평균으로 적립금이나 결손금이 자신이 가진 한도의 1/4(25%)을 넘을 경우 넘은 비용에 대해 1%의 비용이 부과된다.

7) 결손금이 1/4을 넘는 시기가 오랫동안 지속되면, 자국 환율을 방코르 대비 5% 절하해서 (가격 경쟁력을 높임으로써) 수출이 증가될 수 있도록 배려해 무역 불균형을 해소한다.

8) ICU는 미국과 영국이 공동으로 설립해 운용한다.

한편 케인스가 제안한 방코르 방식은 여러가지 이유로 미국 입장에서는 전혀 달가울 게 없는 방식이었다. 우선 전후의 사정상 생산설비가 정상적인 국가는 사실상 미국 뿐이었고 유럽은 재건을 위해 대부분의 물자를 수입해야 하므로, 돈을 빌려 물자를 확보하는 것이 절실한 상황이었다. 이때 돈을 빌려줄 수 있는 여유가 있는 곳은 사실상 미국밖에 없었다.

또 케인스는 ICB의 적립금이 어느 정도 이상이 되면 오히려 이자를 물렸으므로 이익이 많이 나는 국가는 이익금만큼의 방코르를 타국에 빌려주거나, 이익을 적당히 내야 한다. 이는 모든 관점에서 미국에게만 불리하다.

당시 전 세계 금의 70% 가까이를 보유하고 있던 미국이 이미 금이 고갈돼 버린 채무국인 영국의 케인스가 주창한 방코르를 채택해야 할 이유는 사실상 없었다. 굳이 영국을 끼우지 않더라도 미국 독자적으로도 얼마든지 방코르와 유사한 시스템을 운영할 힘이 충분했다. 당시 미국의 GDP 규모는 세계 총 GDP의 40%를 차지하고 있을 정도로 막강했다.

MEMO

케인스는 1919년 제1차 세계대전이 끝난 후 상황을 다음과 같이 묘사한 적 있다. "전쟁이 끝나면서 서로 막대한 빚을 지게 됐다. 독일은 연합군에 막대한 돈을 빚졌다. 연합군은 영국에 막대한 빚을 지게 됐다. 영국은 미국에 막대한 빚을 지게 됐다. 우리 팔다리를 이 종이의 족쇄로부터 해방시키지 않는다면 앞으로 나아가지 못할 것이다."

제1차 세계대전 직후의 상황은 개선되기는커녕 제2차 세계대전을 거치면서 오히려 더욱 심화됐고, 당시 미국을 제외한 대부분의 나라는 심각한 경제난에 허덕였다. 방코르(Bancor)는 은행을 의미하는 프랑스어 banque에서 따온 용어로 알려져 있다. 방코르는 실현되지 않았지만, 원 계획은 금과 함께 여러 상품을 묶은 묶음 즉, 바스켓(basket)으로 구성하자는 것이었다. 이는 마치 4만여 년 전의 물품화폐와 근대 지폐의 절묘한 만남

으로 볼 수 있다. 이 아이디어는 IMF에서 SDR이라는 형태로 구현된다. IMF와 SDR은
다음 절에서 설명한다.

TIP

마셜 플랜(Marshall Plan)은 제2차 세계대전이 끝난 후 미국의 국무장관이던 조지 마
셜(George MarShall)이 유럽 16개국에 실시한 원조 계획의 명칭이다. 정식 명칭은 유
럽 부흥 계획(European Recovery Plan)이다. 전후 재건을 위해 미국의 도움이 절실했
던 유럽 국가들은 사실상 미국의 의도대로 따를 수밖에 없는 상황이었으며, 영국 또한 마
셜플랜이 누구보다 절실한 상황이었다. 국제 경제 질서에 영국이 관여하고자 했던 방코
르가 설 자리는 처음부터 없었던 셈이다. 마셜 플랜으로 지원된 자원의 규모는 한때 미국
GDP의 2%에 이를 정도였다.

5.3.3 브레튼 우즈 협약과 IMF

브레튼 우즈에서 미국은 케인스가 제시한 방코르와는 다른, 그러나 매
우 유사한 방식을 제안한다. 미국은 케인스와 마찬가지로 가상의 '국제 은
행'을 설립하고, 각국이 자국의 화폐를 발행할 때마다 그에 상응하는 '(가상
의) 금'을 국제 은행에 비축해야 한다는 구상을 했다. 이때 각국의 화폐와
금과의 비율은 고정시킨다는 것이 이 구상의 핵심이다. 즉 전 세계가 고정
환율제를 사용하는 효과가 생기는 것이다.

고정환율 제도는 정부나 중앙은행이 타국과의 교환 비율을 정해주는 시스템이다. 예를 들면, 대한민국 정부가 원과 달러의 교환 비율을 1달러당 1,000원으로 고시(告示)[6]한다면, 한국은행은 언제든 1달러를 1,000원으로 바꿔줘야 한다. 1944년 브레튼 우즈 협약은 유사 금본위제의 시작으로, 이러한 고정환율 제도가 전 세계적으로 사용됐다. 그러나 금의 고갈을 맞은 미국은 1971년 사실상 금본위제를 포기하게 된다. 급기야 1976년 자메이카의 킹스턴에서 열린 회의에서 각국이 재량에 따라 고정환율이 아닌 시장에 환율을 맡겨 두는 변동환율을 채택할 수 있도록 해서, 현재는 대부분 변동환율제를 사용하고 있다.

그러나 변동환율제라 하더라도 자국의 수출입 경제 보호를 위해 외환시장에 국가가 일정 부분 개입해 달러를 매입하거나 매도하는 방법으로 급격한 환율 변동을 막고자 노력한다.

대한민국은 1945년 광복 이래 줄곧 고정환율 혹은 고정환율에 유사한 환율을 사용해 왔다. 그러나 1997년 IMF 외환위기 사태를 맞이하면서 환율을 완전히 시장에 맡기는 자유변동환율 제도를 시행하고 있다. 미국 등 상당수 국가가 현재 변동환율제도를 시행하고 있다.

미국이 제안한 방식의 개념을 간략히 설명하면 다음과 같다.

1) 각국이 지폐를 발행할 때, 가상의 국제 은행에 금을 적립한다.

2) 항상 필요한 금을 제때 조달하기 힘드므로 금 대신 미국의 달러를 대신 적립한다. 즉 미국의 달러가 '가상의 금' 역할을 하므로 미국 달러는 곧 '종이 금'인 셈이다.

3) 미국은 미국달러를 금에 태환하기로 약속한다. 즉 금 1온스당 35 미국 달러에 고정시키고, 누구든 달러를 가져오면 금으로 바꿔주겠다는 보장을 한다.

---

6   고시는 행정기관이 결정한 사항을 일반인에게 알리는 일을 의미한다.

이러한 개념을 실제로 구현하게 된 브레튼 우즈 협정에서는 참가국 44개국 사이에서 다음과 같은 합의사항을 도출한다.

첫째, 오직 미국 달러화만을 기축통화Key Currency로 설정하는 금본위제를 전 세계에서 실시한다.

둘째, 금 1온스당 미국 35달러에 고정시킨다.

셋째, 다른 모든 나라의 통화는 미국 달러에 환율을 고정시키되 1% 범위내에서만 조정할 수 있는 재량을 부여한다.

또 이 제도를 지원하기 위해 국가 간 거래 시 달러의 유동성을 공급하고 국제통화제도를 관장하기 위해 국제통화기금IMF, International Monetary Fund과 국제부흥개발은행IBRD, International Bank of Reconstruction and Development이 설립됐다. IBRD는 이후 세계 은행World Bank으로 이름이 바뀐다.ʰ

TIP

금 1온스⁷는 8.29돈에 해당한다. 2021년 8월 27일 KRX 금 거래 가격은 그램당 67,693원이니 금 한 돈(=3.75g) 가격은 253,849원이고 8.29돈이면 무려 2,104,406원이다. 이를 35달러(40,913원)에 연동했던 것이다. 같은 날 1온스의 국제 가격⁸은 1,817.03달러다.

---

7   금 1온스는 실제로는 1트로이 온스라는 점을 기억하자.

8   goldprice.org 기준

브레튼 우즈는 금 1온스를 35달러에 연동시켰지만, 1947년 실제 시중에서 거래되는 금 1온스의 가격은 그보다 23% 폭등한 43달러로 치솟는다. 그 후 다시 35달러로 안정세를 찾는 듯했으나, 1960년 10월 런던 거래소의 금 가격이 급등하기 시작해 10월 20일 40달러 선까지 육박한다. 이때 금 가격 안정을 위해 주요국 정부들은 시장에 대규모 금을 내다 팔아 금값을 인위적으로 폭락시킨다.[i] 이듬해인 1961년 3월에는 독일과 네덜란드가 자국 통화를 각각 5% 절상하기도 한다.

한편 프랑스는 처음부터 미국의 브레튼 우즈 체제를 못마땅해했다. 프랑스 드골 대통령은 통상 매년 약 3,500만 달러를 미국정부로부터 금으로 바꿔 가고 있었다. 그러다 드골 대통령은 1965년 1월, 앞으로 국제 수지 흑자로 발생하는 모든 신규 달러를 프랑스 중앙은행을 통해 금으로 바꿔 갈 것이라 선언하자 미국의 금 보유량에 대한 또 다른 압박이 됐다.

한편 1964년 8월부터 미국은 베트남 전쟁에 참여하게 됐는데, 전쟁으로 인해 막대한 자금이 소모될 수밖에 없었고, 60년대 말이 되자 금 가격은 다시 1온스당 43달러로 치솟는 등 미국은 더 이상 달러의 가치를 유지하기 위한 금값을 감당하지 못하는 지경에 이르게 된다.

이윽고 1933년 미국 32대 대통령 프랭클린 루즈벨트Franklin Roosevelt가 금본위제를 강제로 중단시키며 금 태환을 중지한 것과 같은 일이 1971년에 또 일어난다. 이번엔 1971년 미국의 제37대 대통령 리처드 닉슨Richard Milhous Nixon에 의해서였다.

5.3.3.1 닉슨 쇼크

1970년 미국의 물가 상승률은 5.8%에 달했고, 8월 기준 실업률은 6.1%였다. 1960년대 초반의 미국 물가 상승률은 1%대에 불과했지만, 1966년 3%를 시작으로 지속적으로 상승해 1969년에 5.5%, 1970년에는 5.8%로 상승했다.[9]

비 오는 13일의 금요일인 1971년 8월 13일, 캠프 데이비드Camp David[10]에서 닉슨은 연방준비회 의장, 재무부 장관 그리고 재무부 국제담당재무국장과 비밀 회동을 가진다. 그날 아침은 마침 영국이 뉴욕 연방준비은행의 외환 데스크에 전화를 걸어 무려 30억 달러에 이르는 준비금을 금으로 태환해 달라고 요구한 직후였다. 그동안 브레튼 우즈의 금본위 체제를 지키기 위해 같이 고군분투하던 영국마저 달러 대신 금으로 태환해 달라고 요구했다는 사실이 알려지면 시장에는 적지 않은 파장이 있을 것은 자명했다.

당시 캠프 데이비드 회의에는 재무장관인 존 코낼리John Bowden Connally와 재무부 국제담당 재무국장인 폴 볼커Paul Volker도 있었다. 캠프 데이비드 회의가 열린 지 3일 뒤인 8월 15일, 닉슨은 1944년 체결된 브레튼 우즈 체제를 포기하고 금태환을 중지하겠다고 전격적으로 선언한다. 또한 동시에 물가 상승률을 억제하고자 수입 과징금이란 명분으로 수입품에 10%의

---

9 1964년 우리나라의 물가상승률은 29.4%에 이르렀다. 이후 1965년 13.5%로 줄어 1960년대 말까지 줄곧 10%대를 유지했다. 1964년 미국의 물가 상승률은 1.3%에 불과했다.

10 캠프 데이비드(Camp David)는 미국 메릴랜드주에 있는 대통령 전용 별장으로서 워싱턴에서 113km 떨어져 있다. 공식적으로는 미국 해군이 관리하고 있다. 이 별장은 프랭크린 루즈벨트 대통령이 설립했지만 이후 아이젠하워 대통령이 그의 손자 이름을 따서 데이비드라고 이름 지었다.

세금을 부과한다고 밝혔다. 미국이 브레튼 우즈 체제를 포기하면 그간 유지해온 고정환율은 사실상 무의미해지고, 이후 실질적으로 전 세계는 변동환율제를 취하게 될 것이었다. 그 당시 닉슨이 취한 일련의 경제정책을 시장은 닉슨 쇼크Nixon Shock라고 불렀다. 실제로 5년 뒤인 1976년 자메이카 킹스턴에서 열린 회의에서 IMF 회원국은 자국의 결정대로 변동이나 고정환율제를 선택할 수 있도록 결의했다.

달러의 신봉자이자 당시 닉슨의 브레인으로 활약했던 재무부 국제담당 재무국장인 폴 볼커는 후일 당시 금태환 포기를 선언하고 브레튼 우즈 협정을 폐기한 결정이 자신의 인생에서 가장 중요한 결정이었다고 회고하기도 했다.[i] 폴 볼커는 1979년 8월 카터 대통령에 의해 연준의장이 됐고, 1987년 그의 뒤를 이어 앨런 그린스펀Alan Greenspan이 의장으로 지명될 때까지 8년 간 연준의장을 지냈다.

5.3.4 SDR

방코르 대신 미국 달러를 가상의 금으로 활용하자는 계획은 시작부터 순탄치 않았다. 달러와 금을 연동하는 것은 쉽지 않았기 때문이다. 미국은 발행하는 달러 지폐에 상응하게 비축할 수 있을 정도의 충분한 금을 보유하지 못했고, 미국의 금 보유량은 1941년을 정점으로 오히려 꾸준히 줄어들고 있는 실정이었다. 한편 미국 중심의 경제 체제를 처음부터 탐탁치 않아 했던 프랑스는 매년 일정량의 달러를 꾸준히 금으로 바꿔 가기도 했다.

미국 켄터키(Kentucky) 주의 북부 루이빌(Louis ville)의 미군 기지 내에는 미국 연방은행의 금괴가 저장된 포트 녹스(Fort Knox)가 있다. 포트(Fort)는 요새를 뜻하며 1936년에 건립해 이듬해인 1937년부터 금괴를 보관해 오고 있다. 금괴 하나의 무게는 무려 400온스(12.441Kg)나 된다.

미국이 역사상 가장 많은 금을 포트 녹스에 보관한 시기는 1941년 12월 31일이며, 무려 6억 4960만 온스(약 2만 202톤)의 금을 저장했다. 2021년 2월 기점으로 이 양은 크게 줄어 최고치의 22%에 불과한 1억 4,734만 온스이며, j 이는 미국 재부무가 보유하고 있는 전체 금 보유량의 59.4%에 해당한다 (2021년 2월 기점의 미 재무부 보유 금의 총량은 2억 4,804만 온스이다).

사진 제공 ⓒ Michael Vadon

재무부는 장부에 금의 가격을 기록할 때 시세로 환산하지 않고, 온스당 42.22달러로 고정해서 계산한다. 따라서 재무부가 보유한 금의 달러 환산가는 104억 7,305만 2,700달러(12조 2,534억 원)로 장부에 기록돼 있다. 그러나 2021년 8월 27일 기준의 금 1온스 가격은 42.22가 아니라

그보다 43배 높은 1,817달러에 이르므로, 미국이 보유하고 있는 금의 실제 가치는 4,506억 달러(527조 원)에 이른다.

한편 미국은 포트 녹스 이외에도 뉴욕의 육군사관학교 근처에 있는 웨스트 포인트 조폐국(West Point Mint Facility)과 덴버(Denver)에도 금괴를 보관하고 있는데 각각 5,406만 온스와 4,385만 온스가 보관돼 있다.

미국이 보유한 금의 양은 미국이 발행하는 국채나 달러 규모에 비하면 턱없이 작다. 코로나 사태로 미국이 2020년 상반기에 발행한 국채 규모만 3조 달러(3,510조 원)에 이른다. 만약 미국이 금본위를 시행하고 있다면 절대 불가능한 발행 규모다.

미국은 IMF를 통해 방코르와 유사한 특별인출권SDR, Special Drawing Right을 만들었다. SDR 즉 특별 인출권은 1969년에 최초로 도입됐는데, 초기에는 1달러와 동일한 가치를 가졌다. 즉, 최초의 1 SDR은 1달러에 연동시켰고 이는 금 0.888671그램과 같았다. 그 후 미국은 발행한 달러 규모에 따른 금의 비축을 적절히 하지 못했고, 이에 따라 브레튼 우즈 체제는 사실상 무너지게 되면서 SDR은 달러 이외에 다양한 나라의 통화를 묶은 바스켓으로 구성하게 된다.

IMF의 회원국은 반드시 의무적으로 일정량의 SDR을 보유해야만 하고, 그보다 작을 경우에는 차액에 비례해서 IMF가 정한 SDR 이자로 물어내야 하며, 그보다 높으면 이자를 받는다. 2021년 7월 기점으로 전 세계 SDR의 규모는 6,500억 달러(약 760조 원)이고 대한민국에 할당된 양은 1.32%인 85억 8,270만 달러(100조 원)이다. 그러나 동일 시점에서 대한민국이 실제 보유하고 있는 SDR의 규모는 할당량보다 훨씬 적은 약 24억 5,465만 달러(28조 7,191억 원)로서 전 세계 SDR의 0.37%에 불과하다.

SDR의 주된 목적은 세계 교역에 있어서의 통화 역할이므로, 교역 규모가 큰 국가의 통화를 위주로 형성된다. SDR 바스켓에 포함되려면 우선 IMF의 회원이면서 세계 5위 규모 이내의 교역국이어야 한다. 그다음으로는 후보군의 통화가 전 세계적으로 사용되고 있어야 한다는 단서 조건이 붙는다. SDR에 포함되는 통화와 비율은 IMF가 5년마다 재산정하는데, 가장 최근의 결정은 2015년 연말에 산정한 후 2016년 1월 1일부터 적용돼 지금까지 사용된 기준인데, SDR에 포함된 통화와 그 비율은 각각 미국 달러(41.73%), 유럽연합의 유로(30.93%), 중국의 위안(10.92%), 일본의 엔(8.33%), 영국의 파운드(8.09%)다. 원래 2021년에 이 비율을 다시 산정해야 하지만 IMF는 2021년 3월 이사회에서 이 결정을 2022년 7월 31일까지 미뤘고, 그 결과 2022년 기준으로는 각각 미국 달러 43.38%, 유로 29.31%, 중국의 위안 12.28%, 일본의 엔화 7.59%, 영국의 파운드 7.44%로 조정됐다. 미국 달러와 중국의 위안가 늘어난 반면 나머지 3개국은 모두 그 비중이 줄어들었다.

5.3.5 페트로 달러

미국의 달러가 세계의 기축통화로 우뚝 선 계기는 브레튼 우즈 협약 때문이다. 그러나 그 이면에는 또 하나의 강력한 무기가 있다. 바로 미국과 아랍 왕국의 만형 격인 사우디아라비아와의 밀약이다.

1945년 2월 14일 미영소 3국의 정상회담을 마치고 전함 USS 퀸시Quincy호를 타고 귀국하던 프랭클린 루즈벨트 대통령은 사우디아라비아 앞의 홍해로 연결되는 수에즈 운하의 한가운데 있는 그레이터 비터Greater Bitter 호수에 잠시 정박한다. 그리고 얼마 뒤 이 배에는 당시 사우디아라비아의 국왕인 압둘 아지즈Abd al-Aziz가 승선하고 두 사람은 비밀리에 정상 회담을 가진다. 이 회담이 바로 미국의 달러 패권 주의를 더욱 공고히 해준 페트로 달러petro dollar 시스템의 시작이었다.

미국은 군사가 없는 사우디에 병력을 파병해 보호해 주고, 그 대신 사우디아라비아는 중동 지역의 원유 가격을 달러로만 판매하기로 한 협약이 그 회담의 주요 골자다. 이때부터 중동의 원유를 오직 달러로만 거래하는 페트로 달러 시대가 열린다. 페트로perto는 원유petroleum를 의미한다. 이때부터 원유 가격은 오직 달러로만 표시되고, 달러로만 결제하는 시대가 시작됐으며, 원유를 사려는 모든 나라는 먼저 미국 달러를 확보해야만 했다! 이 때문에 미국 달러는 전 세계적으로 막강한 수요를 창출할 수 있었다.

TIP

1960년 9월 중동의 5개 이슬람 산유국인 이란, 이라크, 쿠웨이트, 사우디아라비아, 베네수엘라는 이라크 바그다드에서 협정을 맺고 석유수출기구(OPEC, Organization of the Petroleum Exporting Countries)를 발족시키고 원유 수출에 대해 긴밀한 협의를 시작한다. 이후 1961년에는 카타르, 1962년에 인도네시아와 리비아가 합류했고, 1967년에 아랍 에미리트, 1969년에 알제리아, 1971년에 나이지리아, 1973년 에콰도르, 1975년 가봉, 2007년에 앙골라, 2017년에 적도 기니, 2018년에 콩고가 가입해 모두 16개국이 OPEC의 정식 회원국이 됐다. 2021년 현재는 에콰도르와 카타르가 탈퇴하고 인도네시아가 자격정지 상태가 돼 13개국만 남았다.

미국과 중동의 관계가 항상 좋았던 것은 아니다. 1973년, 닉슨 대통령이 이스라엘을 군사적으로 도운 것이 도화선이 돼 OPEC은 미국과 이스라엘 동맹국에 대한 석유 수출을 중단한다고 선언한다. 그러자 원유 값은 4배로 치솟았다. 이 때문에 1973년 3.5%의 안정적인 물가 상승률을 기록했던 우리나라도 1974년 24.8%라는 물가 폭등을 겪게 됐고 경제 성장률도 12.3%에서 7.4%로 폭락했다. 이를 시장에서는 1차 석유파동이라 부른다.

2차 석유파동은 1978년 12월에 있었던 이란의 호메이니가 주도한 이슬람 혁명이었다. 이란은 전면적인 석유 수출의 중단을 선언했고 원유 값은 다시 치솟았다. 2차 석유 파동을 겪은 우리나라의 1980년 실질 성장률은 처음으로 감소해 -2.1%를 기록했다.

1979년 미국의 39대 카터James Earl Carter 대통령은 헨리 키신저Henry Alfred Kissinger 국무장군을 중동으로 보내 미국과 사우디아라비아의 별도의 협약을 이끌어 낸다. 이 협약을 통해 사우디아라비아는 석유 판매 대금으로 받은 미국 달러를 다시 미국 건설회사 등에 지급해 사우디 내에 각종 공사를 집행하는 이른바 '페트로 달러 재활용 계획'을 시행하게 되며, 달러는 또 한 번 힘을 받게 된다.

그러나 영원한 것은 없다. 베네수엘라는 2017년 페트로 달러를 중단하고 유로와 중국의 위안도 취급하기 시작했고, 이란과 러시아, 인도 등도 미국 달러 대신 자국의 화폐를 사용하는 방안을 고려하고 있다.

5.3.6 브레튼 우즈 이후의 달러와 금 가격

1971년 브레튼 우즈 협정을 파기하고 금본위제를 없애면서 달러는 금의 구속으로부터 완전히 벗어난다. 적어도 1971년까지는 달러를 모으는 것이 곧 금을 모으는 것이었다. 덕분에 미국 달러는 기축통화의 역할을 잘 이어왔다. 그 이후로도 전 세계 석유 대금 결제를 달러로 제한하도록 하는 등 기축통화 지위를 유지하기 위한 일련의 노력이 계속 이어졌지만, 달러의 위력은 예전만 못하다.

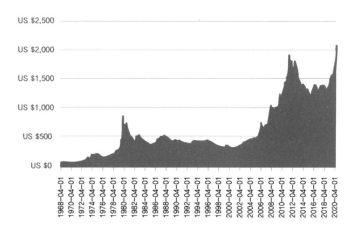

그림 5-5 런던 금 거래 시장의 1온스당 금 가격의 변화 (출처: FRED, Economic Research)

그림 5-5는 런던 금 거래 시장의 1트로이 온스당 미국 달러 시세를 직접 그래프로 그려본 것이다. 1971년까지 38달러에 머무르던 금값은 이후 가파르게 오르기 시작하다 한두 번 주춤했지만 2020년 8월 10일을 기점으로 2,030달러까지 치솟았다. 이는 1972년의 43달러에서 47.2배 상승한 것이며, 이를 금리로 환산하면 연 복리 8.3%로 불어난 셈이다.

통화제도 분석가이자 30년 이상 위기 관리자로 활동해온 제임스 리카즈James Rickards는 금은 최고의 보험이라 평가하며 다음과 같이 이야기한다.

"금의 매력은 인플레이션과 디플레이션 상황 모두에서 재산을 보호할 수 있다는 데 있다. 인플레이션 상황이 오면 금값은 1970년대와 마찬가지로 상승할 것이다. 디플레이션 상황에서도 1930년대와 마찬가지로 저절로가 아니라 정부의 명령에 의해 금값은 상승한다. 금은 모든 투자자의 포트폴리오에 한 자리를 차지하고 있다. 인플레이션과 디플레이션이라는 상황 모두에서 제 역할을 수행하는 몇 안 되는 자산이기 때문이다. 금은 최고의 보험이다."[N]

5.4 금의 내재가치

금은 왜 '금값'이 된 것일까? 사실 보기에 따라 금은 딱히 쓸데가 없는 광물로 볼 수도 있다. 공업용으로 사용하기에는 생산량이 너무 적다. 반짝인다는 특성 때문에 장신구 역할을 할 수 있다는 것을 제외하고는 실용적인 용도로는 도무지 쓸데를 찾기가 쉽지 않다고 공격하는 사람도 있다. 이 때문에 금도 내재가치가 없다고 공격하는 사람들이 있다. 그러나 이는 내재가치의 의미를 잘못 이해한 것이다. 가치는 사람의 '신뢰'가 만드는 것이다. 그 믿음이 보편타당해질 때 내재가치의 크기는 더욱 커진다.

금에는 수천 년에 걸쳐 쌓여온 사람들의 보편적인 신뢰가 축적돼 있다. 인류는 물물교환을 대신할 방법으로 '간접교환' 방식을 발명했으며, 그 매개체로서 조개껍데기부터 시작해 수많은 금속을 사용했다. 간접교환의 대상은 모두 내재가치가 있다고 보편적으로 받아들여지는 것들이며, 결국 지구상의 대부분 국가는 자연스럽게 금과 은을 간접교환 매개체의 최종 승자로 선택하게 된다. 내재가치라는 것은 어떤 목적물(또는 자산)이 '가치가 있는가'에 대한 척도를 의미하며 단순히 현재 법정화폐로 거래되고 있는 가격을 의미하는 것이 아니다. 그런 관점에서 비트코인은 내재가치가 없는 디지털 숫자에 불과하다. 예컨대 어린이들이 포켓몬 카드를 서로 1,000원에 거래한다고 해서 포켓몬 카드에 1,000원의 내재가치가 형성되는 것은 아니다. 어린이들을 제외한 대부분의 사람에겐 포켓몬 카드는 휴지 혹은 쓰레기에 불과하다. 이는 사람들에게 보편적인 가치로 인정받지 못하기 때문이다.

내재가치란 보편적이고 객관적으로 받아들이는 수준의 가치를 의미하며, 전 인류가 보편타당하게 받아들이는 객관적인 가치가 있다면 가장 강력하고 견고한 내재가치가 되는 것이다. 금은 바로 그러한 가치가 있다.

화폐의 중요한 기능 중 하나는 스스로의 내재가치로 '가치 척도'의 역할을 하는 것이다. 즉, 지구상의 모든 물품의 가치를 잴 수 있는 잣대의 역할을 할 수 있어야 한다.

내재가치는 1871년 빈 대학교의 카를 맹거Carl Menger 교수가 소개한 '주관가치 이론'에 가깝다. 주관가치 이론이란, 상품의 가치가 객관적으로 일정한 것이 아니라 사람에 따라 상품의 그 가치가 달라지는 주관적 대상이라는 이론이다. 즉, 어떤 재화의 내재가치란 그 재화를 이루고 있는 물질의 속성에 의해 결정되는 것도 아니며, 또한 그 재화를 생산하기 위해 소요된 노동의 양으로 결정되는 것도 아니고, 단지 각 개인들이 그 재화를 통해 자신의 욕구를 충족하기 위해 평가한 중요성에 따라 결정된다는 것이다.

맹거 교수는 각자의 필요와 수용에 따라 상품의 가치가 달라진다는 주관가치 이론을 발표해 훗날 오스트리아 학파로 알려진 경제학 이론의 초석을 세웠다.[N]

MEMO

데이비드 리카도(David Ricardo)가 1811년 처음 주장한 '노동 가치설'과 그의 연장선상인 마르크스(Carl Marx) 자본론 관점에서 내재가치를 해석하면 오류가 생긴다. 노동 가치설은 모든 상품의 가치는 그 생산에 소요된 노동량 혹은 노동시간에 의해서 결정된다는 이론이다. 그 경우 화폐의 척도로서의 기능이 외부적인 요인(여기서는 노동가치)에 따라 변동된다는 모순이 생긴다. 금의 화폐로의 내재가치는 외부 요인이 아니라 그 자체로 형성된 것이다. 즉, 누군가 금을 어떤 다른 화폐 혹은 다른 물품으로 거래하기 때문에 그 가격이 형성된 것이 아니라, 금 자체가 어느 날 모든 사람에게 범용적으로 받아들여지는 가치를 갖게 돼 금을 기준으로 다른 물품의 가치를 측정하게 된 것이다.

내재가치는 매우 복잡한 요소들이 얽혀서 형성되며, 인위적이나 강제적 보다는 구성원들 사이의 자연적이며 광범위한 묵시적 동의로 형성된다. 자산 중 강제적, 인위적으로 내재가치가 부여된 거의 유일한 것은 우리가 사용하고 있는 명목화폐 즉, 지폐라고 불리는 종이돈이다. 명목화폐는 각국 정부가 법령을 통해 강제적으로 내재가치를 불어넣은 것이다. 이 때문에 명목화폐에는 내재가치가 없다고 주장하는 학자도 있다.

6장

명목화폐

"선진국은 디폴트가 발생하지 않는다. 그들은 언제든 돈을 찍어낼 수 있다."

- 조지 소로스

명목화폐nominal money는 내재가치가 없이 명목nominal상의 가치를 부여받은 화폐를 의미한다. 앞서 설명한 대로 법정화폐Fiat money라고도 부른다.

사람들은 태어나서 죽을 때까지 영원히 벗어나지 못하는 빚이 하나 있다. 이 빚은 갚아도, 갚아도 끊임없이 다시 생기며 갚지 않으면 엄청난 벌칙이 따른다. 이 빚은 죽어야만 비로소 사라진다. 무엇인지 알겠는가? 그렇다. 바로 세금이다. 앞서 화폐가 되기 위한 여러 조건을 살펴보았지만 화폐는 궁극적으로 세금을 낼 수 있는 기능이 있어야 제 구실을 할 수 있다!

TIP

흥선대원군의 당백전은 세금을 낼 수 없었고, 궁극적으로 크게 실패했다. 금본위 초창기의 미국 역시 지폐를 발행했으나, 국가 간의 관세는 반드시 금으로만 내도록 했고, 명나라도 은으로만 세금을 내도록 통일했던 것을 기억하자.

6.1 종이 달러의 시대

1971년 금으로부터 완전히 해방된 달러는 그 발행에서 가장 큰 걸림돌이던 금 비축이라는 족쇄를 벗어 던지게 된다. 이때부터 지금까지 전 세계는 50여 년에 걸쳐 이른바 부채화폐의 시대를 본격적으로 맞이한다. 금에 기반한 금본위 화폐가 아닌 빚을 기반으로 한 화폐의 시대가 열린 것이다.

대한민국의 화폐 발행권은 한국은행법 제47조에 의해 한국은행이 독점적으로 갖고 있고, 동법 제48조에 의해 한국은행이 발행한 한국은행권은 법화(법정통화)로서 모든 거래에 무제한 통용된다. 한국은행은 무자본 특수법인인 정부 기관인 셈이다. 그러나 미국의 사정은 많이 다르다. 미국의 화폐 발행권은 연방 준비은행이 갖고 있다. 연방 준비은행은 민간 은행이며 정부 기관이 아니다.

미국은 세계 기축통화 역할을 하고 있는 달러의 나라지만 정작 미국 정부에는 화폐 발행권이 없다. 정부가 돈이 필요할 때는 국채를 발행한다. 즉 빚을 지는 것이다. 발행한 국채는 경매를 통해 어느 정도 민간에도 판매하지만 대부분의 물량은 연방 준비은행이 구입한다. 연방 준비은행이 미 국채를 구입하는 방법은 새로 찍어낸 달러를 통해서다. 민간 은행인 연방 준비은행은 원하는 만큼 달러를 찍은 다음 미 국채를 산다. 연방 준비은행 입장에서는 말 그대로 종이에 달러 그림을 찍어 국채를 산 것이므로 실로 무에서 유를 창출하는 마법을 부린 것이라 할 수 있다.ᵏ 결국 국가 부채는 늘어나고 종이에 달러를 인쇄한 연방 준비은행의 주주들은 꼬박꼬박 이자를 받아간다. 새로운 달러를 많이 발행할수록 연방 준비은행의 이자 수입은 더욱 늘어난다. 이렇게 생긴 연방 준비은행의 이익은 매년 6% 씩 배당금의 형태로 주주들에게 돌아간다.[1] 화폐 발행권을 민간에 부여한 채 민간 주주들에게 배당을 지급하면서 화폐를 발행하는 이 제도는 전 세계적으로도 독특한 화폐 발행 방법이다.

TIP

"미국 달러의 상단에는 'FED 수표(Federal Reserve Note)'라고 명기돼 있다. 달러를 계약서에 비유하자면 미국 정부가 계약 당사자인 부채 증서인 셈이다. 달러는 계약의 형태로 FED가 사람들에게 빌린 채무다. 다만 그 채무는 갚지도 않고 영원히 어떤 비용도 지불하지 않는 영속적인 무이자부 어음이다."[N]

6.2 양적완화

미국 시각 2021년 3월 6일 미국 상원은 찬성 51표 반대 50표로 조 바이든Joe Biden 미국 46대 대통령의 1조 9,000억 달러(한화 약 2,223조 원) 규모의 '경기 부양법안'을 통과시켰다. 쉽게 말해 2,223조 원의 돈을 새로 공급하겠다는 의미다. 결의안 일부가 수정돼 다시 하원으로 간 이 법안은 공화당 소속 의원들 전원이 반대했고, 민주당 의원 한 명도 반기를 들었지만, 3월 9일 찬성 219표, 반대 209표로 하원에서도 가결됐다.

미 국회는 상원(United States Senate)과 하원(United States House of Representatives)으로 구성된다. 상원은 미국 50개 주에서 각 두 명씩 뽑아 100명이며, 임기는 6년이다. 2021년 바이든 정부 출범 시 여당인 민주당은 48석, 민주당과 연대한 무소속 2석, 공화당이 50석으로 힘의 균형을 이룬 것처럼 보이지만, 미국의 상원 의장은 부통령이 겸하므로 민주당인 카멀라 해리스(Kamala Devi Harris)가 맡고 있다. 의장은 찬반이 같을 경우 최종 결정을 임의로 내릴 수 있는 막강한 권한인 캐스팅 보트(casting vote)를 행사할 수 있다. 이번 경기 부양법안의 표결방식을 다툰 결의안에서도 50:50으로 팽팽히 맞섰지만 카멀라가 캐스팅 보트를 행사해서 최종 51:50으로 상원을 통과했다. 하원의 총 의석은 각 주의 인구 수에 비례해 꾸준히 늘어오다 1929년부터 435명으로 고정돼 지금까지 이어진다. 예컨대 알래스카 주는 단 한 명의 하원 의원을 뽑지만 캘리포니아 주는 무려 53명의 하원 의원을 선출한다. 하원 임기는 2년이다. 바이든 정부 출범 시 미국 하원 구성은 민주당이 221석, 공화당이 211석, 3석은 공석이다.

2,223조 원은 2020년 대한민국 국민총생산^{GDP} [1]인 1조 6,240달러(1,900조 원)[2] 보다도 17%나 더 많은 천문학적인 금액이다. 새로 공급되는 2,223조 원의 달러는 빠르게 살포될 것이다. 미국 인구가 약 3억 3천만 명 정도 되므로 전국민에게 나눠줘도 1인당 650만 원에 이르는 규모다.[3] 1장에서 잠시 언급한 것처럼 미국의 100달러 지폐 인쇄비는 고작 14센트이므로 100달러 지폐 한 장을 인쇄할 때마다 100달러에서 총 발행비용 14센트를

---

1 GDP는 국내에서 생산된 모든 물품이나 서비스의 가격을 총합한 것으로 생각하면 된다. 뒤에서 다시 자세히 설명한다.

2 세계은행 추정치이며 세계 10위다. 코로나 사태로 2019년의 1조 6,467보다 3.6% 감소했다.

3 실제로 법안에는 각 개인에게 최대 1,400달러(약 160만 원)까지 현금 지급하는 안도 들어 있다.

제외한 금액, 즉 99달러 86센트(한화 약 11만 원)의 순익을 얻는다. 11만 원은 최빈국인 에티오피아 사람들이 평균 14일 동안 하루 종일 노동해야 벌 수 있는 돈이다. 에티오피아가 타국에서 물자를 사오려면 달러가 절대적으로 필요하다. 모든 나라가 물건값을 에티오피아의 화폐인 비르Birr가 아닌 미국 달러로 받고 싶어할 것이기 때문이다. 이처럼 미국이 얻는 시뇨리지 11만 원은 자국에서만 발생하는 것이 아니다. 달러를 필요로 하는 타국의 수요가 넘쳐나면 이 시뇨리지는 다른 나라의 노동력으로 메꿔진다. 미국이 달러를 마구 발행해도 인플레이션이 잘 생기지 않는 원리도 이점에서 기인한다. 미국의 빚은 미국인만 갚는 것이 아니라 전 세계 인구가 같이 갚는 기이한 구조로 고착되고 있는 것이다. 이러한 구조는 교역 불균형의 심화와 실물과 태환되지 않는 지폐의 결합이 만들어낸 기형적 상황으로, 거대 국가의 빚을 중소국들이 자신들의 노동력을 동원해 대신 갚고 있는 셈이다.

MEMO

미국 정부가 국채를 발행할 때, 달러로 되갚는다고 명기된 '달러 표기 채권'으로 발행하고 외국의 정부가 이 채권을 샀다고 가정하자. 채권의 만기가 되면 미국은 다시 달러를 발행해 이를 메꾸거나, 새로운 '달러 표기 채권'을 발행하면 된다. 에티오피아 정부가 자국화폐인 '비르 표기' 채권을 발행하면 아무도 사지 않을 것이다. 그러나 에티오피아 정부가 '달러 표기' 채권을 발행하면 얘기는 달라진다. 사람들은 조금 관심을 보일 것이며, 에티오피아 정부는 달러를 빌리고 달러로 갚아야 한다. 달러에 예속될 수밖에 없는 것이다.

미국이 이처럼 새로운 돈을 시중에 공급하는 주된 방식이 바로 양적완화이다. 양적완화Quantitative Easing란 중앙은행이 국가나 지방의 공공단체가 발행한 채권을 무제한으로 매입해 시중에 돈을 공급하는 정책을 의미한다. 즉, 중앙은행이 새로 찍어낸 지폐를 국가나 지방의 공공단체가 국채를 발행하는 방법으로 빌림으로써 시중에 돈을 공급하는 것이다. 시중에 공급된 돈의 양quantitative을 완화easing, 즉 더 늘린다는 의미다.

대표적인 양적완화는 2008년 리먼 브라더스 사태로 벌어진 세계 경제위기 때다. 당시 2008년 11월 25일부터 2010년 1분기까지 미국은 1조 7,000억 달러(2,000조 원)를 시중에 공급했다. 이후 2010년 11월 3일부터 2차 양적완화를 통해 2011년 6월 30일까지 약 6,000억 달러(702조 원)를 투입했으며, 이후에도 두 번에 걸쳐 추가적으로 시중에 돈을 공급한 바 있다. 그런데 사실 이러한 양적완화의 원조는 일본이었다.

6.2.1 일본의 잃어버린 10년

경기침체Economic stagnation는 실업률이 증가하고 경제 성장률이 둔화되는 기간이 장기화될 때를 의미하는 용어다.

1980년대 초반 최고의 경제 활성기를 누리던 일본은 넘치는 무역흑자를 주체하지 못할 지경이었다. 일본은 미국 재무부 국채를 마구 사들이는 것은 물론 특히 미국의 부동산에도 깊은 관심을 가졌다.

그림 6-1 미국 맨하튼에 있는 엑손 빌딩 (출처: Wikipedia)

1986년 미쓰이三井 물산은 뉴욕 맨하튼에 있는 엑손Exxon 빌딩을 6억 1,000만 달러라는 기록적인 가격에 매입했는데, 당시 미쓰이 회장은 단지 기네스북에 오르고 싶은 욕심 때문에 엑손 측이 희망한 가격보다 무려 2억 6000만 달러를 더 지불하기도 했을 정도다.[m]

일본 국내의 상황도 비슷했다. 1986년부터 1991년까지 부동산을 포함한 주식 등의 자산시장이 급등해 경제에 심한 거품이 끼기 시작했다. 대한민국에서 처음으로 올림픽이 열리던 1988년 시점으로 비교해 보면, 당시 전 세계 주식 시가 총액 기준으로 최대의 기업은 다름 아닌 일본의 통신업체인 NTT였다. NTT는 2위였던 IBM의 3.64배에 이르는 2,768억 딜러(324조 원)의 시가총액을 기록하고 있었다. 당시 NTT의 매출은 IBM의 86%에 불과했다. 1988년 대한민국의 GDP가 불과 1,996억 달러였으므로 일개 기업이 대한민국의 GDP보다 훨씬 더 컸던 셈이다.

한편 일본의 부동산은 1983년 도쿄를 시작으로 서서히 급등하기 시작해 1991년까지 대도시, 지방 등으로 심각하게 번졌다. 당시 일본에는 '토지신화'라는 말이 유행했는데 이는 지금 대한민국의 '부동산 불패'와 유사한 용어였다. 토지신화는 "땅값은 절대 하락하지 않는다."라는 믿음을 나타낸 일본식 표현이다. 당시 대도시의 평균 땅값은 5~6년만에 세 배 이상 급등했으며, 일본 기업들까지 부동산 투기에 뛰어 들어 사옥 빌딩 사들이기에 열을 올리며 이러한 거품생성을 더욱 부추겼다. 1987년 기준 일본의 토지 가격은 자신보다 25배나 국토가 넓은 미국의 4배를 넘어섰다.[11]

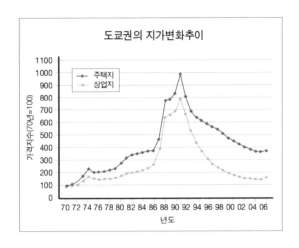

그림 6-2 일본 도쿄의 땅 값 변화[4, 5]

4   출처: 한국감정평가사협회 《감정평가》 2007 송년호 – 해외부동산1 〈일본의 부동산 버블의 전개과정과 붕괴 그리고 현황〉, 표명영 지음

5   출처: 일본 国土交通省. (홈페이지: 土地 · 不動産 · 建設業 – 国土交通省 (mlit.go.jp))

그러나 이러한 거품은 불과 10여 년 만인 1992년부터 급격히 터지기 시작한다. 부동산 버블이 터지기 전 일본 정부는 정신없이 치솟은 부동산 가격을 잡기 위해 금리를 급격히 인상하기 시작했다. 1989년 5월 2.5% 수준이던 대출 금리를 불과 1년만인 1990년 8월 기준으로는 6%대로 인상했다. 이후 부동산 버블은 생각보다 급속히 붕괴돼 일본 경제 시스템은 마비되고 심각한 경기 침체 시기로 접어들게 된다.

거품이 극대화된 1980년대 말부터 1990년대에 거품이 터지고 나서 10여 년이 지나는 2002년까지의 일본은 극심한 장기 침체를 겪으며 경제 성장은 거의 멈추게 된다. 사람들은 이 시기를 흔히 (일본의) '잃어버린 10년'이라 부른다. 10년 동안 경제가 완전히 멈춘 것이다.

6.2.2 전대미문의 실험 – 일본의 양적완화

2001년 3월 19일 일본의 중앙은행은 전대미문의 경제실험을 시작한다. 잃어버린 10년으로 경제 동력을 완전히 상실한 일본 경제를 살리기 위해 새로운 통화정책을 실시해 시중에 무한정 돈을 풀기로 결정한 것이다.

시중에 무한정 돈을 풀기로 결정한 배경에는 '백약이 무효'라는 현실이 있었다. 1990년대 말, 일본 정부는 할 수 있는 거의 모든 조치를 취했다. 세금 인하, 정부 지출 확대 등의 재정확대 fiscal expansion 정책은 물론 1998년에는 부실자산 매각, 1999년 정책 금리를 0%까지 인하, 수출 산업 지원을 위한 엔화 환율 절하 등 닥치는 대로 경제 부양 정책을 시행했지만 아무런 효과를 보지 못했다. 급기야 1992년 9월에는 일본 패전 후 처음으로 시중에 유통되는 돈의 양[6]이 줄어드는 초유의 사태까지 발생했다.

2001년 3월 19일 일본 중앙은행의 발표문은 다음과 같다.

"중앙은행은 현 경제는 정상적인 상황에서는 취할 수 없는 급격한 통화 증가를 시행해야만 하는 지경에 이르렀다고 판단한다."

6.2.2.1 첫 번째 양적완화 – 2001년 3월~2006년 3월

2001년 3월 이후 5년 간 시행된 첫 번째 양적완화에서 일본 은행은 37조 엔(380조 원)의 유가 증권을 사들였는데, 주로 일본 정부가 발행한 국채, 단기 국채Financing Bill 등이었다. 이 조치로도 여러 경제 지표가 전반적으로 모두 회복되지는 않았지만, 적어도 시중에 넘쳐나는 돈으로 인해[7] 2005년 5월에서 2006년 4월까지의 1년 사이에 주가는 무려 57%나 상승했다. 일본의 실험은 성공하고 있는 것처럼 보이기 시작했다.

6.2.2.2 양적완화의 생활화

시중에 넘치는 돈의 맛을 느낀 일본의 행정가들은 이후 양적완화를 멈추지 않는다. 일본은 2010년 10월부터 2013년 3월까지 두 번째 양적완화를 수행한다. 일본 중앙은행은 2010~2011년에 무려 101조 엔(1,110조 원)의 채권을 매입했다. 특히 아베 신조가 총리가 된 2012년 이후 일본의 돈 찍

---

6   정확히 말하면 M2 기준이다. M2의 정확한 의미는 부록을 참고하라.

7   사실 본원통화는 70% 가까이 늘었으나 M2는 거의 변동이 없었다. 본원과 M2의 정의는 부록을 참고하라.

기는 가속된다. 아베 정부는 이전에 목표를 정하고 수행하던 양적완화 정책과 달리 중앙은행의 매입 한도를 없앤 '무제한 채권매입' 즉, 무제한 양적완화를 시작한다. 그리고 2013년에는 80조 엔(880조 원)의 자산을 추가로 매입한다. 그러나 그사이 일본 정부의 빚은 산더미처럼 불어난다.

1992년 GDP 대비 62% 수준이던 일본의 국가 빚은 2013년에 201%를 기록한다. 일본의 국가 빚은 계속 늘어나 2016년 기점으로 GDP 대비 219%에 이른다. 아베가 총리가 된 이후 가속화된 일본의 시중에 돈 풀기 정책을 통상 아베노믹스AveNomics라고 부른다. 아베Ave와 이코노믹스economics를 합성한 신조어다.

아베노믹스의 정책이 과연 성공적이었는가에 대한 의견들은 분분하다. 대부분의 돈이 주식시장 등 투자 시장으로만 흘러갔기 때문이다.

MEMO

주식시장의 심각한 거품은 2021년 현 시점에서도 크게 다르지 않다. 이번에는 미국 시장의 버블이 심각하다. 2021년 9월 1일 기준 전 세계 시가총액 1위 기업은 애플로, 무려 2조 5,097억 달러(2,905조 646억 원)에 이른다. 2020년 우리나라 GDP는 1조 6,395억 달러로서 스페인, 호주, 브라질, 러시아를 제치고 당당히 세계 10위를 기록했다. 9위인 캐나다와도 거의 차이가 없는 수치다. 그런데 우리나라의 GDP가 일개 기업인 애플의 시가 총액의 절반 정도인 56.4% 수준에 불과한 것이다. 애플보다 GDP가 높은 국가는 불과 네 개(=미국, 중국, 일본, 독일)밖에 없다. 미국 주식 시장의 총액은 전 세계 주식시장 총액의 60%에 이른다. 이 비율은 2017년 기준으로는 52.2%에 불과했으나 이후 가파르게 상승했다.

워렌버핏 지수

가치투자의 전설로 알려진 워렌 버핏은 증시가 과열됐는지의 정도를 측정하는 지표로 주식 시장에 상장된 종목들의 시가 총액과 GDP를 비교하는 방법을 제시했다. 증시에 상장된 모든 기업의 시가총액이 그 국가의 GDP와 유사하면 주식 시장은 정상적이며, 이 시가 총액이 GDP의 70~80%면 저평가이고, 100%를 초과하면 고평가로 볼 수 있으며, 이 값이 높을 경우 시장의 거품이 터지면서 증시가 폭락할 수 있다는 설명이다.

미국 증시의 경우 1950년대 이 값은 50% 이하였다가 꾸준히 상승해 90년대 말 100%를 넘어섰고, 2021년 8월 말 기점으로 이 값은 무려 238%에 달한다. 버핏 지수만 고려한다면 이는 매우 심각한 과열 현상이며, 이 때문에 버핏은 시장 폭락에 대해 지속적으로 경고하고 있다.

2020년 말 기준으로 우리나라 주식 시장의 시가총액은 약 2,365조 원으로, 2020년 GDP 약 1,900조 원의 124% 수준이다.

6.2.3 테이퍼링

양적완화의 반대개념은 테이퍼링tapering이다.

그림 6-3 테이퍼링

테이퍼링의 사전적 의미는 그림 6-3과 같이 '점차 가늘어진다'는 의미다. 이 말은 시중에 풀린 돈을 서서히 줄여 나가는 것을 비유하기 위해 사용되는 용어다. 이 말이 처음 사용된 것은 2013년 5월 22일이다. 당시 연방준비위원회 FRB의 의장이던 벤 버냉키Ben Bernanke가 의회에서 증언할 때 양적완화를 줄일taper 필요성이 있다고 언급하면서 시작됐다. 양적완화로 시중의 통화량을 지속적으로 증가시킨 다음 어느정도 정책이 효과를 봤다고 판단되는 순간, 이제는 그 반대로 통화량을 줄이는 것이다.

대표적인 방법은 양적완화의 반대로, 중앙은행이 국채의 매입을 줄이는 것이고 이를 통해 시중에 공급되는 통화의 양을 서서히 줄여 나가는 것이다.

테이퍼링이 시작되면 즉시 금리에 영향을 미친다. 양적완화는 금리 인하를 수반하므로 테이퍼링은 그 반대로 금리를 인상시킨다. 또한 테이퍼링은 시중의 통화량에 즉각적인 영향을 주므로 여러가지 측면에서 시장에 많은 영향을 끼치게 된다.

테이퍼링은 용어가 시사하는 것처럼 매우 서서히 진행된다. 2014년 최초로 테이퍼링이 진행됐을 때는 월별 국채 매입 규모를 350억에서 300억 달러로 50억 달러 정도 감소시키고, 모기지 채권 매입은 300억에서 250억 달러로 역시 50억 달러 정도만 감소시켰다. 전체 테이퍼링은 그로부터 10개월 후에 완성했다.

2019년 코로나 사태로 인해 또 한 번 거대한 양적완화가 있었고 2021년 8월 기점으로 또 한 번 테이퍼링의 가능성에 대한 얘기가 언급되고 있지만, 실업률에 대한 지표 등 각종 지표가 어떻게 나올지에 따라 실제 구현 가능성은 좀 더 지켜볼 일이다.

6.3 인플레이션

인플레이션inflation은 물건값이 오르는 현상이다. 다른 측면에서는 돈의 가치가 하락하는 것으로 볼 수 있다. 즉, 계란 한판 값이 5,000원이다가 10,000원으로 상승한다면 계란이라는 물건값은 두 배 상승한 것이고 돈의 가치는 반으로 하락한 것이다. 다만 이때 돈의 가치는 계란 구매에만 국한된 것이다.

주변의 모든 물건 가격이 동시에 두 배로 상승한다면 돈의 가치는 정확히 절반으로 떨어진 것이지만, 계란 한 품목의 가격만 상승한 경우라면 특정 물건값이 올랐다고 하는 것이 더 정확한 표현이며 돈의 가치가 떨어졌다는 것은 과한 표현이 될 것이다.

이때 전반적으로 상당수의 물건값이 모두 동시에 상승해 "돈의 가치가 하락했다."라고 말할 수 있을 정도가 되면 우리는 "인플레이션이 발생했다."라고 표현한다. 다른 식으로는 "물가가 올랐다."고 언급하기도 한다.

그렇다면 상당수란 어느 정도이며 어떤 경우에 어떤 방법으로 인플레이션을 측정할 수 있을까? 한 가지 방법은 모든 물건의 가격을 매일 조사한 다음 이를 평균내면 되겠지만 이는 비용면이나 시간면에서 있어 현실적으로 불가능하다. 따라서 전 세계적으로 가장 보편적으로 사용되는 방식이 바로 소비자 물가 지수CPI, Consumer Product Index다.

우리나라 CPI 즉, 소비자 물가지수는 2015년부터는 460개 대표품목을 지정한 후 계산한다. 쌀, 라면처럼 각각이 하나의 품목으로 포함되기도 하지만 냉동식품, 운동용품처럼 여러 품목을 포괄하는 경우도 있다.° 대표적인 품목 몇 가지만 열거하면 다음과 같다.

쌀, 현미, 찹쌀, 두부, 케이크, 빵, 닭고기, 갈치, 명태, 오징어, 상수도료, 하수도료, 등유, 연탄, 소형승용차, 세차료, 주차료, 유치원납입금, 비빔밥, 목욕료, 손목시계 등이다. 각각 품목은 그 중요도에 따라 가중치를 두는데 가장 비중이 큰 것은 '전세 가격'으로 가중치가 48.9이며, 가장 가중치가 낮은 것은 땅콩이나 밀가루 등으로 가중치 값이 0.1이다. 전체 품목의 가중치를 모두 더하면 합은 1,000이다.

인플레이션이 발생하는 주요 상황 중 하나는 시중의 돈이 넘쳐날 때다. 돈을 가진 사람이 많으면 물건을 구매하려는 수요가 더 늘어날 것이므로, 상인은 자연스럽게 물건값을 올리려 할 것이다. 즉 수요와 공급에 영향을 끼치는 모든 요소는 물가에도 직접 영향을 준다. 그러나 단기가 아닌 장기적인 물가상승은 대부분 시중의 통화량 증가에 기인한다. 통화는 중앙은행이 언제든지 발권해서 공급할 수 있기 때문에 장기간에 걸쳐 공급하는 것도 가능하다. 통화 만능주의자인 밀턴 프리드먼은 2012년 샌프란시스코 연방은행에서 있었던 연설에서 "인플레이션은 언제 어디서든 늘 통화적 현상이다."라고 말하기도 했다.

정부가 지폐 공급량을 늘리면 시중에 돈이 넘쳐날 것이고, 이는 자연스럽게 인플레이션으로 연결된다.

6.3.1 초인플레이션

아무런 내재가치가 없는 종이로 만들어진 지폐가 가치를 가지는 이유는 법으로 가치를 강제하기 때문이다. 그러나 이러한 인위적 가치는 자연이

준 제약에 의해 스스로 가치를 가지게 된 금과는 다르며, 상황에 따라 그 가치의 강제성은 쉽게 훼손될 수 있다. 초인플레이션hyper inflation이란 물가의 상승률이 통제를 벗어날 만큼 급격한 상황을 의미한다. 이 경우 법정 화폐는 그 기능을 제대로 수행하지 못한다.

짐바브웨는 1980년 영국으로부터 완전히 독립한 아프리카 중남부 국가다. 우리에게는 영화로 유명한 부시맨의 후손들로 추정된다. 독립 초창기에 무가베Robert Gabriel Mugabe 대통령은 독립의 영웅으로 불렸고, 나름대로 경제적으로 안정된 국가였다. 그러나 무가베의 오랜 독재와 함께 경제는 파탄에 이르고 물가는 살인적으로 폭등해 인플레이션에 의한 화폐 가치는 끝을 모르고 떨어졌다.

2008년 짐바브웨의 인플레이션은 무려 2억 3,100만%에 달했고 2009년에는 급기야 역대 가장 큰 금액의 화폐인 100조 달러 지폐를 발행하기에 이른다. 당시 짐바브웨 100조 달러는 겨우 달걀 세 개를 살 수 있는 가치였고, 말 그대로 돈보다 종이가 더 가치 있는 수준이었다.

그림 6-4 짐바브웨 100조 달러 지폐 (출처: Wikipedia)

인류 역사상 최대의 초인플레이션은 1946년 7월 헝가리에서 있었는데, 무려 $4*10^{29}$%였다. 0이 무려 29개나 들어가므로 읽기조차 어렵다. 숫자가 너무 커서 감이 오지 않는다면 물가가 15시간마다 두 배로 올랐다고 생각하면 된다. 하루에 207%의 인플레이션이 발생한 것이다. 이에 비하면 2007년 나이지리아의 월 인플레이션율 796억%는 별로 커 보이지도 않는다.[U]

화폐는 기본적으로 안정성이 담보돼야 한다. 짐바브웨에서 발생했던 것 같은 살인적 인플레이션의 경우 화폐는 그 기능을 하지 못한다.

근래에도 초 인플레이션은 한 번씩 일어나는데, 1990년 브라질의 경우에는 2,740%, 아르헨티나는 2,300%의 초인플레이션을 겪었다.

6.4 유럽연합과 유로화

1991년 12월 네덜란드의 남동부에 있는 작은 도시 마스트리히트Maastricht에서는 유럽연합의 탄생을 논의한 마스트리히트 조약Maastricht Treaty이 유럽 12개국 정부에 의해 승인된다. 이후 각 국가의 비준 절차를 걸쳐 1993년 11월 1일 마스트리히트 조약의 효력이 정식 발효되며 유럽연합EU, European Union은 12개 국가 체제로 정식 출범한다.

EU의 전신은 1952년 프랑스, 서독, 이탈리아, 벨기에, 네덜란드, 룩셈부르크의 6개국이 맺은 유럽석탄철강공동체까지 거슬러 올라가는데 이 단체는 6년 뒤인 1958년 유럽경제공동체EEC, European Economic Community로 발전한다.

영국이 탈퇴하기 전인 유럽연합의 가입국은 28개국으로, 이들 인구를 모두 합치면 5억 명, 경제규모는 19조 달러 가까이 육박해 미국의 경제규모와 유사했지만, 2020년 영국이 탈퇴하면서 크기가 축소돼 회원수는 27개 국가이며, 총 경제규모는 영국 탈퇴 전의 88.4% 수준인 16조 8천억 달러로 감소했다. 유럽연합 국가의 국민은 유럽연합 의회의 의원을 국적에 상관없이 투표하거나 입후보할 수 있다. 영국은 2020년 1월 31일 유럽연합을 완전히 탈퇴한다.[8]

유럽연합의 법을 집행하는 행정부의 역할은 유럽연합 위원회EC, European Commission에서 수행하고 있으며 벨기에 브뤼셀에 소재하고 있다. 위원장은 유럽 이사회에서 지명하고 유럽 의회에서 승인을 받으며 임기는 5년이다.

TIP

1993년 발족 당시의 12개국은 독일, 프랑스, 이탈리아, 네덜란드, 룩셈부르크, 벨기에, 영국, 아일랜드, 덴마크, 그리스, 스페인, 포르투갈이었다. 이후 2년 뒤인 1995년 스웨덴, 핀란드, 오스트리아가 가입해 15개국이 됐다가 2004년에 폴란드, 헝가리, 체코, 슬로바키아, 슬로베니아, 에스토니아, 라트비아, 리투아니아, 키프로스, 몰타가 가입해 25개국이 됐고, 2007년에 루마니아와 불가리아, 2013년 크로아티아 공화국이 가입해 28개국이 됐다가 영국이 탈퇴해 2021년 현재 27개국이 회원국이다.

---

8 이를 브렉시트(Brexit)라 한다. 영국(Britain)과 탈퇴(Exit)를 합성한 말이다.

6.4.1 유로화

유로화는 유럽의 여러 국가들이 연합해 단일 통화를 만들고자 하는 시도에서 비롯됐다. 이 논의는 사실 역사가 상당히 긴데, 미국이 금태환 포기를 선언하기 직전인 1970년에는 달러화의 불안정을 극복하고자 유럽 단일 통화에 대한 보고서인 베르너Pierre Werner 보고서가 작성되기도 했다. 베르너 보고서에서는 미국의 연방 준비위원회와 유사한 기구를 설립한 다음 단일 통화 사용국들의 예산 운용방식을 공조할 것을 제안했다. 이후 1979년 유럽통화제도라는 명칭하에 환율조정제도ERM, Exchange Rate Mechanism를 구축해 운영에 들어갔다. 이 제도하에서는 유럽 국가들이 복수의 통화를 기준으로 해서 상하 2.25% 범위 내에서 사실상 고정 환율제를 운영하게 된다.

그러나 미국의 달러 패권에 대항하려는 유럽연합의 공통 화폐인 유로의 탄생은 순탄하지 않았다. 유럽연합의 출범을 주도한 국가는 프랑스와 독일이었는데, 영국은 미국과의 강한 결속으로 인해 1958년의 유럽경제공동체에도 가담하지 않은 터였기에 유럽연합의 출범에도 그다지 적극적이지 않았다. 당시 유럽중앙은행의 정관을 제정할 수 있는 권한은 독일의 중앙은행인 분데스 방크Deutsche BundesBank가 독점하고 있던 터였다.

1980년 영국의 수상이었던 대처는 유럽집행위원회와 갈등을 빚었고, "영국은 유럽과 다르다."는 우월주의에서 비롯된 유럽회의주의Eurosceptism가 퍼지고 있었다. 유럽회의주의란 유럽 통합이 경제적 효율성에만 치중해 형평성과 민주성이 결여된 것이라 주장하며 유럽 통합에 반대하는 이념이나 사상을 의미한다.

그러나 우여곡절 끝에 1990년 10월, 영국도 유럽 내 단일 통화 출범을 위한 환율조정제도, 즉 ERM에 가입하게 된다. ERM 체제하에서 영국의 파운드화는 독일 마르크화의 6% 내외에서만 환율변동이 가능한 고정환율제를 따라야 했다. 이때 큰 변수가 하나 있었으니 바로 1990년 10월 3일 수요일 서독과 동독이 마침내 하나의 국가로 민족이 통일한 것이었다.[9]

독일은 동독 경제 부흥을 위해 독일 마르크와 서독 마르크를 1:1로 교환해주기로 결정했다. 이 때문에 시중에는 그간 쓸모없던 동독의 마르크가 모두 풀려 독일 마르크화가 급증하게 됐고 시장에는 넘치는 마르크화로 인해 급격한 인플레이션의 조짐이 보였다. 독일은 물가안정을 위해 2년 동안 무려 10차례에 걸친 금리 인상을 단행하기에 이른다. 높은 이자를 지급하는 마르크는 시장에서 인기를 얻으며 고평가되고, 이렇게 고평가된 마르크와 일정 범위 내에서 연동해야 하는 의무를 가진 ERM 가입 국가들은 울며 겨자 먹기 식으로 자신들의 통화 역시 평가 절상시키기 위해 금리를 인상해야만 했다.

독일은 이 초고금리 정책으로 어느 정도 경제 안정을 꾀할 수 있었지만 ERM에 가입돼 있던 주변국들의 피해는 적지 않았다. 독일의 조치는 유럽의 실업률 증가와 경기 불황을 초래했고 핀란드는 급기야 1992년 9월 8일 ERM을 탈퇴해버리고 만다. 스웨덴은 환율방어를 위해 단기금리를 500%나 인상했고, 금리 인상의 여력이 없었던 스페인과 이탈리아의 통화는 폭락했다. 설사가상으로 국제적 투기 헤지 펀드의 대부로 알려진 조지

---

9   영국의 ERM 가입은 10월 8일로, 동서독 통일 후 5일 뒤였다.

소르스George Soros가 이끄는 투기꾼들은 영국의 파운드화 또한 폭락할 것을 예견하고 이를 노리기 시작했다.

이들은 파운드화의 폭락에 베팅하는 공매도를 통해 파운드화를 공격하기 시작했다. 1992년 9월 15일 조지 소로스의 퀀텀 펀드는 100억 달러를 동원해 파운드화를 시장에 내던졌고, 다른 헤지펀드들도 이에 가세해 총 1,100억 달러 규모의 파운드화를 팔아 치우자 환율은 하한선까지 떨어졌다. ERM에 가입해 의무적으로 환율을 지켜야 했던 영국은 280억 파운드를 시장에 풀었으며 단기금리도 10%에서 12%로 그리고 다시 15%로 올렸지만 결국 파운드화 방어에 실패했다. 조지 소로스의 공격이 있던 바로 그 다음날인 9월 16일 당시 총리가 된 지 채 2년이 되지 않았던 49세의 존 메이저John Major는 구겨진 자존심을 뒤로하고 영국의 ERM 탈퇴를 선언한다.

애초에 유럽회의주의의 만연에 따라 영국 국민 여론도 유럽의 통화 동맹에 가입하는 것에 부정적이었던 데다 ERM을 통한 외환 위기를 겪고 난 영국은 유로화 가입에 더욱 부정적일 수밖에 없었고, 이는 보수당과 노동당을 비롯한 영국내 모든 주요 정당들도 마찬가지였다. 영국은 동맹인 유럽연합이 주도하는 유로화에 가담하지 않았고 결국 유로화는 1999년 1월, EU 12개국 중 영국을 제외한 11개국만을 회원으로 해서 출범했다. 이후 2001년에 그리스가 가입해 12개국이 됐고, 2007년에 슬로베니아, 2008년에 키프로스, 몰타, 2009년에 슬로바키아, 2011년에 에스토니아, 2014년에 라트비아, 2015년에 리투아니아가 참가해 2021년 현재 모두 19개국이 유로화 회원국이 됐다.

그러나 영국의 유로권 수출 비중은 여전히 50%에 육박하고 수입도 40% 선이므로 유로권과 영국의 관계는 불가분이라 할 수 있다.

6.4.2 각국 통화의 위상

IMF는 정기적으로 전 세계가 보유하고 있는 외환보유고 중 각국 통화의 비율을 집계해 통계를 발표한다.[P]

그림 6-5는 2020년 기점의 세계 각국의 외환보유고 중 달러의 비중을 보여주고 있다. 전 세계가 가장 많이 보유하고 있는 외환은 단연 미국 달러로서 무려 59.02%에 이른다. 그러나 이 값은 미국이 브레튼 우즈 협정을 폐기하기 직전인 1970년에 기록했던 84.85%와 비교해 보면 달러의 위상은 크게 떨어지고 있다는 것을 알 수 있으며, 이는 지속해서 감소하고 있다. 두 번째로 높은 비율은 유로화로서 21.24%를 차지한다. 중국은 자국 통화의 위상을 높이고자 무던히 노력하고 있으나 그 비중은 고작 2.25%로 아직은 갈 길이 멀다.

한편 그림 6-6은 1970년부터 2020년까지 각국의 외환 보유액 중 미국 달러의 비중을 10년 단위로 보여주고 있다. 이 비중은 2000년에 잠깐 상승하기도 했으나 다시 꾸준히 하락세를 이어가고 있으며 이는 달러의 달라진 국제 위상을 보여주고 있다.

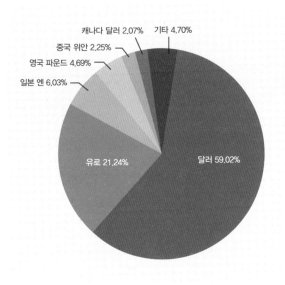

그림 6-5 2020년 기점 각국의 외환보유액 구성비율 (출처: IMF)

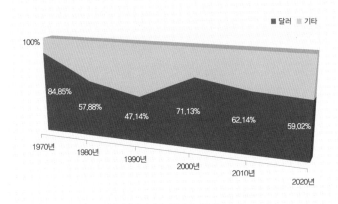

그림 6-6 각국 외환보유액 중 미국 달러의 비중 변화.
1970년을 정점으로 지속적으로 하락하고 있다. (출처: IMF)

TIP

외환(外換)과 외화(外貨)는 조금 다른 개념이다. 외화보유고가 아니라 외환보유고라고
하는 이유는 외환은 외국 돈인 외화는 물론 외국 돈으로 표시된 수표, 채권 등까지 모
두 포함하는 보다 폭넓은 개념이기 때문이다. 영어로 외화는 통화를 강조하는 Foreign
Currency라고 쓰지만 외환은 Foreign Exchange라고 표기한다. Exchange는 국가간
통화의 교환 가능성을 강조한 의미다.

6.5 현대 통화 이론

" 종이돈은 곧 빈곤이다. 돈처럼 둔갑하고 있을 뿐 돈이 아니다."

토머스 제퍼슨

" 사람들은 은행 제도나 화폐제도에 대해 잘 모른다.
만약 그들이 이 제도를 제대로 이해하게 된다면
내일 아침이 밝기 전에 폭동이 일어날 것이다."

헨리 포드

현재 전 세계적으로 종이돈에 대한 극한의 실험이 진행 중이다. 전통적
으로 미국의 민주당과 월 스트리트Wall Street는 '현대 통화 이론'이라는 정
체 불명의 논리를 내세워 끊임없이 달러를 찍어내는 실험을 이어가고 있

다. 이 실험이 실패한다면 인류는 극심한 경제파탄에 직면하게 될 것이다. 현대 통화 이론MMT, Modern Monetary Theory 10을 한마디로 요약하자면 (물론 몇 가지 조건은 있지만) 정부는 세수를 넘어서 지출해서는 안 된다는 전통적 경제학 논리를 무시하고 경기 부양을 위해서 정부는 화폐를 계속 발행해야 한다는 주장이다. 재정적자의 확대가 급격한 물가 상승을 불러올 수 있다는 여러 학자들의 비판에도 이 이론은 미국 민주당과 월 스트리트의 지지를 받고 있다.

MEMO

그림 6-7 월 스트리트 거리

월 스트리트는 미국 뉴욕 맨하튼 아래쪽에 있는 여덟 블록(약 800미터) 길이의 거리로서 주요 대형 금융사들이 소재하고 있어 전 세계 금융의 중심지로 불린다. 왼쪽에는 브로드웨이가 있고 오른쪽은 바다를 접하고 있다. 원래 이 거리는 17세기 네덜란드 상인들이 정착하면서 자신들을 보호하기 위해 벽을 높게 쌓으면서 형성됐다. 1685년부터 1699년까지 14년 동안은 실제로 벽이 있었으며, 노예 거래시장이 형성되기도 했다. 현재 이 거리에는 여러 금융 회사와 함께 미국 뉴욕증권거래소와 나스닥 거래소가 있다.

---

10 사실 이론보다는 가설이라고 하는 편이 더 적절하다.

MMT가 기존 경제학과 가장 다른 점은 화폐 발행 목적을 조세 징수로 본다는 것에 있다. 과도한 통화량의 증가도 세금의 징수로 얼마든지 조절할 수 있다는 논리가 깔려있다. 이를 위해 세금을 내는 수단을 반드시 정부가 발행한 화폐로 국한해야 한다.

MMT를 지지하는 사람들은 일본의 예를 거론한다. 일본은 2001년 전 세계에서 양적완화를 처음으로 시행했으며, 2012년 아베가 총리로 선출된 다음에는 2013년부터 거의 무한정 엔화를 찍어냈지만 인플레이션이 겨우 2%대에 머물러 있다는 점을 MMT 이론이 작동한다는 근거라고 주장한다.

한편 MMT를 할 수 있는 국가는 한정된다. 마구 돈을 찍어 대는 것은 사실 기축통화를 가진 국가만이 가능하기 때문이다. 화폐는 정부의 강제력에 기반하므로 정부가 얼마든지 발행할 수 있다는 주장이 MMT인데, 화폐에 대한 정부의 강제력은 국력에 비례할 수밖에 없다. 결국 국제 교역에서의 비중이 절대적으로 높아 전 세계적으로 꾸준하고 안정된 수요가 보장된 것이나 다름없는 미국 달러나 유로화, 일본의 엔화는 찍어 댄 돈이 야기하는 인플레이션이 주변국으로 전이돼 희석되는 구조가 된다. 이는 MMT란 기축통화를 가진 국가가 통화팽창의 부작용을 주변국으로 희석시켜 자국의 인플레이션을 다수의 타국가에 전가시키는 꼼수에 불과하다고 해석할 수도 있다.

그러나 영원한 기축통화라는 것은 없다. 미국 달러도 수요가 점점 줄어들고 있다. 대표적인 것이 석유 결제에 달러의 대안으로 급부상하고 있는 중국의 위안을 들 수 있다.

노벨 경제학상을 수상한 폴 크루그먼Paul Robin Krugman 같은 주류 경제학자들은 MMT란 대중을 호도하기 위한 포퓰리즘 정치이론에 경제학적 용어라는 가면을 씌운 것뿐이라고 비난하기도 했다.

MMT는 어떠한 실물과도 태환되지 않는 종이돈이 탄생시킨 검증되지 않은 주장일 뿐일 수도 있다. 태환되는 돈은 정치적 목적으로 마구 찍어댈 수가 없다. 화폐 발행에 금과 같은 자연환경의 견제와 제약이 빠진다면 먼 훗날에 결국 어떠한 결과를 초래하게 될지는 미지수다.

TIP

미국이 달러를 새로 발행하는 방법은 연방은행에서 컴퓨터 자판을 두드리는 것이 전부다. 종이돈을 인쇄하는 번거로운 일 따위는 거의 일어나지 않는다. 경제학자들의 추정에 따르면 지구상에 존재하는 전체 돈 중에서 지폐나 동전과 같은 '실물 돈'이 차지하는 비율은 고작 8%[11]에 불과하다. 나머지 92%는 오로지 디지털 숫자로만 존재하는 '가상의 돈'이다.q 세계의 금융은 이미 디지털화돼 있고, 당신이 은행에서 받은 대출금은 (일부러 현금으로 받아 챙기지 않는 한) 모두 전자적으로 이체돼 디지털 숫자로만 기록된다. 심지어 그 대출금은 타인이 예금한 돈을 빌린 것이 아니라, 존재하지도 않는 가상의 돈을 은행이 허구로 컴퓨터에 기록한 후 당신에게 빌려준 것이다.

MMT를 신봉하는 자들은 발행한 유통화폐만큼 얼마든지 세금으로 다시 회수할 수 있으므로 인플레이션을 억제할 수 있다고 주장한다. 실제로 미국의 바이든 행정부는 양적완화와 함께 30년만에 부자와 법인을 대상으로 포괄적인 증세를 추진한다고 밝혔다. 소득세는 최고세율을 현행 37%에서 39.6%로 올리고 법인세는 21%에서 27%로 대폭 인상한다는 것이다.

---

11 이를 3%로 추정하는 학자들도 많다.

바이든 직전의 미국 45대 대통령인 트럼프는 35%이던 법인세율을 21%로 낮춘 바 있다. 이 증세안은 향후 2조 1천억에서 4조 달러의 세수효과가 나타날 것이라고 블룸버그 통신이 전했다.

MEMO

2021년 5월 기점으로 중국은 미국의 채권을 1조 780억 달러(1,261조 원) 보유하고 있다. 세계 2위의 규모다. 1위는 일본으로 1조 2662억 달러(1,481조 원)의 미국 채권을 갖고 있다. 영국도 4,677억 달러(546조 원)의 미국채권을 갖고 있다. 대한민국은 세계 15위 규모로 약 1,309억 달러(153조 원)의 미국 채권을 보유하고 있다.

이처럼 전 세계는 미국의 채권을 갖고 있으며, 이 채권은 미국의 달러로 표시돼 있다. 즉 미국 입장에서는 달러를 새로 발행하면 언제든지 갚을 수 있는 빚이며, 앞서 본 대로 금 태환되지 않은 종이돈인 미국의 달러를 찍어내는 데는 거의 비용이 들지 않는다. 이것이 MMT의 무서운 점이다. 미국이 달러를 더 발행해 인플레이션 압력이 생기면 이 압력은 미국의 채권을 갖고 있거나 미국의 달러를 소지하고 있는 전 세계로 전가된다. 중국은 자국민의 노동력을 투입한 재원으로 미국의 채권을 매입했으며, 그렇게 보유한 미국의 채권 평가액은 미국의 달러 발행에 직접적으로 영향을 받는다.

6.5.1 돈놀이와 시장 왜곡

통상 주가와 금값은 반대로 움직인다. 사람들은 보통 주식은 단기간에 많은 이익을 줄 수 있지만 반대로 손실의 위험도 큰 다소 위험한 자산으로 생각한다. 반면 금은 단기간에는 이익을 주지 않지만 장기적으로 보면 물가 상승률보다 더 높은 수익을 보장하므로 결국 오랜 기간으로 봤을 때는 수익을 주는 안전한 자산으로 여긴다.

이 때문에 오랫동안 주식 값이 뛰면 금값은 하락하고, 반대로 주식 값이 폭락하면 금값은 급등하는 양상을 보였다. 이러한 양상은 쉽게 설명 가능하다. 주식 값이 급등해 단기간에 수익을 볼 수 있을 것이라 기대하면 장기에 걸쳐 상승하는 자산에 묶여 있는 돈을 주식 시장으로 급히 옮기고 싶을 것이기 때문이다.

예컨대 투자금 1,000만 원을 가진 사람이 투자금의 일부는 금에, 나머지는 주식에 배분한다면 그 배분 비율은 경제 상황, 즉 경기景氣에 따라 달라질 것이다. 주식시장은 경기와 직접적으로 연동된다. 경제가 좋아져서 기업들의 이윤이 늘어나면 주가는 상승하고, 반대로 경기가 나빠져서 기업들의 이익이 줄면 주가는 하락한다. 그동안 전 세계의 주식시장은 대체로 실물 경제보다 6개월 정도 앞서 움직이는 경향이 있었고, 코스피KOSPI 지수[12]와 경기선행지수는 대체로 같은 방향으로 움직이는 양상을 보인다.

MEMO

경기(景氣)란 현재의 경제상황을 의미한다. 경기는 주로 경기종합지수(CEI, Composite Economic Indexes)를 사용해 나타낸다. 경기종합지수, 즉 CEI는 통계청에서 21개 구성지표의 자료를 수집해 작성하고 공표한다. 이 지수는 선행(leading)종합지수, 동행(coincident)종합지수, 후행(lagging)종합지수로 나뉘며 기준년도의 값을 100으로 정하고, 거기에 따른 변동 폭을 지수로 만들어 기록한다. 여기서 선행종합지수란 대체로 경기의 회복이나 하락보다 선행적, 즉 먼저(先) 조짐을 보이는(行) 여러 분야들의 현황을 모아 지표로 만든 것이다. 이 지수를 보면 앞으로 경기가 상승할지 하락할지를 어느 정도 예상해볼 수 있게 된다.

100보다 크면 더 좋아진 것을 의미하고 100보다 작으면 더 나빠진 것을 의미한다. 2021년 시점의 기준 년도는 2015년이다. 즉, 2015년을 100으로 봤을 때, 2021년 1월의 경기종합지수는 선행종합지수가 124.2, 동행종합지수가 114.0, 후행종합지수가 118.20이다.

---

12 KOSPI는 종합주가지수라는 주가 지표이며, 이는 주식에 관한 다음 책에서 자세히 설명한다.

이 중 선행종합지수는 대체로, 제조업에서 새로 고용한 사람들의 숫자, 기업들의 물품 재고율, 월평균 종합주가지수, 설비투자에 투입된 자금, 새로 허가된 건축물들의 면적, 상품들이 교역된 정도 등 10가지 지표를 종합해 수치로 만든다. 이 지표는 생산, 소비, 투자, 고용, 금융 등을 모두 종합해서 작성하므로 한 나라 경제의 총체적인 수치가 된다.

경기선행지수의 경우 그 값이 전달에 비해 감소하다가(100 이하) 어느 순간 증가로 돌아서면(100 이상) 대체로 그로부터 평균 7~8개월 후에 실제 경기가 바닥을 찍고 회복하는 추세를 보인다.

실물 경기가 좋아져 주식 가격이 올라갈 것으로 예상된다면, 사람들은 단기간에 더 큰 이익을 보기 위해 보유한 금을 내다 팔고 금에 투자했던 돈을 급히 회수한 다음 주식에 대한 투자 비중을 늘리려 할 것이다. 사람들은 모두 금을 급히 팔게 될 것이므로 금값은 하락할 것이다. 한편 경기가 나빠져 주가가 더 떨어질 것 같다면 그 반대의 행동, 즉 주식을 팔고 장기적이고 안정적인 자산인 금을 더 살 것이다. 그런데 최근 이러한 일반적인 패턴이 무너지는 경우가 빈번히 나타나고 있다.

6.5.2 모든 자산의 동반 상승

글로벌 금융위기가 일어났던 2008년 미국은 양적완화를 통해 돈을 찍어 시중에 풀었고, 이후 2011년 9월까지 금과 주식은 동반해서 가격이 상승했다. 2011년 9월의 금값은 온스당 1923.7달러를 기록하며 최고가를 경신했고 상승률은 무려 84%에 이르렀다. 그사이 주가 지수도 24%나 상승했다.

코로나 사태가 본격화된 2020년 3월부터 2020년 7월까지의 약 4개월 간 미국 정부는 양적완화라는 이름으로 시중에 돈을 쏟아부어 미국의 총 통화 규모는 2020년 7월 기준으로 3조 달러 늘어난 18.5조 달러에 이르렀다.[13] 유럽연합 역시 7,500억 유로 규모의 경제회복기금 조성에 합의했다. 넘치는 돈은 금 시장에도 흘러 들어가 금값마저 급등했다.

현대의 명목화폐 체계는 새로운 화폐를 발행하는 즉시 국가의 부채가 늘어나는 식이다. 이 때문에 현재 미국의 부채 수준은 2020년 12월 기점으로 GDP의 132.6%에 이른다. 우리나라는 48.4%로서 상대적으로 양호한 편이며, OECD에서 최상위권에 속한다.

6.6 모라토리움과 외환 보유액

기업이 제때에 빚을 갚지 못하는 것을 부도不渡라고 한다. 여기서 도渡는 '준다'는 의미를 갖고 있으며 부도는 주지渡 못한다不라는 의미이다.

기업의 빚은 금융권에서의 대출이나 돈을 빌리기 위해 발행한 채권, 혹은 물건을 사고 지불하지 않은 대금 등 다양하다. 반대로 기업이 물건을 팔 때 즉시 받지 않고 외상으로 처리하게 되면 향후에 받을 매출채권이 발생한다. 기업은 늘 적정한 수준의 '현금'을 갖고 있어야 한다. 내일 받을 돈이 1,000억 원이 있더라도 오늘 당장 갚아야 할 돈 1원을 상환하지 못하면

---

13 M2 기준. M2의 정의는 8장을 참고하라.

그 회사는 부도처리가 되고 모든 금융거래가 정지된다.[14]

국가도 부도를 맞을 수 있다. 국가의 부채는 중앙정부가 진 빚, 지방정부가 가진 채무, 국가나 지방의 공기업들이 가진 부채를 합친 것이다. 이 중 외국환으로 표기된 부채를 갚기 위해서는 해당하는 만큼의 외환을 보유하고 있어야 한다. 국가의 외환보유고가 없어 이를 갚지 못하면 이 역시 국가부도로 이어진다. 이때 국가부도를 막기 위한 사전적 대응 중 하나로 국가가 공권력을 동원해 일정기간 동안 채무의 이행을 일방적으로 연기하는 방법을 동원하기도 한다. 이를 흔히 모라토리움Moratorium이라고 한다. 모라토리움은 라틴어의 모라리morari에서 유래된 것으로서 미룬다는 의미다. 모라토리움 이론은 프랑스에서 비롯된 것이며, 여러 국가에서 실제로 실행된 적이 있다. 멀게는 1931년 세계 대공황 때 미국의 31대 대통령인 후버Herbert Clark Hoover가 유럽이 미국에 진 빚의 상환을 1년간 유예해준 적이 있는데 이를 후버 모라토리움이라고 한다.

근대에 와서도 모라토리움은 몇 차례 있었다. 1998년 러시아는 모라토리움을 선언했는데 당시 우리나라도 러시아로부터 약 19억 달러의 채권을 갖고 있었다. 이후 이를 돌려받는 데 많은 어려움을 겪었으며 아직 완전히 돌려받지 못했다. 아르헨티나는 2020년까지 무려 9번에 걸쳐 모라토리움을 선언했다. 사막의 기적으로 일컬어지는 아랍에미리트의 두바이도 2009년 모라토리움을 선언한 적이 있다.

---

14 실제로는 1차 부도, 최종 부도 등으로 예비 단계를 거치기도 한다.

모라토리움은 반드시 국가 간의 지불 유예만을 지칭하는 것은 아니며, 국가 내에서도 지방정부가 채무 유예를 선언할 수 있다. 2010년 성남시가 5,200억 원의 채무를 갚지 못해 모라토리움을 선언하기도 했다.

6.6.1 외환보유고와 IMF 구제금융

각국 정부나 중앙은행은 언제든 사용할 수 있는 외국 돈, 즉 외환을 보유하고 있다. 보유하고 있는 외환은 환율이 급변할 때 시장에 일정 부분 개입해 환율을 안정시키는 데 사용하기도 하며 금융기관 등이 해외로부터의 자금 유입이 원활하지 않을 때 외환을 공급해 최종 대부자의 역할을 할 때 사용하기도 한다. 따라서 늘 적정한 수준의 외환을 보유하고 있어야 한다. 앞서 설명한 대로 외환보유액은 반드시 통화를 의미하는 것은 아니며 교환성과 유동성이 상당히 높은 외화자산을 통틀어 일컫는다.

한국은행에 따르면 2021년 3월 기준 대한민국의 외환보유액은 약 4,461억 달러로서 2020년 GDP 대비 약 27.8%에 해당한다. IMF를 겪었던 1997년 12월 18일 대한민국의 외환 보유액은 고작 39.4억 달러였으니 그보다 113배나 증가한 셈이다. 각국의 외환보유액 산정에는 금도 포함되는데 우리나라는 전체 외환보유액의 약 1.1%인 47억 9,000만 달러(56조 원)규모의 금을 보유하고 있다.

외환보유 최대 국가는 중국으로서 3조 1,700억 달러를 보유하고 있다. 중국의 2020년 GDP가 14조 7,227달러이니 GDP 대비 21.5%인 셈이다. 일본이 그 다음으로 1조 3,885억 달러를 보유하고 있다. 우리나라는 세계 9위 수준이다. 스위스의 경우 GDP보다 외환보유액이 훨씬 더 많은데

GDP 7,479억 달러인 스위스의 외환보유액은 1조 5,200억 달러에 달해 GDP의 두 배를 넘는다. 나라마다 사정이 다르므로 '적절한' 외환보유액 수준을 한마디로 정의하기는 힘들지만 외환보유액이 한 나라의 대외 신뢰도와 직결되는 것은 사실이다.

1992년 9월 15일 영국의 파운드화를 공격해 재미를 봤던 국제적 투기꾼 조지 소로스는 이번에는 아시아 외환시장으로 그 탐욕스런 눈길을 돌렸다. 1997년 국제적 투기꾼 조지 소로스를 비롯한 투기 자본은 말레이시아와 태국 등 동남아시아를 돌아 한국을 '외환 위기(IMF 위기)'로 몰아넣었다. 정부는 고작 40억 달러도 안 되던 외환만 보유하고 있었으면서도 외환 보유고가 300억 달러여서 안정적이라고 거짓만 일삼았다. 1997년 11월 18일에 있었던 기자 회견에서조차 정부는 김인호 경제 수석을 내세워 "IMF 자금지원 요청 계획은 없다."라고 발표했지만 그로부터 불과 3일 뒤인 11월 21일 정부는 IMF에 구제금융을 신청한 것을 공식적으로 인정한다. 이후 12월 3일 1차로 20억 달러의 긴급 구제금융을 받은 뒤 불과 21일이 지난 12월 24일 크리스마스 이브에 전격적으로 IMF로부터 100억 달러의 추가 구제금융을 받는 수모를 겪는다. 같은 해 12월 18일 15대 대통령 선거가 있었고 김영삼 대통령을 이어 김대중 대통령이 제 15대 대통령으로 선출됐다.

이때 눈부신 기적이 일어난다. 그 유명한 금 모으기를 한 것이었다. 전 세계에서 통용되는 암묵적 기축통화인 금을 통해 달러를 충분히 대체할 수 있다는 생각에서 비롯된 것이다. 한국이 외환 위기를 극복한 진정한 이유에 대해서는 여러 의견이 있을 수 있으나 금을 통해 달러를 대체한 한국민의 지혜와 단결이야말로 전 세계가 놀랄 만큼 빠르게 외환 위기를 극복하게 해준 원동력임은 부인할 수 없다. 이는 세계사에 유례를 찾아보기 힘든 우리의 자랑이라 할 수 있다.

MEMO

1997년 외환위기 때 대한민국이 성급하게 IMF 구제금융을 선택한 것을 비난하는 목소리도 적지 않다. 일각에서는 당시의 선택지로는 구제금융이 아니라 모라토리움 선언이 더 적절했으며 무능한 관료들이 잘못된 선택을 해 심각한 후유증을 유발했다고 주장한다.

실제로 같은 시기 동일한 고초를 겪었던 말레이시아는 구제금융이 아닌 모라토리움 선언을 선택했다. 말레이시아는 당시의 위기를 국가의 구조적 결함이 아니라 해외 투기자본의 장난으로 인한 일시적 시장교란으로 봤기 때문이다. IMF는 말레이시아의 이러한 대응을 비웃었지만 말레이시아는 교활한 IMF의 콧대를 누르며 보란듯이 한국과 유사하게 외환 위기를 빠르게 벗어났다. 한편 IMF 구제금융 이후 부동산 가격 폭등과 천문학적 공적자금 투입의 후유증을 혹독하게 겪은 한국과 달리 말레이시아의 물가와 부동산 가격은 매우 안정적으로 유지됐다.

1997년 11월 19일 한승수를 이어 통상산업부장관에서 전격적으로 경제부총리로 발탁된 임창열이 이끈 행정관료들은 한국의 외환위기가 일시적 시장교란 때문이 아닌 국가 내부의 구조적 결함이라는 IMF의 주장을 그대로 받아들여 모라토리움 선언은 고려조차 하지 않았다.

물론 모라토리움이 당시 문제를 완전히 해결해 최종적으로 IMF 구제금융이 필요 없었을지는 알 수 없다. 그러나 모라토리움을 선제적으로 선언했더라면 적어도 당시 IMF가 제시한 '굴욕적인' 조건을 무조건적으로 받아들이는 무능함을 피하고, 더욱 합리적인 협상이 가능했을 것이라고 보는 데는 이견이 별로 없다.

IMF 직후 삼성경제연구소가 발간한 보고서에는 다음과 같은 내용이 들어 있다.

"IMF는 한국의 기초 경제 여건이 멕시코나 인도네시아, 태국 등에 비해 상당히 양호함에도 불구하고, 한국 정부에 같은 정도의 긴축과 구조조정을 요구했다. IMF와 합의한 정책 프로그램은 금리의 급등과 고용불안을 가중시켜 경기를 지나치게 냉각시킬 것으로 우려된다."

6.7 금융산업의 두 얼굴

" 지난 30년 간 금융회사는 어떠한 혁신도 보여주지 못했다.
서로의 이득을 뺏고 빼앗기는 제로섬 zero-sum 게임에 빠져 있다.
유일한 혁신이라 주장하는 소위 '과학적' 파생상품은 라스베가스의
도박 시스템에 불과한 전혀 과학적이지 않은 상품이다. "

피터 드러커(Peter Drucker)

1947년 미국 GDP에서 금융회사의 매출이 차지하는 비율은 고작 2.5%에 불과했다. 그러나 이 비율은 2010년 기점으로 7.5%까지 늘어났고 2020년에는 8%에 이른다. 미국은 대체로 농축산 산업 farming business 과 그를 제외한 나머지 모든 산업 NFB, non-farm business (이하 NFB라 표기)을 구분해서 지표를 관리한다. 농축산 이외의 산업, 즉 NFB 기업들의 총 매출 중 금융기업이 차지하는 비율을 살펴보면 1947년에는 불과 10%였지만 2010에는 20%로 두 배가 됐다. 매출이 아닌 순이익 비율을 보면 금융산업의 비중은 더욱 놀랍다.

1947년 NFB 통계를 들여다보면 은행이나 보험회사 등은 전체 수익 profit의 10% 정도만 차지했지만, 이 비율은 계속 증가해서 2010년이 되면 무려 50%에 이른다. 미국의 월 스트리트가 미국 전체 이익을 독점하고 있는 것이다. 산업에서 금융이 차지하는 비중이 지속적으로 늘어나고 있는 것을 어떻게 해석해야 할까?

수익(revenue, income)과 이익은 단어가 유사해서 가장 많이 혼동되는 개념이지만, 가장 간단한 개념이기도 하다. 수익은 매출(sales)이라는 말로도 흔히 쓰인다. 예컨대 100원의 재료비와 150원의 인건비 기타 200원의 임대료 및 기타 비용을 들여 만든 물건을 700원에 판매했다고 하자. 이때 수익(revenue, 매출)은 700원이지만, 이익(profit)은 700원짜리 물건을 만들고 팔기 위해 들어간 모든 비용인 450원(=100+150+200)을 제외한 250원(=700-450)이 된다. 금융기관 문서에는 수익을 보통 'top line'이라 부르고, 이익은 'bottom line'이라 부른다. 한편, 영어에서 'income'이라는 단어는 간혹 이중적으로 쓰이는데 수익(revenue)의 의미로도 쓰이지만, 경우에 따라 순이익(net income)의 의미로서 이익처럼 쓰인다. 이는 문맥에 따라 판단할 수밖에 없으므로 주의해야 한다.

금융은 전반적인 산업을 육성하기 위한 직간접적 자본 조달의 역할을 해 '국가경제에 이바지하는' 것이 주된 기능이다. 은행은 간접금융 기관으로서 자본과 사용자를 연결하고, 보험은 미래의 위험을 막아주는 보장의 기능을 수행한다. 그러나 주기능을 넘어서 '금융을 위한 금융'의 비중이 커질 경우 산업에는 오히려 좋지 않은 양극화와 거품을 초래할 수밖에 없다.

포보스가 뽑은 2020년 기준 세계 10대 기업 중 무려 8개가 금융기업이다. 금융이 아닌 것은 단 두 개로서 사우디아라비아의 국영 석유기업인 사우디 아람코와 애플뿐이며, 8개 금융기업 중 5개가 중국 기업이며 나머지 3개는 미국 기업이다.[15]

1위와 2위도 나란히 중국 금융기업으로서 1위는 중국 국가소유의 상업은행인 공상은행ICBC이며 2위 역시 중국 국가소유의 상업은행인 중국건

---

15 삼성전자는 15위인 마이크로소프트 바로 다음인 16위에 기록돼 있다.

설은행이다. 3위는 미국 최대 규모의 은행인 JP모건 체이스JPM, JP Morgan Chase이다. JP모건 체이스는 투자은행이던 JP모건과 상업은행이던 체이스 Chase가 합병하면서 탄생한 회사다.

6.7.1 합법적인 도박시장 – 파생상품의 늪

파생상품derivatives이란 어떤 특정 자산을 선택한 후(이를 기초자산이라고 한다.) 이 기초자산의 가격이 어떻게 변동되는지에 따라 가격이 결정되는 상품이다. 기초자산으로는 주식, 채권, 외환 등이 이용되지만 원유나 금 등 기타 다양한 상품도 많이 이용된다. 예를 들어 한국에서 인기가 제일 높은 대표적인 파생상품인 ELS의 경우, 만기 시 그 기초자산의 가격에 베팅한다. 예를 들어 삼성전자 주가를 기초자산으로 하는 만기 3년짜리 삼성전자 ELS를 만든다면, 만기시의 삼성전자의 주가와 ELS를 발행한 시점의 주가를 비교해서 어느 정도 예컨대 30%~40% 이상 폭락하지 않을 경우 투자금의 4%~6% 정도의 사전에 약속한 이자를 지급하는 파생상품이다.

파생상품이 처음 등장하게 된 대표적인 명분은 위험회피다. 밭떼기도 농작물 작황의 위험을 회피하는 대표적 파생상품이다. 예를 들어 수박이 작황 상태에 따라 개당 10,000~20,000원에 팔린다고 하자. 어떤 사람이 내년에 특정 밭에서 나올 수박을 개당 15,000원으로 모두 미리 사겠다고 하고, 농부가 이 제의를 받아들인다면 어떻게 될까?[16]

---

16 이를 선물(Futures) 거래라고 한다.

만약 작황이 좋아 내년에 수박이 개당 20,000원에 팔린다면 농부는 개당 5,000원의 이익이 줄어들 것이고 수박을 미리 산 사람은 개당 5,000원의 이익을 볼 수 있다. 반대로 작황이 좋지 않아 수박이 개당 10,000원에 팔린다면 농부는 개당 5,000원의 손실을 피할 수 있을 것이고 수박을 미리 산 사람은 5,000원의 손해를 볼 것이다. 농부가 이 거래에 응한다면 내년 작황을 걱정하지 않고, 평균적인 이익만 추구할 수 있을 것이다.

이때 파생 거래의 중요한 두 가지 특성이 있다. 1) 어떤 경우든 누군가는 손해를 보고 누군가는 동일한 이익을 보는 제로섬Zero-Sum 게임이 된다. 2) 미래의 사건에 따라 결과가 결정되는 확률 시장, 즉 사행시장이다.

파생상품은 기본적으로 기초자산의 미래 가격에 대한 베팅으로 구성된다. 파생상품은 원래 위험 회피를 위한 보험과 유사한 형태로 시작됐지만, 시장은 크게 왜곡돼 이제는 도박과도 구분이 되지 않을 정도로 변질됐으며 그 시장 규모는 끝없이 커져가고 있다.

6.7.1.1 서브 프라임 모기지 사태

2008년 전 세계 경제를 강타한 금융위기를 초래했던 주범은 파생상품으로서 부동산 대출채권을 기초자산으로 한 것이었다. 미국은 경기 침체 회복을 위해 2000년 초반부터 초저금리 정책을 펼쳤는데, 대출 금리가 인하되자 너도 나도 대출을 통해 집을 사고 부동산 가격은 크게 상승히기 시작했다.

미국에서는 주택 담보 대출을 할 때 그 위험도에 따라 프라임Prime, 알트-AAlt-A, 서브프라임Sub-Prime의 세 가지 등급으로 나눈다.

이 중 가장 등급이 낮은, 즉 위험성이 가장 높은 등급인 서브프라임 등급을 대상으로 대출해 주는 상품이 바로 서브프라임 모기지 론이다. 금융회사는 이 대출채권을 사들인 다음, 이를 증권처럼 만들어서 판매했다. 이를 부동산 담보 증권MBS, Mortgage-backed Securities이라고 한다.

이 대출채권은 위험성이 높은 등급이므로 통상적인 상품보다 금리가 약 2~3%p 가량 높았다. 그러나 당시 부동산 가격이 연일 치솟았기 때문에 항상 담보물보다 부동산 거래 가격이 더 높았으므로 서브프라임 등급의 위험성은 거의 부각되지 않았다. 일부 금융사는 한술 더 떠 이 부동산 대출채권을 기초자산으로 하는 또 다른 증권인 소위 부채담보부증권CDO, collateralized debt obligations을 발행해 투자은행이나 헤지펀드 등에 팔았다.

TIP

CDO는 대출채권, 회사채, 상업용 부동산 채권, MBS등을 모두 사모은 다음 이를 증권화한 것이다. CDO는 한꺼번에 모은 기초자산을 분류해서 그 위험 등급에 따라 슈퍼 시니어, 시니어, 메자닌(mezzanine), 에퀴티(equity)로 나눈다. 위험 등급이 올라갈 수록 지급 이자율은 올라가지만 현금흐름이 중단되거나 채무 불이행이 발생하면 가장 먼저 손실을 보게 된다.

이를 사들인 모건 스탠리와 골드만 삭스 등의 투자은행은 또 이 채권을 기초로 또 다시 재간접 파생상품을 만들어 다시 헤지펀드나 보험사 등에 팔았다. 파생상품을 기초로 한 파생상품을 사서 그것을 또 다시 파생상품으로 만드는 파생의 파생을 만드는 돈 놀이가 시작된 것이다.

당시 연일 부동산 값이 치솟자 CDO나 MBS를 안전하다고 착각한 금융사들은 이들 상품이 미국 국채만큼 안전하면서도 국채보다 훨씬 더 높은 수익을 주는 효자 상품이라는 터무니없는 망상에 사로잡혀 서로 앞 다투어 조금이라도 더 많은 서브프라임 MBS나 CDO를 사기 위해 열을 올렸다.

당시 서브프라임 모기지론은 최초 1~2년은 매우 낮은 금리로 대출해 주다가 나머지 기간은 높은 변동금리로 전환하는 옵션 형태의 상품으로 돼 있었다. 2006년 기준으로 미국내 MBS 규모는 5.8조 달러(6,786조 원)에 이르고 그중 서브 프라임 모기지 관련 증권 규모는 8,200억 달러(959조 원)에 이르렀다. 2006년에 미국 부동산의 거품은 최고조에 달했고, 그 거품만 2조 달러로 추산된다.

현대 경제사를 연구해온 애덤 투즈Adam Tooze는 그의 저서 『붕괴』(아카넷, 2019)에서 서브프라임 모기지 사태를 설명하며, 당시 부동산 상황을 다음과 같이 기술하고 있다.

"미국의 경우 전체 자산 중 대략 9%가 부동산으로 이뤄져 있다. 2006년 미국의 주택 가격은 10년만에 거의 배 가까이 뛰었고 각 가정의 보유 자산가치는 6조 5천억 달러(7,605조 원) 이상 늘어나 미국뿐 아니라 전 세계 경제 활성에 일조했다."

그러나 거품은 반드시 터지는 법이다. 2006년 이후 미국은 금리상승과 함께 주택 가격이 빠르게 하락했고, 2007년 3월 말 미국 서브프라임 모기지 연체율이 급등해 2004년 말에 비해 3.5%p나 상승한 13.77%를 기록했으며 연체액만 1,800억 달러(210조 원)에 이르렀다.

이윽고 2008년 9월 15일 다량의 CDO로 단맛을 즐기던 리먼 브라더스가 파산한다. 리먼 브라더스는 1850년에 설립된 직원 26,200명의 거대금융 그룹이었다. 당시 리먼 브라더스의 부채는 6,130억 달러(712조 원)였다. 한국의 금융위원회는 2008년 9월 16일 서울 소공동 소재 리먼 브라더스 한국지사의 업무를 긴급 중지시켰다. 이후 세계적으로 수많은 기업이 연쇄적으로 파산의 위험에 몰리게 되면서 전 세계는 금융위기를 맞이하게 된다.

6.7.1.2. 금융기관의 끝없는 탐욕과 세금 잔치

2008년의 금융위기는 금융기관들의 신뢰가 한꺼번에 무너지는 사건이었다. 전 세계는 자국 금융기관에 천문학적인 세금을 쏟아부어 위기가 확산되지 않도록 막았다. 그러나 그 후 자행된 금융기관의 비도덕적인 만행은 신뢰의 붕괴를 넘어 공분의 대상이 됐다.

2009년 5월 IMF의 추산에 따르면 전 세계적으로 1조 5,000억 달러(1,755억 원)의 금융권 손실을 초래했는데, 당시 뉴욕의 연방준비위원회는 금융기관의 모든 채무와 함께 5,000억 달러(585조 원)에 달하는 미국 외 예금에 대한 보증 등 전면적 구제를 위한 계획을 준비하고 있었다. 그러나 그 와중에 세계의 금융 기관들은 자국민의 세금으로 돈 잔치를 벌이고 있었다.

거의 국영화된 영국의 RBS 은행은 2009년 2월 직원들에게 10억 파운드(1조 4천억 원)에 달하는 특별수당 지급을 발표했고, 월 스트리트의 금융기관은 무려 184억 달러(21조 5천억 원)에 달하는 특별 수당을 경영진에 지급했다. 메릴린치는 2008년 50억 달러(5조 8천억 원)에 이르는 수당을 지급했고 금융

위기 부실의 가장 큰 주범이었던 AIG는 금융상품 부서에 1억 6,500만 달러(1,930억 원)를 지급하겠다고 발표했다. 이는 오바마 대통령의 분노를 초래해 대통령이 직접, '즉각적인 대응조치'를 지시했고 미국 상위 13개 금융기관의 최고경영자들이 백악관 회의에 소집됐다. 그러나 결국 아무런 개혁도 일어나지 못했다. 거미줄처럼 얽힌 정관계의 로비와 무능한 미국 재무부는 어떠한 실질적인 조치도 취하지 못한 채 어물쩍 넘어갔다.

금융기관의 도덕적 해이는, 현시점에도 그리고 대한민국의 금융기관에서도 다를 바 없다. 특단의 금융개혁이 일어나지 않는다면 금융위기가 다시 찾아와도 이들은 세금만을 노리면서 그들만의 잔치를 이어갈 것이다.

6.7.1.3 베어링 회사를 파산시킨 애송이

1967년생인 닉 리슨Nick Leeson은 200년 넘는 전통을 자랑했던 영국의 베어링 은행이 단돈 1달러에 네덜란드 ING 그룹에 팔리는 수치스러운 몰락을 맞이하도록 만든 장본인이다.

1992년 당시 20대 풋내기였던 닉은 베어링 은행의 싱가포르 지점에 발령 나면서 그곳에서 니케이Nikkei 지수17를 기초자산으로 한 파생상품인 니케이 225 선물을 이용한 차익 거래를 시작한다.

초기부터 닉 리슨은 어느정도 수익을 내서 회사로부터 연봉의 2.5배가 넘는 특별 보너스를 받는 등 전폭적인 신임을 얻기도 했다. 우습게도 그의 상사는 닉이 이런 투기성 거래로 수익을 내는 것을 까마득히 모르고 있었

---

17 니케이(NIKKEI)는 도쿄 증권거래소의 주요 종목 지수이다. 니케이라는 단어는 일본 매일신문(Nihon Keizai Shimbun)에서 유래했다.

다. 금융에 문외한이었던 그의 상사는 닉을 안전한 채권 투자로도 고수익을 낼 수 있는 천재로 여겼다.

그러나 닉은 곧 손실을 보기 시작했고 1992년 200만 파운드의 손실을 시작으로 1994년 말에는 전체 손실 규모가 2억 파운드까지 불어났다. 닉은 가짜 계정으로 손실을 철저히 숨겼다. 베어링은 닉을 투자 총괄로 승진시켰는데, 닉은 여전히 직접 투자도 겸하고 있었다. 즉, 닉 자신이 스스로를 감독하게 내버려둔 셈이다.

이후 1995년 1월 17일 고베 지진이 발생하자 니케이 지수는 폭락했고 닉의 손실은 걷잡을 수 없는 추락을 이어갔다. 결국 눈덩이처럼 불어난 손실은 최종적으로 14억 파운드에 이르게 된다. 뒤늦게 본사에서 사태를 파악했을 때는 이미 수습 불가능한 상태였고, 결국 파산 신청을 하기에 이른다. 베어링 은행은 미국이 프랑스로부터 루이지애나 주를 사들일 때 돈을 빌렸던 곳이고 영국 황실이 애용해 '여왕의 은행'이라는 애칭으로 불리던 전통 있는 은행이었다. 230년의 전통이 통제되지 않은 파생상품 거래로 인해 순식간에 무너진 것이다.

6.7.1.4 파생상품의 기능

주식을 비롯한 모든 금융상품은 기본적으로 사행성을 갖고 있다. 특히 보험은 미래에 발생할 확률을 기초로 만들어지는 상품이므로 사행성을 갖고 있다. 파생상품은 특히 사행성이 강하다. 이 때문에 우리나라 '자본시장과 금융투자업에 관한 법률(이하 자본시장법)' 제10조 2항에는 다음과 같은 규정이 있다.

"금융투자업자가 금융투자업을 영위하는 경우에는 형법 제246조를 적용하지 아니한다."

형법 제246조는 도박에 관한 규정이다. 주식을 비롯한 금융투자 상품은 대체로 사행성에 기반하므로 기본적으로 도박죄에 해당될 소지가 있고 이 때문에 자본 시장법에서 면책 규정을 미리 만들어 둔 것이다. 금융회사들은 갈수록 경쟁적으로 보다 많은 파생상품을 만들어 시장에 공급하고 있다. 기초자산의 미래 가격 변동성에 베팅하는 파생상품인 ELS의 경우 2019년 대한민국에서만 한해에 100조 원 가까이 발행됐다.

ELS는 저금리 시대를 극복할 수 있는 투자 대안으로서 각광받기도 하지만 ELS와 은행의 예적금은 그 사회적 기능이 완전히 다르다. 예금이라는 상품은 대출이라는 과정을 거치면서 사회의 순기능을 한다. 그러나 파생상품은 기본적으로 사행에 의한 불로소득의 창구일 뿐 사회적 순기능을 가진 경우는 그리 많지 않다.

대한민국이 형법 제246조에 도박죄를 개설한 것은 불로소득을 좇아 신성한 노동의 가치가 훼손되는 것을 방지하기 위해서다. 많은 금융기관이 오로지 사행성만 강한 상품을 끊임없이 생산하면, 이는 노동가치를 심하게 훼손할 것이 자명하다.

산업에서의 금융 비중이 어느 한도를 넘어서면 '산업을 위한 금융'이 아닌 '금융을 위한 금융'이 되며 이는 사회의 건전성을 훼손할 수 있다. 최근에는 코인을 이용한 파생상품까지 등장하고 있다. 가상의 기초자산을 대상으로 하는 파생상품까지 등장한 것이다. 뭐든지 넘치면 모자란 만 못하다 했다. 파생의 파생이 넘치고 가상의 파생이 넘치는 현상은 도박의 합법화 과정일 뿐 결코 바람직하지 않다.

7장에서 살펴보겠지만, 비트코인 등의 가상자산 시장은 법의 사각지대에서 '자금세탁을 위한 환전의 편의'를 제공하는 전 세계 중개소들에 의해 지탱되는 사행시장이며, 기술과는 거리가 멀다.

전 세계 중개소들이 사라지면 코인의 가치가 어떻게 될지를 생각해보면 코인시장의 가격결정 구조를 쉽게 짐작할 수 있을 것이다.

TIP

주식시장과 유사한 코인시장 또한 당연히 사행성 도박시장이다. 주식시장은 자본시장의 역할을 해서 자본시장법에서 면책을 줬지만 코인시장은 그렇지 않은 사각지대에 놓여 있다.

과연 코인시장에도 동일한 면책을 줄 것인지 아니면 시장에서 퇴출시키는 것이 옳은지에 대한 사회적 논의가 반드시 필요해 보이지만, 현실은 방치된 상태이다. 그러는 동안 수많은 투자자들은 이 시장의 정체성에 대해 더 많은 혼란을 겪을 수밖에 없다.

7장

비트코인과 가상자산

"모든 블록체인에는 결함이 있다.
그 어떤 것도 금융에 적합하지 않으며
특히 이더리움은 단순 토큰 이상으로 쓰기에는
매우 심각한 위험을 안고 있다."

- 닉 사보, 스마트 컨트랙트 개념 창시자

2008년 10월 31일[1] 암호학 커뮤니티의 메일링 리스트mailing list [2]에 첨부파일이 동봉된 한 통의 이메일이 발송된다. 발신자 이름은 사토시 나카모토Satoshi Nakamoto였으며, 메일의 제목은 "Bitcoin P2P e-cash paper"이었다.

---

1   한국 시각으로는 2008년 11월 1일이다.

2   메일링 리스트는 이메일 목록으로서, 이곳에 메일을 보내면 이메일 주소가 등록된 모든 사람에게 메일이 전송된다.

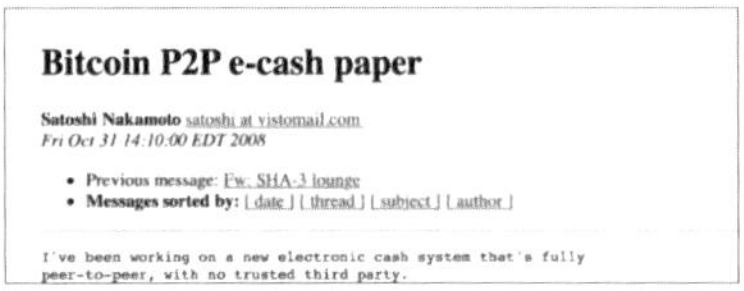

Bitcoin P2P e-cash paper

Satoshi Nakamoto satoshi at vistomail.com
Fri Oct 31 14:10:00 EDT 2008

- Previous message: Fw: SHA-3 lounge
- Messages sorted by: [date] [thread] [subject] [author]

I've been working on a new electronic cash system that's fully peer-to-peer, with no trusted third party.

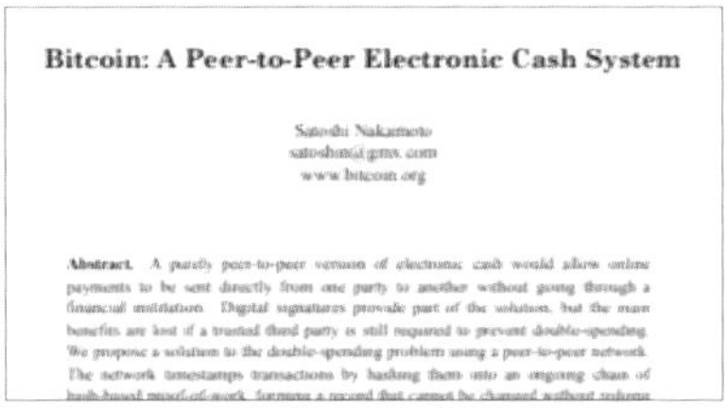

Bitcoin: A Peer-to-Peer Electronic Cash System

Satoshi Nakamoto
satoshin@gmx.com
www.bitcoin.org

Abstract. A purely peer-to-peer version of electronic cash would allow online payments to be sent directly from one party to another without going through a financial institution. Digital signatures provide part of the solution, but the main benefits are lost if a trusted third party is still required to prevent double-spending. We propose a solution to the double-spending problem using a peer-to-peer network. The network timestamps transactions by hashing them into an ongoing chain of

그림 7-1 비트코인이 소개된 이메일 본문과 첨부파일

발신자 이름 때문에 초기에는 비트코인이 사토시 나카모토Satoshi Nakamoto라는 일본 개발자가 만든 새로운 화폐로 잘못 알려지기도 했다.[3] 하지만 사토시 나카모토는 가명이며, 일본과는 아무런 관련이 없는 3~4인 정도의 집단으로 추정된다.

이메일에 첨부됐던 논문은 모두 9쪽의 짧은 내용으로, '신뢰받는 제3자 없이도 주고받을 수 있는 캐시 시스템'에 대한 구상이다. 이 논문은 2019년 1월 3일 실제로 네트워크 프로그램으로 구현돼 세상에 등장하는데, 이 네트워크 프로그램이 바로 비트코인이다.[r] 이 장에서는 비트코인을 비롯한 여러 가상자산의 실체를 알아보고 그 미래를 조심스럽게 예견해 본다.

MEMO

비트코인은 2008년 어느 날 갑자기 등장한 것이 아니다. 그 이전 25여 년에 걸친 소위 사이퍼펑크(CypherPunk)들의 활약이 있었고, 그들의 노력이 집결돼 2009년에 구현된 것이다. 사이퍼펑크는 암호화 도구를 사용해 프라이버시를 보호하려던 행동주의자를 일컫는 합성어로 암호를 뜻하는 사이퍼(Cypher)와 인터넷 악동을 뜻하는 사이버펑크

3 우리나라 과학기술정보통신부의 공식 블로그에는 여전히 일본 개발자가 만들었다고 잘못 소개하고 있다.

(Cyberpunk)를 합쳐서 그들 스스로 만들어 낸 신조어이다. 비트코인이 2008년 경제 위기 극복을 위해 누군가 개발했다고 주장하는 사람들이 있지만, 이는 합리적인 설명이 못 된다. 시기가 우연히 겹쳤을 뿐 비트코인은 경제 위기를 극복할 수 있는 아무런 기능이 없다. 비트코인은 시간의 흐름에 따라 새로운 디지털 숫자를 계속 발행하도록 설계한 단순 네트워크 소프트웨어일 뿐 금융위기를 극복할 수 있는 어떠한 장치도 없다.

한편 비트코인은 사람이 개입될 수 없는 독립적이고 투명한 존재라는 주장은 거짓이며, 실상은 bitcoin.org라는 도메인을 소유한 집단이 배타적, 독점적으로 관리하는 프로그램 코드에 불과하다. 모든 소프트웨어는 사람이 작성하고 사람이 관리한다는 단순한 사실을 망각하지 말자.

7.1 비트코인은 화폐인가?

용어는 사고를 지배한다. 초기에 암호화폐라는 이름으로 세상에 소개된 비트코인은 그 실체와 상관없이 '화폐'라는 이름 때문에 마치 지급과 결제 기능이 잘 갖춰진 화폐인 것처럼 알려졌으며 아직까지도 과연 비트코인은 화폐인지에 대해 갑론을박이 있다.

그러나 화폐가 갖춰야 할 속성을 제대로 이해한다면 비트코인은 화폐가 될 수 없음을 쉽게 알 수 있다. 화폐의 정의에 대해서는 이미 1.3.4절에서 살펴본 바 있다. 이 절에서는 간략하게 왜 비트코인은 화폐가 될 수 없는지 살펴보기로 하자.

7.1.1 교환의 매개수단

교환의 매개수단은 '간접교환'의 매개체 역할을 의미한다. '1.3.4 화폐의 정의' 절에서 잠시 언급한 것처럼 교환의 매개수단 자체가 화폐가 되기 위한 충분 조건은 아니다. 세상의 모든 물건은 교환의 매개수단으로 사용될 가능성이 있기 때문이다. 화폐가 갖는 교환의 매개체 역할은 일회성이 아닌 '지속적, 범용적으로 받아들여지는 간접교환'의 역할을 의미한다.

2021년, 간편 결제를 제공하는 회사인 페이팔PayPal은 자사 고객이 비트코인으로 물건을 결제할 수 있는 서비스를 제공하겠다고 밝혔고, 일론 머스크도 테슬라 자동차 판매 대금을 비트코인으로 받겠다고 공언했다가 이후 얼마 지나지 않아, 환경문제를 거론하며 테슬라 대금으로 비트코인을 받지 않겠다고 번복하기도 했다.

물건값을 비트코인으로 받는다고 해서 비트코인이 화폐가 되는 것은 아니다. 화폐에 대한 판단은 그러한 행위가 과연 경제적으로 합리적이어서 지속성과 범용성을 가질 수 있는가에 달려 있다. 물건을 팔 때 자신의 계산에 따라 비트코인을 받든, 대동강 물을 받든 그것은 순전히 개인의 자유이기 때문이다.

비트코인은 전송에 최소 10분이 걸리고 경우에 따라 몇 년이 걸릴 수도 있다. 빠른 전송을 위해서는 몇만 원의 수수료를 물어야 한다. 예를 들어 5,000원 커피 한잔을 비트코인으로 사려면 3만 원 정도의 수수료를 물어야 한다. 5,000원짜리 커피를 사기 위해 굳이 35,000원이 소요되는 더 느린 결제 방식을 선택하는 것은 합리적인 경제활동이 될 수 없을 것이다.

어떤 물건이 교환의 매개수단이 되려면 범용적으로 대부분의 사람이 그 물건의 가치를 인정하고 받아 주어야 한다. 즉 '간접교환'을 위해서는 내가 느끼는 가치만큼 남들도 보편적으로 동일하게 그 가치를 인정해야만 한다. 법정통화를 이용한 암호화폐의 거래는 활발히 이뤄지고 있지만 이는 결제 기능이 아닌 소유권 이전에 관한 그들만의 거래일 뿐이다. 현실 세계의 상거래에서는 암호화폐가 인정되지 않는다.

7.1.2 가치 척도의 기능

가치의 척도란 물건의 가치를 잴 수 있는 잣대의 역할을 의미한다. 따라서 어떤 물건이 가치의 잣대 역할을 하기 위해서는 그 물건의 가치가 쉽게 변하면 안 된다. 금은 수천 년에 걸쳐 가치의 잣대 역할을 해왔다. 예컨대 어떤 물건이 "금 한돈 값이다." 또는 "황소 한 마리 값이다."라고 말할 때의 금과 황소는 가치 척도의 기능을 수행하고 있는 것이다.

비트코인은 시세가 하루에도 크게 요동친다. 어떤 식당이 음식 값을 비트코인으로 받는다고 가정해보자. 식당 주인은 메뉴 판의 가격 표시를 비트코인으로 할 수 있을까? 비트코인으로 음식 값을 표기하는 것은 사실상 불가능하다. 변동 폭이 너무 심하기 때문이다. 따라서 메뉴판을 비트코인으로 표기하려면 마치 횟집에서 고급 횟감의 가격을 표시하는 것처럼 모두 '시가時價'로 표시할 수밖에 없다.

심지어 식사를 하는 도중에도 그 가격은 들쭉날쭉할 것이다. 따라서 식사하기 전 선불로 결제하는 경우와 식사를 하고 나서 계산하는 경우의 음식가격도 다를 것이므로, 항상 계산하려는 시점의 비트코인 시세를 검색

해보고 환산해야 할 것이다. 또한 그 시세라는 것도 중개소마다 제각기 다 달라서 어떤 것을 기준으로 할 것인지 식당 주인과 손님 사이에 마찰이 생길 수 있다. 식당 사장님이 합리적이라면 이런 불편을 감수할 이유가 없다.

비트코인에는 가치 척도의 기능이 없다. 내재가치가 없기 때문이다. 비트코인의 시세란 오로지 중개소에서 사고 팔며 생성된 외부 요인이 좌우하는 '거래 가격'이 존재할 뿐이다. 비트코인은 화폐가 될 수 없다.

7.1.3 가치 축적의 기능

화폐의 또 다른 기능은 가치 축적의 기능이다. 이는 '간접교환'을 위한 필수 기능이기도 하다. 앞서 설명한 것처럼 물물교환은 교환되는 물건 자체가 서로의 필요성을 충족하지만, 화폐를 매개로 한 간접교환은 당장 화폐가 필요해서 이뤄진 거래가 아니다.

간접교환이란 나중에 이 화폐를 사용해 내게 필요한 다른 물건을 살 수 있다는 믿음을 기반으로 성사된 거래다. 따라서 이 화폐는 나중에도 동일한 '구매력'을 발휘할 수 있어야 한다. 이것이 바로 가치 축적의 기능이다.

비트코인에 가치 축적의 기능이 있다고 주장하는 사람들이 있는데, 이는 화폐가 가지는 가치 축적의 기능을 제대로 이해하지 못한 잘못된 주장이다. 화폐의 가치 축적 기능은 단순히 "가치가 들어 있다."라는 의미가 아니라 "동일한 구매력을 지속한다."라는 의미다. 그렇지 않다면 '간접교환'의 역할이 불가능해진다. 예컨대 어떤 물건으로 가방을 살 수 있었다면, 시간이 지나도 동일한 물건으로 동일한 가방을 살 수 있는 구매력이 있을 때 우리는 그 물건에 가치 축적의 기능이 있다고 말한다.

비트코인은 하루에도 가격이 급변해 가치 축적의 기능을 갖지 못한다. 1비트코인으로 구매할 수 있는 대상이 계속 바뀌기 때문이다. 이는 '간접교환'의 기능을 발휘하지 못한다는 의미가 된다. 물건을 판매하는 상대방이 1비트코인의 시세를 예측할 수 없으므로 거래를 꺼릴 것이기 때문이다. 비트코인은 화폐가 될 수 없다.

TIP

우리가 사용하는 법정화폐도 구매력이 변동된다. 인플레이션이 생기면, 화폐의 구매력은 그만큼 떨어진다. 따라서 어떤 국가에 초인플레이션이 발생한다면 그 국가의 통화는 가치 축적의 기능을 상실할 수 있다. 비트코인은 초인플레이션이 큰 변동으로 끊임없이 발생하는 것에 비유할 수 있다.

7.1.4 기타 편의기능

화폐 본연의 기능 측면이 아니더라도 비트코인은 다른 측면에서도 화폐의 구실을 할 수 없다. 대표적인 것이 바로 사용의 편의성이다.

비트코인은 편리한 결제를 위해 만들어진 것이 아니다. 비트코인을 만든 목적은 '익명의 거래를 통한 추적 불가능한 결제 시스템'이다. 그리고 이를 구현하기 위해서 전산학에서 생각할 수 있는 가장 비효율적인 방식인 엄청난 반복과 중복이라는 형태를 동원했다.

비트코인으로 거래하려면 소위 채굴업자에게 수수료를 내야 하는데, 수수료를 많이 지불할수록 처리가 빨라진다. 달리 말하면 수수료를 적게 내면 영원히 처리되지 않을 수도 있다는 의미다. 수수료도 비트코인 가격의 등락에 따라 들쭉날쭉한데, 적게는 수천 원에서 많게는 수만 원까지 소요된다. 커피숍에서 5,000원짜리 커피를 비트코인으로 결제하려면 35,000원을 써야 하고, 결제가 완료될 때까지 대기하려면 최소 10분에서 길게는 수 시간 동안 가게를 못 떠난다. 이런 불편한 결제 시스템을 사람들이 선택한다면 그것은 호기심일 뿐 합리적인 경제활동이 될 수 없다. 비트코인은 화폐가 될 수 없는 것은 물론 기존의 결제 시스템을 대신할 수도 없다.

7.2 코인의 실체

비트코인은 컴퓨터 프로그램, 그중에서도 네트워크 프로그램이다. 비유하자면 카카오톡과 같은 메신저 프로그램과 크게 다를 바 없다. 유일한 차이는 주고받는 데이터가 다르게 정의돼 있으며, 접속하는 방식에 있어 중앙 서버가 개입되지 않는다는 점이다.

비트코인에는 메시지 대신 거래 내역이 전송 및 저장되며, 저장 단위가 '블록'이기 때문에 블록체인이라는 말이 유래된 것이다. 초창기에 나온 대부분의 코인은 비트코인과 유사한 네트워크 프로그램이다. 따라서 코인이 작동하려면 이 네트워크에 자발적으로 사람들이 모여야 한다.

암호화폐 프로그램은 비교적 간단하다. 따라서 암호화폐 프로그램을 만드는 것은 그리 힘들지 않다. 그러나 이 암호화폐를 유지하기 위한 자발적 네트워크 참여자를 모으는 것은 쉽지 않다. 웹사이트를 만드는 것은 비교적 간단하지만, 웹사이트에 충분한 방문자를 모으는 것은 쉽지 않은 것에 비유할 수 있다.

비트코인이 나오고 나서 6년이 지난 2015년 10월 31일, 러시아의 개발자인 비탈릭 부테린Vitalik Buterin은 이더리움이라는 새로운 코인을 런칭했다. 이더리움은 기본적으로 비트코인의 기본 개념을 그대로 복제했지만 한 가지 변화를 줬는데, 바로 블록에 저장되는 방식을 변형했다.

비트코인은 블록이라는 논리적 단위에 오로지 거래 내역만 저장할 수 있다. 따라서 비트코인을 다른 용도로 사용하는 것은 불가능하다. 용도를 바꾸려면 프로그램을 완전히 새로 고쳐야 한다. 이더리움은 블록에 거래 내역은 물론 '프로그램'도 저장할 수 있도록 변형했다.[5] 이때 프로그램은 각자가 맞춤형으로 제작할 수 있다. 이런 변형이 줄 수 있는 가장 큰 차이는 '조건부 전송'이다.

A와 B 두 사람이 축구 시합에 내기를 한 다음 그 결과에 따라 비트코인을 주고받기로 약속했는데, A가 이겼다고 가정해보자. 이때 A가 비트코인을 받기 위해서는 B가 약속을 지켜야만 한다. 만약 B가 약속을 지키지 않으려 한다면, 증인을 세우고 물리력을 동원해야 할 것이다.

같은 경우 이더리움으로 내기를 하면 상황은 달라진다. 이더리움의 블록에는 프로그램을 저장할 수 있는데, 이때 축구 시합 내기를 프로그램으로 작성해 저장하면, 경기 결과에 따라 자동으로 이더리움이 지급되게 할 수 있다. 즉 '조건부 자동 송금'이 가능한 것이다.

이더리움은 이 기능에 '스마트 컨트랙트(Smart Contract)'라는 명칭을 사용했다. 사실 스마트 컨트랙트는 1990년대에 닉 사보(Nick Szabo)가 '제3자의 개입 없이도 저절로 법률적 계약관계를 집행할 수 있는 프로토콜'의 개념을 제시하며 사용한 명칭이다. 닉 사보는 디지털 환경을 잘 꾸미면 제3자가 개입되지 않고도 법률적 계약관계를 저절로 실행할 수 있을 것이라고 상상했다. 그러나 닉 사보가 제시한 스마트 컨트랙트의 개념과 이더리움의 스마트 컨트랙트는 명칭만 같을 뿐 전혀 다르다. 닉 사보는 '저절로 집행되는 프로그램을 만들 수 있는 방법'이 핵심이지만, 이더리움은 그런 프로그램이 있다면, 단순히 '실행'할 수 있는 플랫폼일 뿐이며, 그러한 플랫폼은 이더리움이 아니라도 더 효율적이고 간편하게 만들 수 있다.[s]

2019년 10월, 닉사보는 자신의 트위터에 다음과 같은 의미심장한 말을 남겼다.

"(블록체인 운영자들은) 독립성과 불변성을 외치면서 스스로 신뢰를 무너뜨리고, 탈중앙화를 외치면서 점점 더 중앙화돼 가는 것을 알게 됐다. 모든 블록체인에는 결함이 있다. 그 어떤 것도 금융에 적합하지 않으며 특히 이더리움은 단순 토큰 이상으로 쓰기에는 매우 심각한 위험을 안고 있다."

'토큰'이 무엇인지는 바로 다음 절에서 자세히 설명한다.

이더리움의 블록에 프로그램을 저장한다는 것이 뭔가 대단한 것처럼 느껴질 수도 있겠지만, 사실 딱히 그 용도가 마땅치 않다. 이 책에서는 자세한 설명은 생략하겠지만, 기본적으로 블록체인은 매우 비효율적이어서 에너지를 많이 소모하는 데다 기록된 모든 내용이 보호되지 않고 노출돼 의미 있는 정보를 다룰 수 없는 치명적 약점을 가지고 있다. 이 때문에 이더리움이나 비트코인을 상업적 용도로 사용하는 것은 불가능하다.

이 때문에 이더리움의 스마트 컨트랙트는 거의 예외 없이 산업과는 무관한 엉뚱한 용도로 쓰이는데, 그것이 바로 토큰이다.

7.2.1 암호화폐와 토큰

이더리움의 스마트 컨트랙트를 이용해 1) 새로운 코인을 생성하고 2) 코인을 주고받는 것으로 프로그래밍하면 별도의 네트워크를 구성하지 않고도 새로운 코인을 발행할 수 있다.

비탈릭 부테린은 사람들이 새로 코인을 만들기 위해서는 네트워크를 구성할 사람들을 모집해야 하는 어려움이 따른다는 점을 간파하고, 이더리움의 스마트 컨트랙트를 이용해 쉽게 코인을 만들 수 있도록 표준적인 샘플 코드 두 가지를 제공했다. 그 이름은 각각 ERC-20과 ERC-721로 지었다.

그 후 코인 커뮤니티에서는 독자적으로 네트워크를 구성하고 만들어진 코인은 '암호화폐'로, 그렇지 않고 이더리움의 스마트 컨트랙트를 이용하는 등 이미 네트워크가 형성된 블록체인에 기생해 스크립트 프로그램으로 간단히 만들어 낸 코인을 '토큰'으로 구분해 부르기 시작했다. 이 중 ERC-721은 NFT라는 이름으로 불리기도 하는데, NFT는 별도의 후속 장에서 다시 살펴본다.

2023년 5월 23일 기준으로 전 세계에서 거래되고 있는 코인의 개수는 24,559개에 달한다.[4] 코인의 개수가 이렇게 넘쳐나는 이유는 토큰을 만드는 것이 워낙 간단하기 때문이다. 숙련자는 불과 몇 시간이면 코인을 하나 만들 수 있다. 이를 반영하듯 2023년 1월 29일 기준으로 ERC-20으로 만들어져 이더리움에 기생하는 토큰의 수는 무려 759,116개나 된다.

2016년 이후에는 중앙 서버에 기반하거나, 중앙화된 형태의 코인들도 대거 등장했다. 리플이나 EOS 등은 블록체인과는 거리가 먼 시스템이지만 블록체인이니, 탈중앙화라는 용어로 대중을 호도하고 있다.

미래의 디지털 자산이라 불리는 코인의 실체는 조잡한 프로그램 몇 줄에 불과한 셈이다. 이들이 주목받는 실제 이유는 기술성 때문이 아니라, 이를 다대다의 사행성 거래 시장으로 활성시켜 경쟁적으로 가격을 부추기는 데 성공한 전 세계의 중개소들 때문이다.

7.3 비트코인의 용도

1993년 8월 12일 목요일 저녁 8시, 고故 김영삼 전 대통령은 민주화 시대 이후 최초이자 유일했던 긴급명령(제 16호)을 발동해 금융실명제를 전격 발표한다. 그 다음날인 8월 13일부터는 신분증을 통한 실명 확인 없이는 금융계좌 개설이 금지됐다.

---

4 이 개수는 기준에 따라 많이 다를 수 있는데, 책에서의 기준은 coinmarketcap.com이라는 코인 집계 사이트에 게재된 값이다.

금융실명제는 건전한 금융의 가장 기본이 되는 제도이지만 이웃 일본도 아직 온전히 시행하고 있지 못할 정도로 전 세계적으로 기득권의 반발이 심한 제도다. 금융 거래에 사용하는 계좌번호는 금융기관이 발행하고 이는 실명제를 통해 그 소유자를 특정할 수 있다. 그러나 비트코인에서 사용되는 비트코인 주소는 금융기관이 발급하는 것이 아니라 각 개인이 임의로 (무한대로) 만들어 사용한다. 이 때문에 그 소유주를 특정하는 것은 사실상 불가능하며 이것이 비트코인이 절대 익명으로 거래되는 근본 원인이다.

금융권에서는 금융 거래 또는 서비스가 자금 세탁 등의 불법행위에 이용되지 않도록 고객 확인 및 검증, 거래 관계의 목적 확인 및 실소유자 확인 등을 실시하고 있으며 금융감독원과 금융정보분석원이 이를 관리하고 있다. 비트코인의 직거래는 고객 확인의 첫 단계인 소유자 특정이 불가능해지므로 이 제도가 무력화된다.

비트코인은 이러한 익명성으로 인해 자금 세탁에 매우 최적화돼 있다. 전 세계 최대 규모의 바이낸스 중개소는 본사가 어딘지 불분명하다. 이들은 조세 회피처인 몰타와 케이먼 제도를 오가며 본사를 옮기고 있다.

TIP

케이맨 제도(Cayman Islands)는 남미의 북쪽 바다인 카리브 해(Caribbean Sea)에 있다. 이 바다는 우리에게는 〈캐리비안의 해적〉이라는 영화로 더 잘 알려져 있다. 쿠바 바로 아래쪽에 있는 섬이며 현재 영국령으로서 조세 회피처로 악명이 높다.

대부분 작은 국가인 조세 회피처들은 예외 없이 적극적으로 코인 중개소를 유치하고 있다. 몰타를 비롯해 케이먼 제도, 지브롤터, 리히텐슈타인, 버뮤다 등 이름도 생소한 이들 조세 회피처 국가에는 코인 중개소가 있거나, 적극적인 유치를 시도하고 있다.

2011년, 인터넷 도박으로 부당 이득을 취한 범인이 110억 원에 가까운 돈을 전북 김제에 있는 매형의 마늘 밭에 5만 원권으로 숨겨뒀다가 적발된 사건이 있었다. 당시 비트코인의 존재를 알았다면 범인은 마늘 밭을 파내는 따위의 일은 하지 않았을 것이다.

범인이 범죄수익을 모두 중개소를 통해 비트코인으로 보관했다면 이를 몰수할 방법이 없다. 또한 그 돈이 실명을 거치지 않은 비트코인 주소를 통해 어디로 흘러 갈지 사실상 추적이 불가능하다.

전 국민의 공분을 샀던 N번방 사건의 조주빈도 코인으로 자금 세탁을 했으며, 한술 더 떠 비트코인보다 익명성을 배가했다고 주장하는 소위 다크코인류를 이용해 자금 세탁을 시도했다. 그가 이용한 코인은 모네로, Z-캐시 등이며, 이를 통해 자금추적을 피하려 했다.

코인 중개소는 전 세계에 널려 있고, 코인을 사용하면 당국의 추적을 피해 손쉽게 이들 도피처로 옮길 수 있다. 이때 비트코인의 힘이 빛난다. 현재 시중에 거래되는 코인은 10,000여 개를 넘어섰고, 중개소마다 취급하는 코인도 제각각이다. 그러나 전 세계 어느 중개소를 가든 예외없이 비트코인은 거래를 하고 있다. 이것이 자금 세탁과 관련해 비트코인이 가진 막강한 힘이다. 전 세계 어디를 가든 쉽게 '환전'할 수 있는 환상의 자금 세탁 매개체인 것이다. 비트코인은 부자들을 위한 완벽한 장난감이다.

MEMO

가상자산 시장의 실체는 기술시장이 아니다. 코인은 단지 조잡한 코드 몇 줄로 구현된 의미 없는 디지털 숫자에 불과하다. 가상자산 시장을 지탱하는 강력한 힘은 전 세계에 거미줄처럼 형성된 중개소들이다. 이들 중개소는 아무런 제재도 받지 않고 코인의 환전 서비스를 제공하고 있으며, 이는 환치기 등 자금 세탁의 매우 강력한 기능을 제공한다. 가상자산 시장이란 규제의 사각지대에서 수수료를 챙기고 있는 중개소들의 환전 서비스 시장이다.

7.4 암호화폐라는 용어

비트코인은 초기에 암호화폐, 가상통화 등 여러 다른 용어로 불렸다. 내재가치가 없는 암호화폐의 영문은 크립토머니Crypto-Money가 아니라 크립토커런시Crypto-Currency지만 우리말로 들어올 때는 '암호통화' 대신 '암호화폐'로 번역됐다. 이는 깊은 의미의 전달이라기보다는 민간에서는 통화라는 어려운 단어를 피하고, 그 대신 익숙한 단어인 화폐를 더 선호했기 때문일 것이다. 민간에서는 더 친근한 '화폐'를 붙인 '가상화폐'라는 말을 더 많이 썼다.

'암호화폐'는 코인을 만든 개발자들이 주로 사용하던 용어인데, 코인에 사용되는 기술 중 하나인 '암호화 키'를 지칭하는 용어이다. 중요한 사실은 코인을 지칭하고 있는 이 세 가지 용어는 모두 잘못된 것이라는 점이다. 화폐도 아닌데 '화폐'라는 말을 사용해 많은 사람들을 호도하고 있기 때문이다.

MEMO

롱아일랜드 아이스드 티(Long Island Iced Tea)라는 칵테일이 있다. 기본적으로 40도가 넘는 술인데, 럼이나 보드카, 테킬라 등으로 만든 강하면서 시원한 음료다. 나스닥에 상장된 회사 중 같은 이름을 사용하는 '롱아일랜드 아이스드 티 코퍼레이션'[5]은 홍차와 레모네이드 음료를 만드는 뉴욕에 소재지를 둔 나름 유명한 회사다. 이 회사의 2017년 12월 20일 종가는 2.44달러였다. 그러나 하루 지난 12월 21일의 종가는 6.61달러로 무려 271%가 상승했다.[6] 이유는 의외였다. 회사가 사명을 롱 블록체인 코퍼레이션으로 바꾸겠다고 발표한 것이 주가 폭등 이유의 전부였다. 단지 사명에 '블록체인'이라는 단어를 넣은 것만으로 주가가 하루만에 2.7배나 뛴 것이다. 그 이후에도 이 회사의 주가는 한동안 5달러 대를 유지했다. 사람들이 늘 이성적으로 행동할 것이라는 가정은 많은 경우 너무나 쉽게 무너진다. 이후 이 회사의 의도적 주가 조작 혐의에 대해 FBI가 조사를 벌였고, 2018년 4월 10일 나스닥으로부터 상장폐지 통보를 받았다. 이 회사는 현재 장외시장에서 거래되고 있는데 한 때 0.06달러까지 추락했다가 조금씩 회복됐다.

---

5   나스닥에서의 거래 종목명은 LTEA다.

6   나스닥 주가 정보(www.nasdaq.com, 현지 시각 기준). 미국이나 영국 등은 한국과 달리 가격 제한 폭이 없다.

7.5 FATF와 가상자산

FATF Financial Action Task Force는 자금 세탁 방지를 위해 1989년 G7 산하에 설립한 국제기구다. '자금 세탁'이란 범죄행위로 얻은 이익을 숨겨 그 경로를 추적하기 어렵게 조작하는 등 불법적인 재산을 적법한 자산인 것처럼 가장하는 모든 행위를 뜻한다. 2021년 현재 36개국의 회원국을 가지고 있으며 우리나라도 회원국이다.

그림 7-2 가상자산의 위험성을 설명하고 있는 FATF 홈페이지

자금 세탁 방지를 위한 FATF의 지위는 막강하다. 통상 FATF가 자금 세탁 방지를 위해 각국에 권고한 사항은 모두 자국 법령에 반영해야만 한다. 2019년 6월 FATF는 각국에 권고문을 보내면서 암호화폐, 가상통화

등에서 사용되고 있는 '화폐'나 '통화'라는 단어가 일반인을 호도하지 못하도록 이를 대체할 새로운 명칭을 사용하도록 했고, 그때 예시로 든 단어가 바로 '가상자산Virtual Asset'이었다. 또한 각국이 가상자산이 가지고 있는 자금 세탁 위험을 파악한 다음, 그 위험을 없앨 수 있는 방안을 각국 법령에 반영하도록 권고했다.

이에 따라 우리나라 정부도 가상통화나 암호화폐 같은 말을 더 이상 사용하지 않고, 가상자산이라는 용어로 통일했으며, 가상자산의 자금 세탁 위험을 방지하기 위한 법안을 마련했다. FATF의 권고에 따라 새로운 법을 제정한 국가도 있지만 우리나라의 경우는 이미 존재하던 자금 세탁 방지법인 '특정 금융 거래 정보의 보고 및 이용에 관한 법률(이하 특금법이라 한다)'을 개정해서 '가상자산'이라는 법률 용어를 최초로 도입했다.

일본의 경우는 2019년 자금 결제법을 개정할 때 이미 화폐라는 단어를 버리고 '암호자산'이라는 명칭을 도입했기 때문에 그 명칭을 그대로 쓰고 있다. 전 세계가 이제 화폐라는 단어를 버리고 '가상자산' 혹은 '암호자산'이라는 명칭으로 대체하고 있다고 생각하면 된다.

TIP

가상자산은 단순히 암호화폐의 다른 말이 아니다. 우리나라 특금법 상의 가상자산 정의는 기존의 암호화폐를 포함한, 보다 더 폭넓은 의미로 정의돼 있고 다른 나라도 유사하다. 이는 향후에 등장할지 모르는 유사한 형태까지 모두 포함하느라 다소 광의로 정의된 경향에 기인한다. 이 때문에 용어의 혼란은 여전히 존재한다. 즉, 가상자산의 범위가 더 넓으므로 암호화폐인 가상자산과 암호화폐가 아닌 가상자산이 있는 것이다.

7.6 NFT

최근 '대체 불가능 토큰'이라는 묘한 이름을 가진 NFT가 화제로 떠오르고 있다. NFT는 디지털 작품의 권리를 보장해 주는 새로운 첨단 기술인 것처럼 시중에 알려져 있는데 그러한 설명은 모두 엉터리다. NFT는 어떠한 권리도 스스로 보장해 주지 못하며 단지 코인의 한 종류일 뿐이다. 이절에서는 NFT의 실체를 간단히 살펴보자.

7.6.1 대체 불가능한 토큰 ERC-721

내가 가진 만 원과 타인의 만 원권 지폐는 분명히 다른 종이로 만들어진 서로 구분되는 다른 목적물이다. 예를 들어 내가 가진 지폐는 낡고 헤졌을 수 있고, 타인의 것은 빳빳한 신권일 수 있다. 그러나 이 둘의 가치는 항상 동일하다. 법으로 그 가치를 강제했기 때문이다. 즉 1만 원이라는 액면이 그 지폐의 가치를 강제한다.

화폐를 흉내 낸 비트코인도 마찬가지다. 내가 가진 1비트코인과 타인이 가진 1비트코인은 서로 구분되는 '다른' 디지털 숫자로 기록돼 보관되지만 그 가치는 동일하다(물론 비트코인의 액면은 법으로 강제되는 것이 아니라 개발자가 단순히 프로그램으로 고정한 것이다).

그런데 액면이라는 개념이 사라지면 어떻게 될까? 그렇다면 이제 그 가치가 개별적으로 형성될 수도 있을 것이다. 예컨대, 1만 원권 지폐에 액면의 개념이 없다면 신권 지폐는 낡은 지폐보다 더 가치를 인정받을지도 모르겠다. 실제로 단 8,000개만 발행된 1998년도 500원짜리 동전은 그 액면과 상관없이 희소성 때문에 시중에서는 약 100만 원 정도에 팔린다고 한다.

이 개념을 디지털에서 그대로 흉내 낸 것이 바로 NFT다. NFT는 Non-Fungible Token의 약어로서 우리말로는 통상 '대체 불가능Non-Fungible한 토큰Token' 정도로 번역된다. '대체 불가능'이라는 말이 다소 어려워보이고 대단한 것처럼 들릴지 몰라도 '서로 구분할 수 있다'는 의미로 이해하면 된다. 즉 모든 1만 원권은 그 가치를 (적어도 액면으로는) 서로 '완전히 대체'할 수 있지만, 액면을 없애고 각각을 고유물로 구분하기 시작하면 그 가치를 완전히 대체할 수 없다는 의미이다.

원리는 간단하다. 저장된 디지털 기호를 액면이 아닌 식별번호로 구분하면 된다. 비유를 들어보자. 원래 비트코인에는 서로를 구분할 수 있는 식별자의 개념이 없다. 그런데 액면을 없애고 1번 비트코인, 2번 코인이라는 식으로 식별자를 부여해 구분하기 시작하면 비트코인이 NFT가 되는 것이다.

NFT가 최근에 자주 언급되지만, 사실 7년 전인 2014년에도 네임코인name coin에 유사한 개념이 구현됐고, 이를 보편적으로 발행할 수 있도록 지원한 것은 바로 이더리움이라는 코인이다. 이더리움에는 다른 코인을 쉽게 발행할 수 있도록 도와주는 프로그램이 있는데, 이 프로그램을 사용해 발행된 코인을 흔히 '토큰'이라고 구분해 부른다. 이더리움 토큰은 크게 두 가지 종류가 있는데 하나는 액면의 개념을 가지고 발행되는 ERC-20이고 또 다른 하나는 액면 개념 없이 식별자만 넣어 발행하는 ERC-721이라는 토큰이다. 이 ERC-721이라는 토큰이 바로 NFT이며, 이는 2016년 1월에 구현됐다.

당시 가장 주목받았던 대표적인 NFT는 '크립토키티CryptoKitties'라는 가상의 고양이었다. 물론 고양이는 어디에도 없다. 그냥 코인을 고양이처럼 생각하도록 광고한 것이 전부다. 예컨대 웹사이트에 고양이 이미지를 그려 놓고, 이 코인은 이 고양이고 저 코인은 저 고양이라는 식으로 환상을 불러 일으킨 것뿐인데, 일부 코인은 1억 원에 팔리기도 했다. 잘 이해가 안 될 수도 있지만 사람의 사행심이란 원래 그런 것이다. 실제 가치가 중요한 것이 아니라 그렇게 믿도록 사람들을 적절히 선동하면 가치는 얼마든지 올릴 수 있다.

한편, 최근 NFT는 이번에는 고양이가 아니라 예술 작품을 칭하면서 다시 부각된다. 예를 들어 보자. 디지털 사진은 무한정 '복제'할 수 있고, 복제품의 품질은 동일하므로 굳이 서로를 구분할 실익이 없다. 그런데 복제한 디지털 사진을 굳이 구분하면서 어떤 의미를 부여하면 얘기가 달라질 수 있다. 이제 누군가가 '가장 먼저' 복제한 사진이 더 의미 있다고 주장하고, 이 주장을 인정하는 사람이 있다면 거래가 성사될 수 있을 것이다. 물론 복제한 순서와 사진의 품질은 아무런 차이가 없는데도 말이다.

2021년 3월 11일 크리스티 경매에서 유사한 일이 벌어졌다. 디지털 그림에 연동된 NFT라 주장하는 코인이 무려 6,900만 불(780억 원)에 거래된 것이다. 물론 경매를 통해 팔린 디지털 그림은 얼마든지 복제해서 동일한 그림을 추가로 만들 수 있다. 다만 식별번호가 있으므로, 경매에 팔린 것과 나머지 복제품은 구분이 가능하다. 고유하다면 수백 억에 팔릴 수도 있을 것 같은가? 하지만 다음 설명을 들으면 좀 이상하다는 생각이 들 수 있다.

사실 크리스티 경매에 팔린 NFT는 그림 그 자체가 아니다. NFT에는 그런 데이터를 담지 못한다. 비유하자면 경매에서 팔린 NFT라는 것은 그림 자체가 아니라 그 그림을 샀다는 '영수증'에 불과하다. NFT는 디지털 저작물이 아니라 그냥 코인에 불과하기 때문이다. 이 NFT는 타인에게 다시 판매할 수 있지만, 그 역시 디지털 그림 자체가 아닌 구매 영수증만 재판매 된다! NFT에는 해당 작품이 있는 URL 주소나 그와 유사한 정보만 기록할 수 있다.

이제 전체 과정을 정리해보자.

1) A라는 사람이 자신이 만든 디지털 그림 작품을 어딘가, 예컨대 자신이 관리하는 어떤 컴퓨터 서버에 저장해두고, 그 위치를 나타내는 URL 정보를 NFT 코인에 기록하고 발행한 후, "이 NFT 코인을 구매하면 내가 보관하고 있는 디지털 그림 진본의 유일한 소유자로 인정해 주겠다."라고 말한다.

2) 그리고 유명한 경매장에 가서 그 NFT 코인을 경매에 부쳤더니, B라는 사람이 나타나 무려 780억 원에 구매했다는 것이다.

만약 A가 부주의로 자신이 관리하고 있는 서버를 고장내거나 누가 그 서버를 훔쳐가면 진본 디지털 그림은 완전히 사라질 수도 있다. 진본은 780억 원을 지불하고 영수증만 받은 B에게로 이전되는 것이 아니라 여전히 A가 소유하고 있기 때문이다!

NFT는 언제라도 소유권을 주장할 수 있는 영수증일 뿐 실제 그 권리는 NFT를 발행한 자가 '약속을 지켜야만' 발생한다. 자동으로 소유권을 기록하고 집행해 주는 프로그램이나 기관 따위는 없다.

오로지 A를 믿어야만 소유권이 인정되는 '위험하고 원시적인' 방식이다. NFT는 디지털 작품을 고유하고 안전하게 블록체인에 보관하는 새로운 기술이라거나, 소유권이 투명하게 기록된다는 설명은 모두 엉터리다. 주위에서 그런 엉터리 설명을 들으면 모두 무시하면 된다.

사실 고유한 디지털 그림을 거래하고자 한다면, 영수증만 주고받을 수 있는 블록체인이나 토큰이 아니라 전자서명을 이용해 실제 디지털 그림 데이터 자체를 주고받아야 하는 것이 상식이다. 실제 그림 데이터 자체를 주고받지 않고 NFT라는 코인을 판매하는 이유는 간단하다. 다시 되팔기 쉽기 때문이다. 비트코인이나 이더리움 등의 코인의 가격이 엄청나게 치솟게 된 결정적 이유는 이러한 코인이 1:1로 거래되는 것이 아니라 중개소라는 다대다의 사행시장에서 거래되기 때문이다. 다대다의 시장은 군중의 사행으로 그 가치가 왜곡되고 조작된다. 이는 주식시장도 마찬가지이다. 주식시장도 사행시장이다. 다만 주식은 이러한 사행성을 최소화하고자 각종 제도가 만들어져 있다. 예를 들어, 상하한가가 정해져 있고 가격이 급변할 때는 서킷 브레이커 등으로 거래가 일시 중지된다. 사람들의 급격한 비이성적 행동을 억누르기 위해서이다. 코인시장은 주식시장에서 모든 안전장치를 제거한 사행시장이라고 보면 된다.

그렇다면 NFT라는 이런 원시적인 방식이 어떻게 '최첨단 권리증명' 기법처럼 둔갑된 것일까? 사실 그간 코인을 둘러싼 수많은 요설을 생각해 보면 그리 놀라운 일이 아닐 수도 있다. 블록체인은 정의도 되지 않고 그 실체가 없는 마케팅 용어일 뿐이며 블록체인과 코인을 부추기는 가짜 전문가들과 교수들이 여전히 활개를 치고 있으니, 이러한 혼란은 더 오래갈 수 있다.

그렇다면 크리스티 경매에서 NFT를 무려 780억 원에 산 사람은 도대체 누구일까? 최근 NFT를 780억 원에 산 사람이 다름 아닌 싱가포르의 NFT 투자회사에서 일하는 고위 임원이라는 보도가 있었다. 있는 자들이 자신의 돈을 어떻게 쓰든 그들의 자유다. 그러나 만약 그것이 기망欺罔행위였다면 상응한 처벌을 받아야 함은 자명할 것이다.

TIP

크리스티(Christie) 경매장은 뉴욕 맨허튼에 있는 록펠러센터 내에 위치하고 있으며, 역시 뉴욕에 있는 소더비(Sotheby) 경매장과 함께 세계 양대 경매시장을 이루고 있다. 미술품은 물론 와인, 명품 가방 등 다양한 물품들을 경매하고 있다.

7.7 DeFi

DeFi는 Decentralized Finance의 약어다. 우리말로는 '탈중앙화 금융' 정도로 번역할 수 있다. 이 신조어 역시 코인 관계자들이 만든 용어다. 핵심은 기존 제도권 금융의 예금, 적금, 이자 지급 등을 그대로 흉내 내되 모두 코인으로 행해진다는 특징을 가지고 있다.

코인으로 예금하고, 코인으로 적금하고, 그 이자도 코인으로 지급된다. 이때 지급되는 코인은 대개 새로 코인을 찍어내서 지급한다. 마치 배당금을 주기 위해 마구 지폐를 찍어내던 존 로John Law의 기행과도 닮아 있다.

이들은 제도권 금융을 공격하며 탈중앙된 금융을 지향한다고 주장하지만, 스스로 제도권 금융을 그대로 흉내내는 모순을 저지르고 있다. 심지어 미국의 양적완화에 따른 무제한 달러 발권을 맹렬히 비난하면서, 스스로 무분별하게 코인을 발행하는 기행을 저지른다. 무엇보다도 탈중앙화라고 주장하는 이들이 발행한 코인은 모두 탈중앙화와는 거리가 먼 중앙화 시스템에서 발행하고 있다. 또한 독립적이라는 주장과 달리 일부 사집단이 독점적 배타적으로 지배하고 있다.

단지 중앙 서버만 없앤다고 제도권 금융이 사라질리도 없지만, 중앙 시스템을 탈중앙화 시스템이라고 호도하는 자들만 있을 뿐 정작 탈중앙화된 시스템은 존재하지도 않는다.

MEMO

노벨 경제학상을 받은 로버트 쉴러 교수와 폴 크루그먼 교수는 비트코인의 거품을 경고한다. 로버트 쉴러 교수는 '입증되지 않는 기술의 펀드멘털'과 '폭탄 돌리기가 가능하다는 믿음'이 합쳐지면 경제에 거품이 끼며, 현재 비트코인이 그 전형이라고 말한다. 입증되지 않는 기술의 펀드멘털은 바로 블록체인이라는 정체불명의 도구다.

한편 폴 크루그먼 교수는 과거 20년 이상 지속된 폰지 사기의 사례는 많으며, 비트코인은 전형적인 폰지 사기이며, 10년 이상 지속되고 있는 것이 전혀 이상한 것이 아니라고 경고한다.

7.8 엘살바도르의 위험한 실험

2021년 9월 7일 중앙아메리카의 작은 나라 엘살바도르는 세계 최초로 비트코인을 법정화폐로 채택했다. 엘살바도르는 우리나라 경상도 정도의 면적을 가지고 있는데, 인구는 약 651만 명이다.

엘살바도르의 GDP는 세계 107위로 우리나라의 1/70 정도에 불과하며, 경제의 파탄으로 인해 2001년부터 자국 화폐를 버리고 미국 달러를 법정화폐로 사용하고 있다.

그림 7-3 나이브 부켈레 엘살바도르 대통령

비트코인을 법정화폐로 만든 이는 39세의 나이브 부켈레 대통령이다. 중도 우파를 자처하는 그는 의회의 다수를 지배하고 있는 힘을 사용해 비트코인을 법정화폐로 하는 법안을 밀어붙였다. 비트코인이 법정화폐로 됐다는 의미는 엘살바도르 국민이 비트코인으로 물건값을 지불하고자 할 때 이를 거부해서는 안 된다는 뜻이다. 좋든 싫든 무조건 받아야 한다. 또한 비트코인으로 세금을 내겠다고 할 때 관공서는 이를 거부해서는 안 된다.

최빈국 수준인 엘살바도르의 경우 무려 GDP의 23%에 해당되는 금액이 해외 이민자 혹은 해외로 나간 근로자들의 송금을 통해 들어온다. 엘살바도르 대통령은 비트코인으로 이 돈을 송금하면 4억 달러에 가까운 송금 수수료를 절약할 수 있다고 주장하며 비트코인의 법정화폐 채택을 서둘렀다. 그러나 비트코인을 송금하려면 중개소에서 사야 하고, 전송하는 동안 시세가 요동칠 수 있고 보관된 지갑의 비밀번호를 잊어버리면 다시는 사용할 수 없다.

최근 경제 파탄이 심각한 국가들, 예컨대 우크라이나 등도 엘살바도르를 이어 비트코인을 법정화폐로 채택하려는 움직임이 있다. 예견되는 여러 문제들에 대한 명확한 대책을 세우지 않고 국민들을 볼모로 포퓰리즘적으로 강행되는 이들 국가의 실험이 성공할 가능성은 극히 낮다. '7.1 비트코인은 화폐인가?' 절에서 살펴본 것처럼 비트코인은 화폐가 될 수 없기 때문이다. 미국의 예속을 벗어나기 위해 비트코인을 사용해야 한다고 주장하고 있지만, 전 세계 중개소의 시세에 예속되는 선택을 한 이들의 실험은 여러모로 위험해 보인다.

7.9 코인시장과 보이지 않는 손

코인 관련자들은 블록체인이라는 프로그램만 사용하면 독립적이고 투명한 세상이 저절로 만들어질 것 같은 망상을 퍼트린다. 그들은 블록체인으로 일체의 권력이 배제된 공간을 형성하고, 그 공간에서 구성원들이 자치적으로 모든 것을 결정하면 이상적이고 투명한 세상이 형성될 것처럼 호도하기 시작했고 이를 다오DAO, Decentralized Autonomous Organization라고 지칭했다. DAO는 '탈중앙화Decentralized 자율Autonomous 기구Organization' 정도로 번역할 수 있는데, 한마디로 사람이 개입되지 않고 프로그램이 지배하는 세상을 상징한다.

그러나 여기에는 크게 두 가지 모순이 있다. 첫째는 '탈중앙화'라는 단어와 '독립적이고 투명한 세상'을 동의어로 호도한 것이다. 사실 이 둘 사이에는 어떠한 인과 관계도 존재하지 않는다. 단순히 중앙 서버를 없애고 사람의 개입을 최소화한다고 해서 투명한 세상이 온다는 엉성한 논리는 그들만의 주장일 뿐이다.

둘째, 프로그램이 지배하는 세상은 결코 독립이나 투명성을 보장하지 못한다. 프로그램은 '사람'이 만들고 '사람'이 운영하며, 지속해서 '사람'이 변경시키기 때문이다. 많은 사람이 블록체인은 한 번 만들어지면 영원히 변경되지 않고 운영되는 것으로 착각한다. 하지만 비트코인과 이더리움 같은 블록체인은 이를 독점적 배타적으로 지배하며 운영하고 있는 자들이 자신들의 이익이 최대가 되는 방향으로 수시로 변경한다!

그들은 애덤 스미스의 『국부론』의 '보이지 않는 손'을 언급하며 자유방임적 시장 경제를 역설한다. 이 주장은 여러 어설픈 교수 등을 거치며 존재하지도 않는 블록체인이라는 환상을 만들었고, 주로 정부의 규제를 공격하는 기본 논거로 악용돼 왔다. 애덤 스미스가 말한 자유 시장의 이상적 모형은 공정한 경쟁을 통해 생산과 소비가 균형을 맞춘다. 그러나 공정한 경쟁이라는 가정이 깨지면 보이지 않는 손은 공동체에 해악을 끼친다.

1930년대 세계 경제 공황과 함께 여러 차례 금융 위기를 겪으면서 애덤 스미스의 '보이지 않는 손'은 오히려 비판의 대상으로 전락하기도 한다. 그러나 사실 '보이지 않는 손'은 문제가 없다. 이를 잘못 해석한 자들의 잘못이다. 진짜 문제는 '보이지 않는 손'이 아니라 '통제되지 않은 보이지 않는 손'이다. 완전 시장perfect market은 가격에 모든 정보가 반영돼 완벽히 공정한 경쟁이 되는 이상적 환경으로, 그 누구도 더 많은 정보를 가져서는 안 된다. 그러나 완전 시장은 존재할 수 없으므로 누군가 완전 시장에 가까운 환경을 조성해줘야 비로소 '보이지 않는 손'이 제대로 작동한다. 세상에는 항상 더 많은 정보를 가진 '정보기반 거래자informed trader'가 반드시 존재한다. 현대 금융에서 이 불균형을 적절히 통제하지 못하면 이를 악용한 세력에 의해 부의 불균형은 심화될 수밖에 없다. 금융 시장의 규제 철폐 근거를 '보이지 않는 손'에서 찾는 학자가 많지만, 이는 애덤 스미스를 잘못 이해한 것이다. 애덤 스미스는 금융 시장에 적절한 통제를 가해 보이지 않는 손이 제대로 작동할 수 있는 자율 경쟁을 조성해야 한다고 설명한 것으로 해석해야 하며, 통제불능의 무정부적 혼란을 주장한 것이 아니다. 끊임없이 완전 시장에 가까운 환경을 제공해야 할 의무가 있는 자는 역설적으로 권력을 가진 '정부'다. 이는 애덤 스미스가 표현한 '정부의 최소한의 통제'의 진정한 의미기도 하다.

정보 불균형에 의한 시장 교란의 대표적인 사례는 매점매석이다. 더 많은 정보를 가진 자는 매점매석으로 가격 균형을 깨뜨린 후 그 차액을 노린다. 이러한 매점매석을 규제를 통해 적절히 통제하지 못하면, 시장은 극도로 혼란해질 수밖에 없다. 정보 기반 거래자의 최대 전략은 정보를 사용해 이익을 얻되, 사용된 정보가 반영돼 가격이 조정되는 과정을 일반인들이 눈치채지 못하도록 정보를 '적절히' 이용하는 것이다. 암호화폐 시장은 자유 시장이 아니라 유통과 발생을 장악한 일부 세력이 정보 불균형을 극대화해 자신들의 불로소득을 위해 일반인들을 무한히 희생시키는 시장이다.

7.9.1 일론 머스크와 비트코인

2021년 2월 8일 월요일 테슬라는 약 15억 달러(한화 1.65조 원)어치의 비트코인을 구매했다고 미국 증권거래 위원회에 보고했다. 2020년 말 기점으로 보고된 테슬라의 현금자산이 190억 달러이므로 15억 달러는 테슬라가 보유한 총 현금의 7.9%에 이르는 막대한 금액이다. 그보다 2주 전 일론 머스크는 비트코인을 지지하는 글을 트위터에 올렸고, 결론적으로 비트코인이 급등했다. 테슬라가 비트코인을 구매한 시점 가격은 대체로 34,000달러인 것으로 추정되므로 57,000달러 이상 급등한 비트코인의 시세를 감안하면 적어도 10억 달러(1.1조 원 이상)의 순익을 올린 것으로 보인다.

결론만 놓고 보면, 테슬라가 비트코인을 매집한 다음, 일론 머스크가 트위터로 비트코인 가격을 부추거서 부당한 이익을 본 것으로 해석할 소지가 있고 이는 명백한 시세조종에 해당한다. 사실 일론 머스크는 과거에도 유사한 사례로 처벌받은 경력이 있다.

2018년 8월 6일 테슬라 주식의 종가는 342달러였다. 이날 일론 머스크는 트위터에 "테슬라 주식을 주당 420달러(46만 2천 원)에 매입해 상장 폐지하고 개인회사로 만들 것을 검토 중이다. 자금은 이미 확보됐다."라는 글을 올렸다. 시장은 즉각 반응했고 주가는 10% 이상 오른 370달러까지 갔다. 이후 머스크는 확보된 자금이 사우디아라비아의 국부펀드라고 설명했지만 그 주장은 사실이 아닌 것으로 밝혀졌다. 이후 머스크는 상장폐지 계획을 포기하고 기업을 공개 상태로 유지하겠다고 말을 바꿨다. 머스크는 사기혐의로 고발돼 2,000만 달러(220억 원)의 벌금을 부과받고 이사회 의장에서 물러나야 했다. 이후 주가는 한달 만에 30% 가까이 폭락해 264.77달러를 기록했다.

TIP

테슬라 주식은 2020년 10월 1:5로 액면분할했다. 액면분할 기준으로는 2018년 8월 6일 종가는 68.398달러다. 액면분할은 한 주당 가격을 낮추면서 전체 주식 수는 늘리는 것이다. 예를 들어, 한 주에 10,000원짜리 주식 100주가 있을 때, 이 주식을 1:5로 액면 분할한다는 것은 한 주 가격을 1/5인 2,000원으로 낮추면서 전체 주식수를 5배 늘린 500주로 한다는 의미다. 액면을 낮추면, 주가가 싸게 보이는 착시효과와 함께 적은 금액으로 주식을 살 수 있으므로 대체로 주가에 긍정적인 영향을 미칠 때가 많다. 우리나라도 삼성전자가 2018년 5월 4일 액면가를 1/50로 낮추는 액면분할로 당시 265만 원이던 주가를 53,000원으로 조정했다.

이후에도 일론 머스크의 기행은 계속된다. 개발자가 세 시간만에 장난삼아 만들었다는 도지코인을 사도록 부추기는 듯한 발언으로 이에 추종하는 자들의 매수를 일으켜 그 값을 폭등시키기도 했다. 일론 머스크의 행위는 명백한 시세조종이지만, 이를 처벌할 방법은 없다.

비트코인이 1억이 되고 10억이 된다고 해서 우리나라가 부강해지거나, 우리나라 청년들이 부자가 되지는 않는다. 비트코인 가격이 올라갈수록 채굴을 독점하고 있는 중국인들과 이를 다대다의 사행시장으로 만든 전 세계의 중개소들 그리고 이들 틈에서 돈놀이를 즐기는 전 세계 부자들의 호주머니만 더욱더 두둑해질 뿐이다.

코인시장은 철저한 제로섬 게임이라는 것을 명심해야 한다. 코인시장에서 누군가의 주머니로 흘러 들어간 돈은 '번' 것이 아니라 남의 것을 '딴' 것이다.

8장

통화량 지표

돈에 대해 이야기할 때 우리는 으레 지폐나 동전과 같은 실물 화폐만 떠올리지만 사실 돈은 매우 다양한 형태로 존재한다. 주머니에 들어 있는 만 원권 지폐는 당연히 돈이지만 은행에 예치해 둔 적금이나 예금, 보험에 가입해 금융기관에 보관돼 있는 것 또한 돈이다. 금융 경제학적으로는 돈이 얼마나 사용하기 편리한 상태로 존재하는지에 따라 다섯 가지 형태로 분류한다.

그림 8-1 돈은 다양한 형태로 존재한다

주머니에 들어 있는 현금 만 원은 '즉시 사용' 가능한 형태지만 10년 만기 저축 보험에 들어 있는 돈은 중도 해약 시 큰 불이익을 감수하기로 결심을 하고, 실제 보험사에 접속해 신원을 확인 후 해지 절차를 거치는 등 여러 단계가 필요하기 때문에 '즉시 사용이 불가능'하다. 분명 둘 다 돈이지만 '즉시 사용성'에 있어서는 매우 다른 속성을 갖고 있는 것이다.

이처럼 즉시 사용이 얼마나 편리한가에 따라 돈의 종류를 나눴는데 그 이유는 실물 경제에 '즉시' 영향을 미치는 돈은 대부분 '즉시 사용이 가능한' 형태로 보관된 돈이기 때문이다. 상위 단계의 분류는 하위 단계를 모두 포함하기 때문에 분류상 마지막 5단계가 가장 범위가 넓다. 한국은행은 각 단계의 돈의 규모가 증가하는지 감소하는지 혹은 그 증감의 속도가 어떤지 지속적으로 측정해 현재 경제 상태를 진단한다.

이 장은 다소 전문적인 내용이므로 만약 내용이 어렵게 느껴진다면 전체를 건너 뛰어도 책의 문맥을 이해하는 데는 지장이 없다. 책의 가장 마지막에 이 장을 배치한 것도 그 때문이다.

통화는 모두 다섯 가지로 분류할 수 있다. 가장 좁은 의미의 통화는 '본원통화(M0)'라 불리고 가장 넓은 의미의 통화는 '광의 유동성(L)'으로 불린다. 본원本源통화란 근본本적인 원천源이 된다는 의미로 영어로는 '기반base이 되는 돈money'을 의미하는 'Monetary base'로 불린다.

금융에서 유동성이란 '즉시 현금화'할 수 있는 정도를 의미한다. 영어로는 돈의 흐름을, 흐르는 액체liquid에 비유해 '유동화liquidity'로 표현한다. 따라서 광의 유동성이란 넓은廣 의미義에서 현금화할 수 있는 유동流動성이 있는 모든 것을 의미한다.

일상생활에서 언급하는 실물 돈은 모두 본원통화 즉, M0를 의미하고 이를 제외한 나머지는 모두 파생통화라고 부른다.

이러한 분류체계는 IMF의 통화금융통계 매뉴얼에 있는 기준이며, 우리나라는 1951년부터 독자적인 체계를 사용하다가 2002년에 IMF와 동일한 지표를 사용하기 시작했고, 2006년부터는 가장 넓은 의미인 광의 유동성(L)지표도 사용하기 시작했다.

통화를 세분화해야 하는 이유는 흔히 돈이라고 부르는 것에는 손으로 만질 수 있는 진짜 돈 즉, 현금뿐만 아니라 디지털 숫자로만 존재하는 가상의 돈도 포함되며, 즉시 사용 가능한 형태부터 사용하기 위해서는 상당한 시간과 노력이 소요되는 형태로까지 매우 다양한 모습으로 존재하기 때문이다. 은행에서 대출을 받을 때, 현금으로 대출금을 받아 가방에 넣어 가지 않고 본인 계좌로 이체해 받는다면, 대출금은 사실 은행이 실재하지도 않는 가공의 돈을 디지털 숫자로 만들어서 빌려준 것이다.

우리가 생각하는 실제 돈은 본원통화(M0)밖에 없기 때문에 본원통화를 제외한 나머지 네 가지는 모두 파생派生통화라고 부르는 것이다. 이제 통화의 종류를 하나씩 살펴보자.

8.1 본원통화와 파생통화

통화의 가장 큰 대부류에 따르면 두 가지로 나눌 수 있는데, 하나는 본원통화고 다른 하나는 파생통화다. 이 파생통화가 다시 네 가지로 더 세분화될 수 있는 것이다.

8.1.1 본원통화

본원통화reserve base는 한국은행이 지폐나 동전 등의 화폐를 발행해서 공급한 통화를 의미하며, 현금 즉, '진짜 돈'이다. 줄여서 M0이라고 표기하기도 한다.

중앙은행이 조폐공사에서 인쇄한 지폐나 주조한 동전을 시중에 공급하면 현금은 민간인이 소지하거나 은행에 존재하거나 둘 중 하나의 상태가될 것이다. 이때 은행이 보유하고 있는 현금이란 민간인이 은행에 예금한현금 중에서 은행이 그중 일부를 다시 현금으로 제3자에게 대출해주고 남은 돈일 것이다.

은행은 자신이 보유하고 있는 현금을 금고에 직접 넣어서 보관(이를 시재금時在金이라 한다)하거나 중앙은행에 예치(이를 예치금이라 한다)할 수 있다. 시재금이란 현재 시점時에서 존재在하는 돈金이라는 뜻이다.

> **TIP**
>
> 시재금(時在金)이라는 한자어가 다소 어렵게 느껴질 수도 있다. 시재(時在)는 지금(時) 갖고 있다(在)는 뜻의 한자어고 금(金)은 돈이므로 시재금이란 '지금 갖고 있는 돈'을 의미한다. 은행이 '현재 보유하고 있는 현금'이라는 쉬운 말을 굳이 시재금이라는 어려운 한자어로 쓴 것은 아직도 바뀌지 않고 남아 있는 구시대적 한자어 사용의 전형적인 예다. 시재금을 영어로 표현할 때는 금고(Vault)에 들어 있는 현금(Cash)이라는 의미에서 'Vault Cash'라고 쓴다. 시재금은 초과 지급준비금이라고도 불리는데, 이는 법으로 정한 지급준비금을 한국은행에 예치했지만 은행 스스로 추가적으로 더 많은 현금을 보유해 고객의 갑작스러운 예금인출이나 현금이 필요한 비상상황에 대비하기 위한 현금이기 때문이다.

본원통화란 결국 민간에서 보유하고 있는 현금과 은행이 보유하고 있는 시재금 그리고 은행이 중앙은행에 예치한 돈을 합친 것이다. 한편 민간에서 보유하고 있는 현금과 은행이 보유하고 있는 시재금을 합쳐서 통상 '화폐발행 잔액'이라 부른다. 종합하면 본원통화는 다음과 같다.

본원통화(M0) = 화폐 발행 잔액 + 중앙은행 예치금

화폐 발행 잔액 = 민간 보유 현금 + 은행 보유 시재금

8.1.2 파생통화

파생통화는 모두 네 가지로 세분화할 수 있는데, 네 가지 모두 진짜 돈인 현금의 범위를 확장한 개념이다. 이제 각 개념을 살펴보자.

8.1.2.1 M1 통화 - 협의통화

M1 통화는 M0 통화의 범위를 확장한 것으로서, M0 통화와 함께 예금취급기관의 결제성 예금까지 더한 개념이다. M0 통화의 범위를 넓힌 이유는 신용 창조를 통해 생성된 가공의 돈 역시 이를 보유한 사람이 현금으로 교환을 요구할 경우에 바로 지급해야 하므로 현금과 크게 다르지 않기 때문이며, 돈은 은행에서 다양한 금융상품 형태로 존재할 수 있기 때문이다.

결제決濟성 예금이란 현금처럼 대금 결제에 바로 사용할 수 있는 예금을 의미한다. 즉, 은행으로부터 이자수입을 얻기 위한 목적으로 장기간 보관해 둔 것이 아니라, 필요한 경우 바로 현금처럼 쓰고자 잠시 보관해두는 모든 종류의 예금을 의미한다. 따라서 즉시 현금화할 수 있는 종류의 예금, 예를 들어 보통예금, 당좌예금, 저축예금, 단기 금융펀드 등을 통틀어 일컫는데 금융상품 중 현금화하기가 가장 쉬운 것만 따로 일컫는 말로 이해하면 된다.

M1 통화는 M0 통화의 범위를 가장 조금 확장한 개념으로 협의(狹義)통화, 다시 말해 좁은 의미의 통화라는 이름으로 불리기도 한다.

M1 통화는 다음과 같이 나타낼 수 있다.

M1 통화 = M0 통화 + 결제성 예금

MEMO

예금을 취급할 수 있는 기관을 예금 취급기관이라 부르는데, 예금이나 그와 유사한 상품을 통해 고객의 돈을 유치해 자금을 조달하고 이를 중개하는 행위를 할 수 있는 기업을 의미한다. 우리나라에서는 '은행 예금취급기관'과 '비은행 예금취급기관'으로 나눈다.

1) 은행 예금취급기관은 일반은행과 특수은행으로 나뉜다. 일반은행이란 흔히 접하는 시중은행, 지방은행, 외국은행의 국내지점이 있고 특수은행은 산업은행, 중소기업은행, 수출입은행, 농협은행, 수협은행이 있다.

2) 비은행 예금취급기관은 은행이 아니면서도 예금을 취급할 수 있는 자격을 부여해준 금융기관으로서 우체국, 상호저축은행, 수출입은행, 종합 금융회사, 투자신탁 회사, 신용협동기구(새마을금고, 신용협동조합, 상호금융) 등이 있다.

8.1.2.2 M2 통화 – 광의통화

M2 통화는 M1 통화를 조금 더 확장한 개념이다. 앞서 M1 통화가 현금을 의미하는 M0 통화에 즉시 현금화할 수 있는 예금인 결제성 예금까지 확장한 개념이라고 설명했으므로, M2 통화는 즉시 현금화할 수 없는 예금까지 확장한 개념임을 직관적으로 알 수 있을 것이다.

M2 통화의 범위에는 정기예금과 정기적금 등의 상품이 범위에 들어가며, 대체로 만기가 2년 미만인 상품까지 포함해 통화의 범위를 넓힌 개념이다. 또한 양도성 예금증서CD, MMF, RP, CMA도 포함된다.[1] 한편 MMF처럼 만기가 없는 금융상품을 일컬어 MZM Money with zero maturity 이라는 별도의 용어를 사용하기도 한다.

만기를 약정한 상품은 보통 중도해지하면 이자에 손해를 보므로 결제성 예금에 비해 현금화하는 비율이 낮고 현금화하기도 다소 힘들지만 동시에 약간의 이자만 포기한다면 언제든지 현금화할 수 있다는 특징도 있다.

M2 통화는 간단히 다음과 같이 요약할 수 있다.

M2 통화 = M1 통화 + 만기 2년 미만 금융상품

8.1.2.3 M3 통화 – 금융기관 유동성(Lf)

M3 통화는 최근에 M3라는 용어 대신 금융기관 유동성Lf이라는 말로 표기하고 있다. Lf는 'Liquidity aggregates of financial institutions'의

---

1 책에서는 지면과 문맥의 흐름상 양도성 예금증서(CD), MMF, RP, CMA는 별도로 설명하지 않는다. 금융상품의 종류를 해설할 2권에서 자세히 설명할 예정이다.

약자로 '모든 금융기관의 종합 유동성' 정도로 해석할 수 있다.

M3 통화는 M2 통화의 개념을 더 확장한 것으로 만기가 2년 이상인 금융상품까지 확장한 개념이며, 장기금융상품, 생명보험 회사의 계약준비금, 증권금융의 예수금까지 포함한다.

M3 통화는 다음 식으로 요약할 수 있다.

M3(또는 Lf) **통화 = M2 통화 + 만기 2년 이상 금융상품**

8.1.2.4 광의 유동성(L)

마지막으로 광의 유동성은 가장 넓은 범위의 통화개념으로 국채를 포함한 각종 채권과 어음까지 포함한다. 즉 M3에 정부와 기업이 발행한 유동성 상품과 채권, 어음까지 포함한 개념이다.

그림 8-2 본원통화와 파생통화의 관계

그림 8-2는 지금까지 설명한 다섯 가지 통화의 분류 중 가장 작은 분류 체계인 본원통화부터 이를 포함하는 4개의 파생통화를 보여준다. 그럼 이제 실제로 우리나라에서 각각 통화의 규모가 어느정도 되는지 살펴보자.

표 8-1 통화 종목별 연간 평균 잔액(단위: 조 원)

평잔기준 (단, L은 말잔기준)	2017년	2018년	2019년	2020년
L(=광의유동성)	4,551.3	4,849.9	5,227.2	5,662.1
Lf(=M3, 금융기관 유동성)	3,445.6	3,686.3	3,979.1	4,311.1
M2(=광의통화)	2,471.2	2,626.9	2,809.9	3070.8
M1(=협의통화)	802	841	876.9	1058.9
M0(=본원통화)	151.9	165	178.9	219

표 8-1은 2017년부터 2020년까지 각 통화 구분에 따른 대한민국의 연간 평균잔액(광의유동성은 연말기준)을 보여준다. 표를 통해 2020년에 많은 본원 통화가 새로이 공급됐고 이를 통해 파생통화의 규모도 크게 증가한 것을 볼 수 있다. 또한 2020년의 M0를 기준으로 각 통화의 규모를 비교해보면, M1은 M0의 5배, M2는 15배, M3는 20배, L은 약 30배 정도 규모라는 것을 알 수 있다.

최종적으로 각 통화분류의 기준을 표로 정리하면 다음과 같다.

	통화 분류				
현금	M0	M1	M2	M3(Lf)	L
결제성 예금					
만기 2년 미만 금융상품					
정기예·적금, CD, MMF, RP, CMA					
만기 2년 이상 금융상품 장기금융 상품, 생명보험 계약준비금, 증권금융 예수금 등					
국채를 포함한 각종 채권, 어음, 정부나 기업이 발행한 유동성 상품					

8.2 돈의 속도

돈에도 속도velocity의 개념이 있다. 단어에서 짐작할 수 있듯 돈의 속도란 돈이 움직이는 빠르기를 의미한다. 우리가 흔히 쓰는 '돈이 잘 돌지 않는다'라는 말에는 이미 돈의 속도 개념이 들어 있다. '돈이 돈다circulate'는 것은 돈이 '사용된다'는 의미이므로 돈의 속도는 돈이 얼마나 빈번이 사용되는지에 대한 척도라는 것을 짐작할 수 있을 것이다.

돈의 속도를 정확히 측정하는 것은 불가능하지만, 한 국가의 통화 유통량과 GDP를 비교해 어느 정도 짐작해볼 수 있다. 즉, GDP를 M1 통화량이나 M2 통화량으로 나눈 수치를 속도로 사용한다. 그럼 우리나라의 돈의 속도를 표로 만들어보자.

표 8-2 대한민국 돈의 속도

(단위: 조 원)	2017년	2018년	2019년	2020년
M2	2,471	2,627	2,810	3,071
M1	802	841	877	1,059
GDP	1,836	1,898	1,919	1,893
M2 속도	0.742797	0.722563	0.682942	0.616452
M1 속도	2.288778	2.256956	2.188391	1.787704

표 8-2는 우리나라 경제에서 최근 4년 간 돈의 속도를 보여준다. M2의 속도는 대체로 0.7, M1의 속도는 2.2 근처라는 것을 볼 수 있다. 그런데 2020년 들어 속도가 크게 떨어졌다는 것을 알 수 있다. 이를 통해 무엇을 알 수 있을까?

돈의 속도를 좀 더 자세히 알아보기 전에 우선 미국시장에서 돈의 속도를 한국과 한 번 비교해보자. 역시 같은 기간을 연평균으로 만들어보면 다음과 같다.

표 8-3 국 시장 돈의 속도, 평잔 기준

(단위: 십억 달러)	2017년	2018년	2019년	2020년
M2	13,598	14,120	14,840	17,682
M1	3,525	3,681	3,845	12,799
GDP	19,520	20,580	21,427	20,807
M2 속도	1.435491	1.457456	1.443828	1.176701
M1 속도	5.538322	5.5911	5.573163	1.625625

최근 4년 간 미국 시장의 M2 속도는 1.5(우리나라는 0.7), M1은 5.5(우리나라는 2.2) 근처로서 우리나라에 비해 매우 빠르다는 것을 알 수 있다. 모두 우리나라보다 두 배나 빠른 속도다.

그러나 2020년에 큰 변화가 생긴다. 2020년의 속도만 보면 M2의 속도는 1.17이고 M1의 속도는 1.6으로 M1의 속도는 오히려 우리나라보다도 낮아졌다. 특히 M1의 규모는 항상 M2의 25% 정도 수준이었으나, 2020년이 되자 이 수준은 무려 72.3%까지 급증한다. 무슨 일이 일어난 것일까?

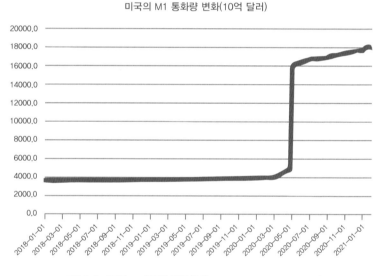

그림 8-3 미국의 M1 통화량 변화 (출처: FRED, Economic Research)

그림 8-3을 보자. 이 그림은 2018년부터 2021년까지의 미국 M1 통화량의 변화를 보여준다. 그래프에 따르면 2020년 3월 기준 미국 M1은 4조 8,494억 달러에 머물렀다. 그러나 불과 한달이 지난 2020년 4월 기점으로

M1은 무려 16조 1,844억 달러로 급격히 증가한다. 이 한달 사이에 시중에 무려 11조 3,350억 달러의 돈이 공급돼 시중에 현금성 유동성이 순식간에 3배 가까이 늘어난 셈이다. 11조 3,350억 달러는 무려 1경 2,460조 원에 해당하는 천문학적인 금액이며, 우리나라 GDP의 7배에 육박한다. 말 그대로 시중에 돈이 넘쳐나게 됐다는 것이다.

현금성 유동성의 급격한 변화는 매우 다양한 요소가 복합적으로 작용하고 있지만, 크게 3가지 원인에 기인한다. 먼저 코로나 사태에 따른 양적완화의 결과로서 미국에서는 2020년 4월, 2조 2,000억 달러(2,420조 원) 규모의 경기부양책을 통과시켰다. 둘째, 2020년 2월말과 3월초에 연방준비위원회에서 정책 금리를 급격히 인하시킨 것이 큰 영향을 줬다. 셋째, 2020년 3월 26일 은행의 지급준비율을 전격적으로 0%로 설정해 은행이 시중에 유동성을 확대할 수 있는 계기를 마련했다. 여기서는 그중 기준 금리 변화 부분을 집중적으로 살펴본다.

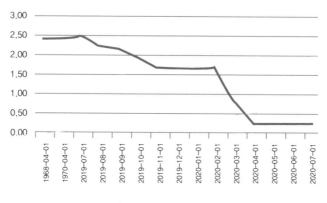

그림 8-4 미국 정책금리의 변화

그림 8-4를 보자. 이 그림은 2019년 5월부터 2020년 7월 사이의 미국의 기준 금리 즉, 정책금리의 변화를 보여준다. 그래프에서 보는 것처럼 미국은 2020년 3월 1일 기준 금리를 기존 1.58%에서 0.65%로 급격하게 인하한다. 무려 0.93%p나 되는 금리를 한꺼번에 조정하는 것은 전례를 찾아보기 힘든 조치다.

직전 5년 동안의 평균 금리조정 수준은 0.03%에 불과했으니 2020년 3월의 정책금리 변동 폭은 평소보다 30배나 더 급격한 변화인 셈이다. 이에 시장은 즉시 반응했다. 그림 8-5를 보자.

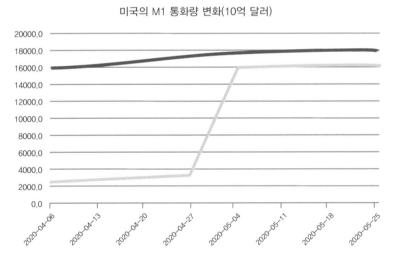

미국의 M1 통화량 변화(10억 달러)

그림 8-5 미국 M1, M2의 변화. 그래프에서 급격한 금리 하락으로 인해 M2 이상의 장기성 통화에 보관돼 있던 돈이 대거 유동성이 큰 M1으로 이동한 것을 알 수 있다.

그림 8-5는 2020년 4월 초부터 2020년 5월 말까지의 두 달 동안 미국 내의 M1과 M2 통화량 변화를 보여준다. 이 그림에서 M2는 거의 변화가

없고 M1만 급격히 증가한 것을 볼 수 있다.

이는 M2 이상의 장기성 통화로 보관돼 있던 돈이 유동성이 큰 M1으로 대거 이동했다는 것을 짐작할 수 있다. 즉 장기투자 상품에 투입된 돈을 대거 해지하고 모두 현금성 자산인 M1으로 전환한 것이다. 이를 통해 시중에 공급되는 돈의 유통량이 일거에 대한민국 GDP의 7배 수준만큼 급격히 증가한 것이다.

2020년 3월 미국 시장의 급격한 M1 변화량은 정책금리가 시중에 유통되는 돈의 양에 얼마나 큰 영향을 미칠 수 있는지 극명하게 보여주는 사례다. FRB에 따르면 2021년 6월 기점으로 미국 은행이 가진 총 예금은 무려 17조 900억 달러(1경 9067조 원)에 이른다. 코로나 사태로 인한 경기 불안으로 인해 지난 1년간 미국의 상당수 기업은 투자를 꺼리고 대부분 자산을 결제성 예금을 포함한 안전한 은행 예금으로 바꾸고 있으며 이는 M1의 급격한 증가를 부추기고 있는 것이다. 일부 시중 은행은 더는 예금을 받지 않겠다고 선언하고 추가적인 예금유치를 거부하고 다른 곳으로 예금을 옮기도록 종용하는 초유의 사태까지 벌어지고 있다.

MEMO

2007년 이전까지만 해도 미국의 평균 M2 속도는 1.9정도였다. 그러나 2007년부터 글로벌 경제 위기와 디플레이션 위협의 극복이라는 명목 하에 미국연방은행이 개입해 시중에 돈을 본격적으로 풀기 시작하면서 이 속도는 크게 줄어든다. 2020년 연 평균으로 보면 미국 M2의 속도는 역대 최저치인 1.17인데, 이를 연 평균이 아닌 2020년 12월 기점으로만 보면 더 낮은 1.07까지로 떨어지며, 이는 미국의 지속적인 달러 발권으로 인해 돈의 속도 저하는 여전히 진행 중이라는 것을 의미한다.

8.2.1 돈의 속도가 주는 메시지

돈의 속도를 측정하면 어떤 것을 알 수 있을까? 돈의 속도는 국가의 총 생산을 위해 투입된 통화의 회전 속도를 측정해 주는 잣대다. 예컨대 시중에 풀린 돈이 모두 생산이나 서비스에 이용됐다면 속도는 정확히 1이 된다. 속도가 2라는 의미는 투입된 돈에 비해 생산이 두 배가 된다는 의미다. 이제 비유를 통해 의미를 좀 더 자세히 알아보자.

설명의 편의상 어떤 국가의 총 화폐량은 100만 원이고, 이 100만 원은 현재 A라는 사람이 모두 갖고 있다고 가정해보자.

1) A가 90만 원을 사용해 B에게서 자전거를 샀다.

2) B는 90만 원을 받아 그중 20만 원으로 식당 C에서 외식을 하고, 50만 원으로 가게 D에서 냉장고를 샀다.

3) 식당 C 주인은 번 돈 20만 원 중 10만 원을 사용해 쌀을 샀다.

이제 앞의 3단계에 소요된 돈의 속도를 계산해보자. 우선 이 국가의 전체 화폐량은 100만 원이므로 시중에 공급된(=존재하는) 유통화폐의 총량은 100만 원이다. 한편 세 번의 거래를 통해 일어난 전체 거래액수는 모두 170만 원이다. 즉, 90만 원(자전거) + 20만 원(외식) + 50만 원(냉장고) + 10만 원(쌀) = 170만 원의 거래가 일어났다. 따라서 이 나라의 화폐 유통속도를 계산하면 170 / 100 = 1.7이 된다.

이제 속도가 1보다 낮은 경우도 생각해보자.

이번에도 이 나라의 전체 화폐는 A가 갖고 있으며, 그 총량은 100만 원이다.

1) A가 20만 원을 사용해 식당 B에서 외식을 했다.

2) 식당 B 주인은 20만 원을 벌어서 그중 1만 원으로 이발을 했다.

이번에는 거래가 거의 일어나지 않았고, 총 거래는 고작 20만 원(외식) + 1만 원(이발) = 21만 원에 불과하다. 이 경우 이 나라의 통화의 유통속도는 21/100 = 0.21에 불과하다.

이 비유를 확대하면 바로 한 국가의 통화 유통 속도가 된다. 앞서 설명한 것처럼 돈의 속도란 한 국가의 GDP를 전체 통화량으로 나눈 것이다.

돈의 속도가 느리다는 것은 시중에 투입된 돈에 비해 국가에서 이뤄지고 있는 거래(=생산)가 매우 더디다는 것이다.

특히 돈의 속도가 저하된 주된 원인이 시중에 공급된 돈의 양이 급격히 늘어난 것이라면 인플레이션 압력이 그만큼 더 늘어난다는 의미가 된다. 시중에 돈이 빠르게 공급되면 전체 통화량(=돈의 속도의 분모)이 커지므로 돈의 속도는 감소할 수밖에 없다.

이처럼 돈의 속도를 측정해보면 현재 국내에서 생산되는 생산력에 비해 시중에 공급된 돈이 적절한 것인지 간접적으로 판단할 수 있다.

8.2.2 명목 GDP와 실질 GDP

앞서 몇 번에 걸쳐 GDP를 언급한 적이 있다. GDP는 Gross Domestic Product의 약자로 Gross는 '총', Domestic은 '국내', Product는 '생산'을 의미한다. 우리말로는 '국내 총생산'이라고 표기한다.

대부분 GDP의 개략적인 의미는 어렴풋이 알고 있겠지만 이 절에서는 정확한 의미를 설명한다. 한 국가의 경제상황을 나타내는 데 빠지지 않고 나타나는 지표이기 때문이다.

GDP는 특정 기간에 한 나라에서 생산된 최종 생산물들의 시장가치의 합계다. 이 지표는 1934년 러시아 출신의 미국 경제학자이자 노벨 경제학상을 수상한 사이먼 쿠즈네츠Simon Kuznets가 만든 지표다. 우리나라에서는 한국은행이 GDP를 조사한다.

GDP에 대한 설명의 편의상 가상의 국가인 '쌀나라'가 있다고 가정해보자. '쌀나라'의 유일한 생산품목은 '쌀'이라고 가정한다.

쌀나라에서 생산되는 모든 쌀의 규모는 1톤 즉, 1,000kg이다. 그리고 2019년 쌀나라에서 거래되는 쌀의 가격은 1kg당 10,000원이라고 가정해보자. 그러면 2019년 쌀나라의 GDP는 총 1,000만 원$_{(=1,000kg \times 10,000원)}$이 된다.

시간이 흘러 2020년이 됐지만 쌀나라의 총생산은 여전히 쌀 1톤이라고 가정하자. 그런데 그사이 물가가 상승해 쌀 1kg이 11,000원에 거래되고 있다고 가정해보자. 이 경우 2020년의 GDP는 1,100만 원$_{(=1,000kg \times 11,000)}$이 될 것이다. 쌀 생산량은 1kg으로 변화가 없었는데, 물가상승으로 인해 GDP는 1,100만 원으로 10% 더 늘어났다.

이때 한 가지 의문이 든다. 이 수치를 바탕으로 경제가 10% 성장한 것으로 해석해야 하는가 아니면 쌀 생산량에는 변화가 없었으므로 경제 성장률은 0%라고 해석해야 하는가?

이러한 문제 때문에 바로 명목 GDP와 실질 GDP를 구분해야 할 필요성이 생긴다.

명목nominal GDP는 단순히 당해 연도에 생산된 모든 물품에 당해 연도의 물품 가격을 곱해서 구한다. 즉 명목 GDP는 다음과 같다.

명목 GDP = 당해 연도 산출물 × 당해년도 산출물 가격

명목 GDP는 계산은 단순하고 직관적이지만 물가 상승에 따른 영향을 전혀 고려하지 못해, 경제 성장에 대한 잘못된 해석을 유도할 수 있다. 이 때문에 한 국가의 경제 성장률을 논할 때 명목 GDP는 사용하지 않는다.

GDP를 구할 때 물가상승률을 반영한 것을 바로 실질real GDP라고 한다. 그렇다면 어떻게 해야 물가상승률을 반영한 실질 GDP를 구할 수 있을까? 앞서 살펴본 가상의 쌀나라는 생산하는 물품이 하나밖에 없으므로 물가상승을 쉽게 파악할 수 있지만, 수많은 물품이 뒤얽혀 복잡하게 변하는 한 국가의 물가 변동을 정확히 반영하는 것은 사실상 불가능하다.

따라서 편의상 실질 GDP를 구할 때는 어느 특정 연도를 기준으로 설정해두고, GDP를 구하는 공식에서 당해 연도 산출물 가격을 곱하는 대신 이 기준 연도 산출물 가격을 곱해서 구한다. 즉, 실질 GDP는 다음과 같이 계산한다.

실질 GDP = 당해 연도 산출물 × 기준 연도 산출물 가격

쌀나라의 경우 기준 연도가 2019년이었다면, GDP를 산출하는 연도에 상관없이 2019년도의 쌀 가격을 곱한다. 이에 따라 쌀나라의 2019년도와 2020년도의 명목 GDP와 실질 GDP를 구해보면 다음과 같다.

2019년도 명목 GDP = 2019년도 산출물 × 2019년도 산출물 가격

= 10,000kg × 10,000 = 1,000만 원

2019년도 실질 GDP = 2019년도 산출물 × 2019년도 산출물 가격

= 10,000kg × 10,000 = 1,000만 원

2020년도 명목 GDP = 2020년도 산출물 × 2020년도 산출물 가격

= 10,000kg × 11,000 = 1,100만 원

2020년도 실질 GDP = 2020년도 산출물 × 2019년도 산출물 가격

= 10,000kg × 10,000 = 1,000만 원

식에서 보는 것처럼 쌀나라의 2019년과 2020년의 GDP를 비교해보면, 명목 GDP는 10% 성장했지만 실질 GDP는 변함이 없다.

8.2.2.1 GDP 기준 연도의 설정

물가를 반영하기 위한 기준 연도는 어떻게 설정할까? 한 나라의 경제지표를 모두 모아둔 통계를 '국민계정통계'라고 부른다. 우리나라는 1957년

당시 한국은행이 '국민소득통계'의 공식 편제기관으로 지정돼 1953년 이후의 국민소득 통계를 기록하기 시작했는데, 최초 기록은 UN이 1953년에 발표한 작성기준에 따랐다.

이후 1986년부터는 UN이 1968년에 개정한 작성기준을 사용해 국민소득통계에 국제수지표, 자금순환표, 산업연관표 등을 추가한 지금의 '국민계정통계'를 만들어오고 있다.

이후 급변하는 경제환경을 반영하기 위해 UN, OECD, IMF 등은 1993년, 2008년에 계정 체계를 각각 개정 발표했고 지금은 그 기준을 따르고 있다.[t]

우리나라는 통산 5년마다 주기적으로 기준 연도를 변경하는데 5년이라는 주기는 세계가 거의 공통적으로 사용하고 있다. 가장 최근에 변경된 것은 2019년으로서 기존의 기준 연도인 2010년을 2015년으로 변경했다. 따라서 2021년 현재 사용하고 있는 실질 GDP의 계산은 2015년 물가를 기준으로 환산해 계산한다. 한국은행에 따르면 이번 기준 연도의 변경으로 인해 다시 계산한 2001-2018년 사이의 연평균 경제성장률(= 실질 GDP 성장률)은 기존의 3.8%에서 약 0.16%p 상승한 약 3.9%로 변경됐다.

8.2.2.2 GDP와 GNP

1980년대까지는 GDP(국내 총생산) 대신 GNP(국민 총생산) 개념이 더 많이 사용됐다. GNP의 개념은 기본적으로 GDP와 동일하지만, 유일한 차이는 외국인이 국내에서 생산한 것과 우리나라 사람이 외국에서 생산한 것을 구분한다는 것이다.

비유하자면 GDP는 속지주의로서 내외국인 구분없이 한국 내(따라서 GDP 의 D는 국내Domestic라는 의미다)에서 발생한 모든 생산을 합친 것이지만, GNP는 속인주의로서 지역에 상관없이 한국인이(따라서 GNP의 N은 자국민National이라는 의미다) 생산한 모든 것을 합친 지표다. GNP 역시 명목과 실질로 구분할 수 있다.

표 8-3

	GDP (Gross Domestic Product)	GNP (Gross National Product)
우리말 용어	국내 총생산	국민 총생산
의미	국적에 상관없이 국내 에서 생산된 총량	지역에 상관없이 한국인이 생산한 총량
실질과 명목	- 명목은 현재의 물가를 반영, 실질은 기준 연도의 물가를 반영. - 기준 연도는 5년 주기로 변경	

한편 GDP, GNP는 또 다시 GDI, GNI로 구분할 수 있는데 이는 소위 교역조건을 반영한 지표이며, 추가 설명은 생략한다. 대체로 GDP < GDI, GNP < GNI의 관계가 있다. GDI, GNI의 I는 소득을 뜻하는 Income이며 총 생산(P) 대신 총 소득(I)을 구한다. 따라서 환율, 수출입단가 등으로 생긴 무역손익을 반영하는 과정을 거치게 된다.

에필로그

1권에서는 화폐의 역사를 주로 살펴봤다. 최초의 물물교환의 시대에서 출발해 약 4만여 년 전에 '간접교환'을 위한 물품화폐가 등장하는 과정을 살펴봤다. 이를 통해 '거래 비용'이 획기적으로 감소할 수 있음도 알았다.

조개껍데기, 쌀 등을 사용하던 물품화폐는 이후 금속의 발견과 함께 금속 물품화폐 시대로 옮겨 갔으나, 규격화되지 못해 매번 무게와 함량을 측정해야 하는 '칭량 화폐'의 어려움은 여전히 존재하고 있었다.

다음 단계는 국가가 개입해 물품화폐를 규격화하면서 비로소 '주화'가 탄생한다. 지배층은 규격화폐인 주화의 생산을 독점했고, 당시 금속화폐의 재료인 금이나 은 등을 수수료로 떼어가던 관행을 '시뇨리지'라 불렀다.

이후 화폐는 금이나 은이라는 금속을 위주로 발달하다가 금속 본위인 주화나 금 보관증인 지폐 제도로 발전해 나간다. 금을 보관하던 금보관소는 은행으로 발전하게 되고, 이들 중 일부는 왕실의 채무를 관리하는 국가 소속의 중앙은행으로 발전한다.

1944년 미국 달러를 기축통화로 하는 미국 중심의 세계 금본위제도가 실시됐으나 통화 수요와 금 비축의 부조화로 인해 1971년 닉슨 대통령은 전격적으로 금본위제를 폐지한다. 이후 50여 년 동안 세계는 종이돈이 지배하는 법정화폐의 시대를 보내고 있다.

통화주의자들은 국가의 주요 역할을 화폐 공급량의 조절로 보고 있으며, 중앙은행은 항상 적절히 시중에 화폐를 공급해야 한다고 주장한다. 시카고 학파의 거두인 밀턴 프리드먼 같은 학자가 대표적이며, 이들의 이론은 현대 통화 이론이라는 새로운 실험으로 이어졌다.

일본과 미국의 천문학적인 양적완화는 주변국들로 인플레이션을 전가시키고 있으며, 향후 전 세계 경제의 뇌관으로 자라고 있다.

축하한다. 1권을 모두 읽었으므로 여러분은 이제 금융을 알기 위한 가장 기초적인 지식을 얻었다. 2권에서는 금융투자 상품의 기본 구조와 원리를 설명한 다음 그 종류를 알아보고 각각을 해부해볼 것이다.

참고문헌

A   금융위원회, 「금융교육 실태조사 보고서」(2019.11)

B   노영택, 「일제시기의 문맹률 추이」, ≪국사관논총≫ 제51집, 국사편찬위원회, 1994

C   노연숙, 「개화계몽기 국어국문운동의 전개와 양상」(p.61), 서울대학교, 2007

D   최종희, 「열공 우리말」, 원더박스, 2017

E   [Printing Cost], FRB
https://www.federalreserve.gov/faqs/currency_12771.htm

F   'When Did People Start Using Money?, Discover Magazine(2017.07.21)
https://www.discovermagazine.com/planet-earth/when-did-people-start-using-money

G   주경철, 「문명과 바다」, 산처럼, 2009

H   [Shell money] Wikipedia
https://en.wikipedia.org/wiki/Shell_money

I   [Kingdom of Kongo] Wikipedia
https://en.wikipedia.org/wiki/Kingdom_of_Kongo
https://en.wikipedia.org/wiki/Shell_money

J   William Henry Furness, 「The Island of Stone Money」, Cornell University Library, 2009

K   [Coin] Wikipedia
https://en.wikipedia.org/wiki/Coin

L   [낭백전] 한국민족문화대백과사전
http://encykorea.aks.ac.kr/Contents/Item/E0013889

M   'How much gold has been mined?', World Gold Council
https://www.gold.org/about-gold/gold-supply/gold-mining/how-much-gold

N   제임스 리카즈, 「화폐의 몰락」, 율리시즈, 2015

O   'Countries That Use the U.S. Dollar', Investopia
https://www.investopedia.com/articles/ /040915/countries-use-us-dollar.asp

P   노블 포스터 혹슨, 『은행, 그 욕망의 역사』, 수린재, 2010

Q   [희망봉] Wikipedia
https://ko.wikipedia.org/wiki/희망봉

R   [루이 14세] Wikipedia
https://ko.wikipedia.org/wiki/루이_14세

S   노승림, 『예술의 사생활』, 마티, 2017

T   [존 로] Wikipedia
https://ko.wikipedia.org/wiki/존_로

U   하노 벡, 우르반 바허, 마르코 헤르만, 『인플레이션』, 다산북스, 2017

V   Sidney Homer, Richard Sylla, 『A History of Interest Rates, Fourth Edition』, Wiley, 2005

W   'BOJ Becomes Biggest Japan Stock Owner With $434 Billion Hoard', Bloomberg
(2020.12.06)
https://www.bloomberg.com/news/articles/2020-12-06/boj-becomes-biggest-
japan-stock-owner-with-434-billion-hoard

X   쑹훙빙, 『화폐전쟁 3』, 알에이치코리아, 2020

Y   조홍석, 『알아두면 쓸데 있는 유쾌한 상식사전: 과학경제 편』, 트로이목마, 2018

Z   장하준, 『장하준의 경제학 강의』, 부키, 2014

a   양동휴, 「금본위제의 성립은 역사적 진화인가: 복본위제 단상」,
≪경제논집≫ Vol.51 No.1, 서울대학교 경제연구소, 2012

b   'Shareholder Value Is No Longer Everything, Top C.E.O.s Say', The New York Times
(2019.08.19)
https://www.nytimes.com/2019/08/19/business/business-roundtable-ceos-
corporations.html

c   'United States Continental Paper Currency', Massachusetts Historical Society
https://www.masshist.org/collection-guides/view/fao0005

d   'Confederate Inflation Rates (1861 - 1865)', InflationData.com
https://inflationdata.com/articles/confederate-inflation/

e   [Gold Standard Act] Wikipedia
https://en.wikipedia.org/wiki/Gold_Standard_Act

f   'Money and Gold', World Gold Council
https://www.gold.org/about-gold/history-gold/golds-role-money

g   Jone maynard keynes, 『Post war currency policy』, Macmillan and Cambridge press, 1941 h 왕양, 『환율전쟁』, 평단, 2011

i 폴 볼커, 교텐 토요오, 『달러의 부활』, 어바웃어북, 2020

j 'Fort Knox Bullion Depository', United States Mint
https://www.usmint.gov/about/mint-tours-facilities/fort-knox

k 쑹훙빙, 『화폐전쟁 1』, 알에이치코리아, 2020

l 'Federal Reserve Board issues final rule regarding dividend payments on Reserve
Bank capital stock', Board of Governors of the Federal Reserve System(2016)
https://www.federalreserve.gov/newsevents/pressreleases/bcreg20161123a.htm

m 에드워드 챈슬러, 『금융투기의 역사』, 국일증권경제연구소, 2021

n '국내 부동산, 일본형 버블과의 유사점과 차이점', KDI 경제정보센터(2006.05.24)
https://eiec.kdi.re.kr/policy/domesticView.do?ac=0000073086

o 통계청 CPI
http://kostat.go.kr/incomeNcpi/cpi/cpi_cp/1/2/index.static

p World Currency Composition of Official Foreign Exchange Reserves, Foreign Exchange
Reserves
https://data.imf.org/regular.aspx?key=41175

q 'Only 8% of the World's Currency is Physical Cash', InvStr(2019.02.21)
https://invstr.medium.com/only-8-of-the-worlds-currency-is-physical-cash-
9cbf6787b62f

r 이병욱, 『비트코인과 블록체인, 가상자산의 실체 2/e』, 에이콘, 2020

s 이병욱, 『블록체인 해설서』, 에이콘, 2019

t 한국은행, 「우리나라의 국민계정체계」(2005)

u [JunoMoneta] Wikipedia
https://en.wikipedia.org/wiki/Temple_of_Juno_Moneta

v 금융결제원
https://www.kftc.or.kr/kftc/data/EgovkftcCount.do?category=count

찾아보기

―――――

돈의 정체

금, 달러, 비트코인 - 돈과 금융

발   행 | 2022년 1월 3일
2쇄 발행 | 2023년 6월 22일

지은이 | 이 병 욱

펴낸이 | 권 성 준
편집장 | 황 영 주
편 집 | 김 진 아
             임 지 원
디자인 | 윤 서 빈

에이콘출판주식회사
서울특별시 양천구 국회대로 287 (목동)
전화 02-2653-7600, 팩스 02-2653-0433
www.acornpub.co.kr / editor@acornpub.co.kr

책값은 뒤표지에 있습니다.